U0067224

遊戲治療
—理論與實務

第二版

梁培勇　著

梁培勇

- 國立台灣大學心理學博士
- 主修兒童臨床心理學
- 遊戲治療師與遊戲治療督導
- 曾任職國立台北教育大學心理與諮商學系教授
- 臨床心理師執照（心理字第 000144 號）

柯序

不久之前，作者梁培勇先生來電話，希望我能為他的《遊戲治療》一書再撰一篇短序。他說，該書出版後迄今已經十一年，而這十一年間他在遊戲治療方面增加了不少新的心得、體驗、看法以及領悟，尤其在這方面的督導工作上，所以在將出版新書中要添加這一方面的新資料。這對我來說，當然是很樂意的事情。

把梁先生寄來的這一本書翻到最後一頁，我看到此書在一九九五年二月初版一刷，而在二〇〇一年三月時已經是初版第五刷，為了要詳知此書在今年（二〇〇五年）已經有第幾刷，我打了電話問梁先生，他說詳細情形他不知道，但他很謙虛地說：「很不好意思，今年我參加遊戲治療學會會員大會時聽說，當時參加的每位會員沒有人沒有讀過這一本書。」可見這一本書受歡迎的盛況。

從他學生時代，我就詳知梁先生很喜歡和小孩子玩在一起，小孩子也很喜歡和他同樂在一塊。他和小孩子好像從他出生前就結了解不開的良緣似的。拿到博士學位以後，他更是一頭栽進幫助小孩的各種有關工作中，而這熱忱迄今似乎有增無減。相信他將推出的這一本《遊戲治療》新版有更豐富的新見解；我也至盼它早日出版，以便先讀為快。

最近，不少臨床心理學研究生與臨床心理師也有很多機會執行診斷與治療受過「性侵害」或「家暴」深度創傷經驗的幼兒個案。在督導這些學生與臨床心理師時，我發現「遊戲」是唯一而且最好的診斷、治療、評估此類個案心境的途徑。

本人深深認為在這「受侵暴兒童漸多的不幸」時代，梁先生這一本新書，也許給本書一個小標題——寫在遊戲室和兒童、幼兒玩在一起二十年之後——，是從事這項工作的人必須詳閱的珍貴物。

柯永河

國立台灣大學臨床心理學名譽教授

私立天主教輔仁大學兼任臨床心理學講座教授

2005 年 12 月 20 日

吳 序

培勇將約十年前出版的《遊戲治療》做了相當大幅度的修飾，幾乎增加了三章的內容，準備出第二版，也繼續讓我有機會先睹為快，卻也讓我興起佩服中夾雜著嫉妒與慚愧之情。與培勇相識已快三十年，一起討論臨床實務工作的種種也始自二十五年前，常「談著」說應該整理實務工作的經驗與心得，形諸文字，方便累積台灣臨床心理的應用知識，盡一份臨床心理師的責任。談了三十多年，雖然我試了幾次，還未能寫完任何一本，培勇卻已經準備出第二版了！

我以為每一位臨床心理師的生命經驗都是獨特的，有獨特的特質，有獨特的習慣，也有獨特的專業經驗與學習，所以不論是哪一位大師的高論，或是哪一系統的理論與應用，如果與個人的獨特性不合，對這位臨床心理師而言，這位大師及其高論或該系統理論就沒有什麼臨床工作功能，甚至還可能形成障礙。因此，將所學的理論知識運用於臨床工作上，本質上是種「謀求整合」的過程：將自己的特徵與某（些）理論的主張與說明，以及技巧形成整合，而最理想的整合是該理論的主張與說明以及技巧，隨時與個人於臨床實務上的每項工作密切結合，如同呼吸般的自然而不費力。在這整合過程中，即需要發展出一些「介面」，用來連結「實務經驗」、「某項理論、技巧」，以及「個人特徵」，同時令個人有效且順利地進行實務工作。

培勇的這本書是很標準的示範，尤其是第二版增修的部分：第一、三、四、五、六、七、八章，是在每章的最後增加了我以為是很好的「收尾」，而第九、十兩章幾乎等於重寫，此外還增加了第十一章。

第一章是綜論的部分，定義了「遊戲」與「遊戲治療」。此次增加的是兩個主要觀點：⑴遊戲「治療」與遊戲「諮商」之爭；⑵遊戲治療與對賽治療的區辨與分別之運用可能性。前者只是概念的區別與個人主張的聲明，不需要進一步的討論；後者則非常值得仔細思維。遊戲與對賽各有其特徵，如果將兩者先單純地視為兩種於治療中操作的「技巧」，則「技巧」需要搭配個案「人的特徵」與「問題的特徵」，以及治療者的「衡鑑—猜測（假設）—介入」的歷程階段（參見第九章）等，來考慮兩者的選擇與運用。不過，遊戲與對賽不只是「技巧」而已，也因為各自的特徵而與社會文化習俗的價值觀與常模性的（normative）習慣結合在一起，因此在兩者的選擇與應用時，需要有更周全的計畫。我以為培勇於這一章的最後相當具體的說明了遊戲與對賽兩類治療的應用，是很好的「收尾」。

第三章增加的第四節：「A. Freud 對野戰派遊戲治療的啟發」包含了「家長第一次如何帶孩子來」與「與家長的聯絡」，以及「用演的，不是單純用講的」，就是很標準的臨床實務工作的「介面」。為了不佔用太多篇幅，我僅請讀者注意第二部分「與家長的聯絡」當中的「家長在兒童心理治療過程中的角色是雙重的：共同個案與共同治療師」。家長是最好的助理治療師，但也必須如同個案般的有所改變，因此，治療師本身如何看待家長，如何引發家長做必要的改變，以及如何引導家長協助（孩子的）治療進程，往往是整個兒童治療是否有成效的關鍵，然而家長並不是治療師講了就會全盤「遵命照單全收」的被動且完美的助手，而是在治療者的尊重、引發、引導之下，逐漸發展的。

第四章第四節的「扮家家酒」與「遊戲內容與真實生活的關係」雖然是附屬在「Klein與遊戲治療」的章節裡，但五個案例及其說明其實已超過了 Klein 的理論說明，這也是典型的實務與理論的整合所發展出來的「介面」的特性。

第五章是培勇最常運用的觀念。「情緒出水口」的觀念與操作需要有足夠的對這項理念的信心，只是操作時也需要區辨是形成了「出水口」還是「繼續增加進水」。至於「學校中的應用」指出「家長—學生」的特徵有可能是「讓孩子經常處於不合理的進水量」狀態；以及「老師—學生」的特徵，不同於「治療者—兒童個案」的特徵，是有長時間累積的「關係」以及「團體」的實施場景，兩種特徵均有利於結構式治療的觀點。可惜少了以老師為出發點的「班級—個人」案例用來佐證與闡明。

第六章的「故事接龍」可以跳過「心理分析」的理念而

與第四章的「扮家家酒」結合使用。培勇在本書的許多地方一再提起因其未能擁有足夠充分的心理分析訓練，因而某些理論或技巧的結合與運用需要「跳過心理分析」，這是頗富自知之明的智慧作法；在「謀求整合」的過程中，如果加入一些自己並未能完全了解與體會的理論概念或技巧，往往只會形成整合時的障礙。這與他在第七章談到人本概念（個人中心學派）時，先做「理論的反省」一樣，嘗試探索個人的心底深處是否可以完全悅納這派的哲學（對人性的基本假設），否則就很難分清究竟是「人本」還是「本人」學派了。

第八章的「親職教育」與「具體管教子女的方法」又連回了第三章的「與家長的連結」中，看待家長的態度與家長的雙重角色。

九、十、十一這三章是本書的靈魂。我會建議有興趣的讀者仔細閱讀並試著與個人的經驗整合著來了解其中的內容。第九章增加了三個圖，以視覺的方式強化文字所想表達的「衡鑑—診斷—處理」修正成為「衡鑑—猜測（假設）—介入」的內涵與理由。以「假設」取代「診斷」，再進一步以「猜測（假設）」取代「假設」是將面對孩子的每一瞬間攤開來成為連續的，「頭尾」相連的操作細節。可以是相當「微觀」的分析治療師於臨床工作歷程中的「每一個念頭，每一個分析，每一個假設，每一個預測」，以及表現出來的「每一句話，每一個表情，每一項行為，每一項操作」；可以是「每一個治療主題（如與孩子的關係建立，與家長的關係建立，生活生態資料的蒐集與分析等等）」為單位的分析；可以是每一次（session）治療的分析，也可以是一整個治療階段為單位的分析。只是要能如此活用這項治療模式，就需要仔細了解於此章裡所說明的，以「猜測（假設）」取代『假設』取代『診斷』的理由及其實際的內容與操作。這一部分「觀念」的掌握必須先於「操作」。

我以為這項治療理念模式還可依「初接個案的個案討論」、「執行中個案的個案討論」，以及「結案個案討論」三種不同的需求設計其運用的方式。

培勇對如何選擇理論架構有他的觀點，也針對「個人中心治療」的理念哲學及其作法，做了呼應第七章介紹該治療學派之討論，提出「我研讀的心得」是「兒童的感覺、想法和兒童的行為必須分開來看」，「所以無條件正向尊重應該只是針對兒童的主觀世界」。在這種觀點下如何看待與處理孩子的行為？觀念上需要體認「否定了孩子的行為等於否定了孩子的主觀世界」的連帶特徵，而試著「尊重孩子的主觀世界」，但「協助孩子的行為合乎社會規範，也合乎他的主觀世界」，這就需要結合行為改變技術的應用，以及引入心理分析理論裡的能量概念。

接著是實作部分。培勇將前面各章的「收尾」都集結在「重視與家長的同盟關係」、「重視資料蒐集」、「重視內容與歷程的區隔」三項實作原則裡。我以為他在「內容與歷程的區隔」裡很具體的協助讀者從觀念上分開這兩部分，卻又可能整合在同一個「行動」裡。這是學習心理治療最有趣的部分，卻也是經常以為自己「懂了」即又「邁入」另一層的「矇矓」裡。

讀完這一章，我的反應是培勇可以整合「所有的理論」進入他的模式裡，似乎他所涉略的各派想法與作法，都可以在他的思維中，轉化成符合他「看待兒童，看待家長，看待遊戲治療」的一部分，只是他現在取用的是他能掌握的部分；不能掌握的部分就留待未來的生命經驗的吸納吧！

（啊，一高興起來就囉哩囉唆的寫個不完！）

第十章的「階段」與第十一章的「困境與錯誤」也令我激賞，只是……很賴皮地請讀者自己好好的看。總而言之，培勇的九、十、十一這三章是令我佩服、嫉妒以及慚愧的主要部分！

吳英璋　於台大心理系

第二版自序

時光匆匆，本書第一版出書已經過了十一年，也很高興看到許多夥伴投入遊戲治療這個領域。這次修訂版的主要重點是加入筆者督導從事遊戲治療工作者的心得，以及再度整理自己的經驗，希望能夠讓有志學習遊戲治療的工作者減少摸索的挫折。筆者仍然強調實務工作者本身的經驗與心路歷程，才是讓自己成長最重要的催化劑，別人的經驗只是作為參考和提醒。

欣聞台灣遊戲治療學會已於二〇〇五年十二月十日在彰化師範大學成立，謹以此書作為學會成立的賀禮。希望所有參與學會工作的夥伴和會員們，此後一路走來相互激勵，久久長長的和孩子們玩下去！

梁培勇　於參加完遊戲治療學會成立大會之後

目錄

第一章
遊戲與遊戲治療

提到兒童，最經常被我們聯想到的就是遊戲；而很多人一聽到遊戲治療，就會直覺地以為遊戲具有治療兒童的效果。遊戲到底是什麼？遊戲對兒童的意義是什麼？遊戲和遊戲治療之間的關係究竟又是如何？遊戲真的具有治療的效果嗎？以下將逐一說明這些問題。

第一節　早期對遊戲的看法

一、剩餘能量說（surplus energy）

提倡剩餘能量說的學者包括Schiller和Spencer等人（Rubin, Fein, & Vandberg, 1983），他們認為行為的產生需要以能量作為基礎，當個體完成求生存的相關行為之後，也已經耗損了相當的能量；此時若還有能量留存下來，個體就會出現與求生存無關且看起來毫無目的可言的行為，這些行為就是遊戲。換言之，遊戲是個體滿足了與生存有關的主要需求之後，才可能出現的行為。

姑且不論能量是否真的與行為的發生有關，剩餘能量說至少還有以下幾個經常出現的批評：首先是在現象上，最經常被認為會出現遊戲行為的是兒童，而我們卻常看到兒童玩得「精疲力竭」，即使已經很累了，他們還是捨不得不玩！彷彿是把所有的能量都用來玩，而非只是所謂用到剩餘的能量而已。

其次，C. R. Darwin提出「適者生存」的演化觀點之後，既然遊戲也是一種常常出現的行為，在演化上應該也是有助於適應的行為之一，因此，把遊戲視為是無目的的行為，基本上不符合演化的精神。第三，在邏輯上無法區分出哪些行為所使用的能量是求生存的能量，哪些行為所使用的能量是剩餘的能量。例如「貓抓老鼠」和「貓正在追一顆皮球」，如果想像你只能看到貓正在追某個東西，而看不到牠正在追的東西，此時，我們所看到的是相同的動作，但是我們必須依賴看到貓在追什麼，我們才能說這個行為所使用的能量是否是剩餘的能量。換言之，貓正在追什麼，是決定此行為背後所使用的是否是剩餘能量的關鍵。

二、休閒和放鬆說（relaxation and recreation）

持此種觀點者包括 Lazarus 和 Patrick 等人（Rubin et al., 1983），其論點和剩餘能量說恰好相反。他們認為當生活中有太多令人覺得疲憊的事，當人們覺得生活緊繃得需要調劑一下時，遊戲行為就開始出現，因為藉由遊戲，可以使已經疲憊的人們重新恢復活力。

這種看法強調所謂的疲憊或緊繃是「勞心者」的權利，而認為「勞力」的人基本上不會出現緊繃或疲憊的現象。不過，這也是休閒和放鬆說最常受到的批評，因為在現象上，勞力者和勞心者一樣都會出現遊戲行為。再者，兒童也並不屬於需要勞心的人，但是兒童卻是玩得最厲害的人。

三、練習說（practice）

諸如Groos等達爾文學派的人（Rubin et al., 1983）認為，遊戲應該具有演化上的適應功能，而不是毫無目的的行為；簡言之，他們認為遊戲可以協助個體練習將來可能派上用場的種種行為。因此，凡是達到成熟期所需時間愈長的動物，例如人類，在達到成熟的過程中也愈容易出現遊戲的行為，且遊戲的內容也會隨著成長的階段而有所不同。

練習說強調的是個體要練習將來必須用到的種種技能，因此，這種看法隱含個體在未達成熟階段時，就已經知道將來會用到哪些技能，否則就不知道要練習哪些內容了。這種相當強烈的隱含意義，也就成為此種看法最常被批評的弱點，因為他們並沒有說明，為何未成熟的個體已經知道將來要用到哪些行為。不過，這樣的觀念影響了後來某些心理學理論對遊戲的看法。

四、重複演化說（recapitulation）

包括 Hall 和 Gulick 等學者（Rubin et al., 1983）認為，個體的成長過程，其實是重複人類的演化過程，成人階段代表人類演化的最高階段，而胎兒出生之後的成長過程，就是逐步表示由動物演化到人類的各個階段，其具體的表現就是兒童在不同階段所展現出來的遊戲行為。例如在尚未進化成人類的動物時代，兒童最常出現的遊戲都是和四肢的運動有關的遊戲。等到演化到漁獵時代，兒童會經常出現跟打獵有關的遊戲；到了畜牧時代，兒童會開始喜歡養寵物，並且和寵物一起玩遊戲。進入農業和部落時代之後，兒童就開始玩洋娃娃、沙和團體遊戲。

這種觀點最大的問題，是兒童的遊戲內容並非完全依照上述的次序出現；而且也不是到了下一個階段，就完全不玩上一個階段的遊戲。再者，許多兒童很喜歡玩諸如火車、汽車等現代的產物，很難將之歸到演化過程的哪一個階段。

第二節　遊戲的定義

早期對遊戲的看法比較是哲學式的，重點是描述或者重視其功能為何，並沒有對遊戲下一個清楚的定義。當心理學從哲學脫離出來之後，由於強調是一門科學，因此，為了方便對遊戲做一番完整的探討，就必須對過去這種籠統的遊戲觀點，重新擬出一個能夠進行科學研究的操作性定義。另一方面，就如同長久以來影響華人對遊戲看法至深的韓愈（「業精於勤荒於嬉」、「勤有功嬉無益，嬉者戲也」）一樣，西方的宗教觀點也將遊戲視為是一種罪惡。因此，社會上也對心理學家產生了一種要求，希望能夠清楚的知道什麼是遊戲，以免一時不察而犯下滔天大罪。

在上述的背景下，心理學家非常努力的希望對遊戲下一個定義；不過，簡言之，這樣的努力似乎至今仍未達到一定的共識。雖然如此，本節還是簡要的敘述一下這番努力的大概結果，一共有三個較大的取向（approach）（Rubin et al., 1983）。

一、遊戲是與生俱來的一種傾向（play as a disposition）

遊戲定義的取向之一，是將遊戲視為是人類與生俱來的一種傾向，而此傾向有一些共同的屬性，只要所表現出來的行為具有這些屬性，則這些行為就稱之為遊戲。這些共同的屬性包括：*1.* 是內在引發（intrinsically motivated）的行為；*2.* 重視的是過程（means）而非目的（ends）；*3.* 遊戲和探索行為（exploration）不同；*4.* 遊戲並非是工具性（instrumental）行為；*5.* 遊戲不具有外在強制性的規則；*6.* 遊戲是主動參與的。其中第 *1.* 、第 *2.* 和第 *4.* 項強調的是遊戲並非某些求生存的驅力（drive），或者外在的社會壓力引發的行為，也不是為了解決問題（problem solving）而產生的行為，而是一種沒有目的性的自發性行為。

要了解第 *3.* 項「遊戲和探索行為不同」的意義，必須先說明何謂探索行為。簡言之，當孩子遇見某種新的刺激時（亦即過去不曾接觸過或有任何概念的事物），往往會產生好奇的心理，於是會藉由各種試探性的舉動和該新刺激互動，例如使用感官系統，或用手摸、或用鼻子聞等等，希望能夠了解此新刺激的材質和用途。一旦對此新刺激認識熟悉之後，孩子在使用此一刺激時，通常就不再局限於它原本的屬性，而是隨著孩子自己的需求，發揮自己的想像和創造能力，讓此刺激遷就自己的需要扮演它的角色。舉例來說，一個從未看過手錶的孩子第一次和手錶接觸時，他可能會發現有滴答聲、有個長長的針會轉圈圈、摸起來有點冰冰的等等，這些都是探索手錶的行為。等到最後孩子發現手錶的各種屬性之後，他可能會舉起手錶呼叫，把它當成是高科技通訊器材；她也可能將手錶的錶帶扣住成圓圈，然後掛在耳朵上當成是漂亮的耳環，這些就變成了遊戲行為。至於第 *5.* 項「遊戲不具有外在強制性的規則」，請參閱本章最後一節遊戲與「對賽」（game）的說明。

二、遊戲是一種行為（play as a behavior）

以遊戲的屬性來定義遊戲到底是什麼，仍然不能讓我們很明確的達到操作性定義的要求；因此，有些學者嘗試直接指出遊戲行為的「行為特徵」，如果能夠找出這些「行為特徵」，則只要是符合此特徵的行為都可算是遊戲。不過到目前為止，這方面的努力還沒有得到共識；Gardner（1978）很傳神的指出其中最大的困難：「任何事都能夠用遊戲的方式完成」（anything can be done playfully）。

三、遊戲是一種情境（play as a context）

從刺激和反應的關係來看，遊戲可視為是一種反應，前述兩種作法是直接探究反應，希望可以對此反應下一個良好的定義。然而，從上面的說明可知，以「反應」的方向來定義遊戲，想要成功似乎還有一段距離。因此，有些學者就嘗試從刺激的角度來定義遊戲；亦即在何種情境下，遊戲會自然而然的出現。如果能夠找出這些情境的特性，則在進行遊戲的研究時，只要安排出符合這些特性的情境，就一定能夠觀察到遊戲。就邏輯而言，這樣的作法其實有爭議，因為如果遊戲這個反應的定義都講不清楚，如何能夠界定會引發遊戲反應的刺激呢？所以這種作法大致上都是研究者主觀上的共識，大家要先同意某種現象就是遊戲的表現，然後才能探討是在何種刺激情境之下會出現遊戲行為。

這些情境特性簡言之有二：*1.* 有讓兒童感覺到熟悉的人和物存在，且這些人和物能夠引起兒童的興趣；*2.* 在情境中所發生的人際互動（尤其是成人和兒童間的互動），可以讓兒童感覺到安全可以控制，且可以得到「自己作主」（free to choose）的結論。

除了這三大取向之外，許多心理學家也都各自提出他們對遊戲的看法和定義；簡言之，這些不同的看法大致都有下列的強調重點：

1. **過程中充滿了歡樂**：遊戲和歡笑、快樂幾乎密不可分，甚至可以把它們畫上等號，許多心理學家都強調沒有歡樂的過程就沒有遊戲。

2. **是主動參與而非被動參加**：遊戲是兒童自發性而非被迫產生的行為，我們經常可以看到一群兒童在一起，就會自然而然的玩起來。另一方面，我們也很難強迫兒童去玩一個他沒有意願參加的遊戲。

3. **沒有時間上的限制**：遊戲的過程是隨性的，參與遊戲的玩伴想要繼續玩下去就繼續玩下去，不必在乎時間會花掉多少。反過來說，大家正準備開始玩遊戲，可是有一個玩伴的父母來叫他回家，可能大家連玩都沒有玩到，也一窩蜂地回各自的家了。

4.**沒有特別標明的學習目標**：在遊戲的過程中，兒童會「自然而然」的學到一些東西（參閱後文「遊戲的功能」一節）。所謂的「自然而然」指的是不刻意標榜出「學習」的目標；一旦一個「活動」的過程被貼上「學習」的標籤，則該「活動」就是一個「學習」的過程，而非遊戲的過程，二者的差別是心態上的「緊張」。一旦兒童以為是「學習」的時候，往往會羼入許多和過去學習過程有關的負面經驗，而影響到學習的效果。反過來說，因為兒童過去的遊戲經驗都是正面的居多，所以在心態上就比較不會緊張；即使兒童並不覺得是在學習，但是在這樣的狀態下，他其實已經學到了一些東西。

5.**不會有輸贏的心理負擔**：許多遊戲的過程都會以「分出勝負」為最後的結束，遊戲的特性就是雖然有「勝負」的形式，但卻不會造成遊戲者出現「輸贏」的心理負擔。一旦兒童會在意「輸贏」，就無法輕鬆愉快的享受遊戲的過程，也就不認為是在玩遊戲了。

6.**「我能感」**（mastery feeling）：在遊戲的世界中，真實和幻想之間的界限非常鬆散，任何真實世界的東西，都可以想像成自己所希望的內容，讓參與遊戲的兒童得以在「真」和「假」之間盡情的馳騁，使他們彷彿是遊戲世界裡的「主宰者」，掌握著遊戲世界中的各種變化，隨著自己內在的心情起伏，決定遊戲的大千世界。相對於兒童幾乎無法控制的真實世界，這種覺得我可以掌握外在環境的「我能感」，可以加強兒童繼續接受真實世界挑戰的勇氣，對兒童的成長非常有幫助。

第三節　遊戲的心理學觀點

在心理學中提出和遊戲有關看法的學者很多（參閱Rubin et al., 1983），其中我認為和遊戲治療比較有關的有二，其一是 Piaget 的看法，強調遊戲與認知發展之間的關係；另一是 S. Freud以降的廣義心理分析論──在大體上仍然接受S. Freud的某些看法，不過在理論方面則已經逐漸和 S. Freud 分道揚鑣，但是都一樣強調遊戲與情緒調節和自我（self）之間的關聯；茲別敘述於下。

一、Piaget 對遊戲的看法

Piaget的理論主要是以「基模」（schema）為基礎，提出對認知發展的觀點，所以也並沒有直接探討遊戲的現象；不過，在提及「基模」如何產生變化的時候，他也認為遊戲扮演相當重要的角色。Piaget 基本上是採取前述「練習說」的觀點，說明遊戲對「基模」的影響。簡言之，當兒童經由「調適作用」（accommodation）產生一個新的「基模」之後，為了能夠更有效的運用此「基模」，就必須經常有可以使用該「基模」的機會；而兒童往往就是在遊戲的過程中，得到練習使用該「基模」的機會（Cohen, 1987）。

許多父母在幫孩子買了某種玩具之後，會發現孩子往往一開始會非常熱衷的和玩具互動（亦即玩這個玩具），但是過一陣子之後，這個玩具就會被孩子棄之如敝屣；因而造成父母本身的困擾（到底還要不要再幫孩子買玩具？），以及父母對孩子會出現某種令父母緊張的評價（認為孩子浪費、沒有定性、喜新厭舊，甚至是在捉弄父母！）。其實，根據 Piaget 的觀點，孩子是利用遊戲過程練習基模〔此一練習基模的過程稱為「同化作用」（assimilation）〕，當孩子感覺與此玩具相關的基模已經相當熟練之後，很自然就不會再想要繼續練習，轉而進行與其他較不熟練的基模有關的活動。因此，當孩子與某種玩具互動的時間比較短暫且容易對該玩具失去興趣的原因之一，可能是該玩具所能提供練習的基模種類太少，簡言之，大致上都是屬於固定玩法、缺乏變化性和創造性的玩具。原因之二，可能是孩子比較聰明，很快就能夠藉由與玩具的互動讓基模變得更成熟；換句話說，父母發現此孩子玩玩具的時間短暫，不但不必責怪或替孩子擔憂，反而要慶幸自己能夠有一個聰明的孩子！

二、廣義心理分析論

廣義心理分析論的學者並沒有非常有系統的研究遊戲，大都是在提及其主要的理論時，偶爾才說明一下對遊戲的看法。簡言之，早期 S. Freud 的心理分析論認為，兒童可以藉由遊戲為媒介，處理在日常生活中所遭遇到的挫折，並且在遊戲過程中獲得「我能感」，因而增強「自我」（ego）的發展。

例如許多幼兒在玩積木的時候，經常在好不容易把積木堆好之後，就一下子又把積木給推倒了。S. Freud認為這和幼兒經常會「跌倒」有關，因為生活中所出現的「跌倒」往往不是幼兒本身可以控制，同時也會讓幼兒覺得自己很差勁；可是在玩積木的過程中，幼兒可以控制積木「跌倒」的時機，也可以將積木幻想成是某個人，而處理掉覺得自己很差勁的不舒服感覺（Haworth, 1964）。

又如兩歲左右的幼兒，很喜歡自己把某些玩具藏起來，告訴爸媽說玩具不見了；然後又會當著爸媽的面前，自己很「得意」的把玩具找了出來。S. Freud認為這是幼兒在處理生活中父母的「不告而別」——父母會因為要上班或有其他事情而離開幼兒，對幼兒來說則認為父母是「不告而別」；透過自己可以主宰的遊戲過程，逐漸加強幼兒忍受與處理父母「不見了」的感覺（Haworth, 1964）。

晚期的「客體關係」（object relation）理論，則強調遊戲在「人一我」分化過程中的重要性。例如Winnicott認為人類的發展歷程，是從嬰兒時期認為「人一我」是一體的虛幻階段，轉變成「人一我」分化的現實階段；生活在前者的個體，會有認為自己真的是無所不能的「萬能感」（omnipotent feeling），但後者才是人類生活的真實面相。兒童就是處於由前者轉變成後者的過渡過程，而整個轉變過程給兒童最大的感觸，就是「萬能感」的消失殆盡；此時，兒童就會藉著遊戲來處理這種負面感覺，使兒童能夠繼續朝向現實階段前進（Greenberg & Mitchell, 1983）。

第四節　遊戲的功能

雖然在遊戲的定義中，我們特別強調遊戲並不具有特殊的學習目標，不過，只要兒童有機會真的經歷過遊戲的過程（雖然我們還很難說明它是什麼），則兒童會在不知不覺中就已經學習到一些東西。根據 Schaefer 和 O'Conner（1983）的整理，這些遊戲的功能包括以下：

一、生物性（biologically）的功能

由於兒童仍然處於發展的過程之中，所以諸如肌肉、神經系統和身體各方面的協調等生物性的技能，都尚未達到成熟狀態。如果能夠提供兒童練習這些技能的機會，則可以促進這些生物性技能朝向更臻成熟的境界；而許多兒童遊戲的內容，幾乎都會使用到這些有關的生物性技能，無形之中，就提供兒童很多練習的機會。倘若將這些生物性技能也視為是一種「基模」，那麼前述關於 Piaget 對遊戲的看法，是此功能的說明之一。

例如兒童經常會玩「跳房子」的遊戲，當他拿著手上的「子」準備要將它丟到恰當的「空格」時，他就已經在練習手部的肌肉和「手眼協調」的能力。當他開始用單腳跳過應該經過的「空格」時，他就必須使用到腳部的肌肉等。整個遊戲的過程，其實就等於是提供兒童反覆的練習生物性技能的機會。

二、個人內（intra-personal）的功能

「個人內的功能」指的是遊戲可以幫助兒童處理其內在的情緒狀態，前述關於廣義心理分析論對於遊戲的看法，就是說明此功能的最佳範例。

三、人際間（interpersonal）的功能

「人際間的功能」指人際互動中最主要的社交技巧。因為很多兒童的遊戲都是需要兩個人以上才能夠進行，所以在遊戲的過程中，兒童也可以彼此相互學習到一些人際相處的能力。

以上述「跳房子」遊戲為例，它通常都是一群兒童一起玩，但是在遊戲進行的過程中，每次都只能有一個人，所以其他的人就必須在一旁等待，無形中就是在練習忍耐和等待的能力。萬一有人不願意等待，或者對於遊戲過程有不同的看法時——例如在丟「子」的時候到底有沒有丟進應該丟進的「空格」，或者在跳的時候是否踩到線而犯規——兒童自然會想辦法解決這個衝突；不論解決的方法好或壞，每個參加遊戲的成員都可以由其中獲得經驗。

四、社會文化（social culturally）的功能

在遊戲的過程中，兒童會在無形中將他自己的「社會化結果」表現出來；而由於參與遊戲的兒童大都是相同的社會文化背景，所以彼此的「社會化結果」大致都會服膺相同的價值觀念。如果兒童在遊戲中表現出來的「社會化結果」離開社會規範太多，則他的玩伴就會給予負面的回饋，無形中

也修正兒童的「社會化結果」，使之更能符合社會文化的要求。反過來說，如果兒童尚未學習到某些其他玩伴已經學會的「社會化結果」，在遊戲中也提供一個學習的機會。性別角色的學習是最經常被用來說明此功能的例子，「扮家家酒」是兒童經常出現的遊戲之一，其主要的過程就是兒童扮演生活中的各種角色，並且將他們對各種生活現象的觀察表演出來。例如演爸爸的人就把他所「以為」的爸爸表現出來，無形中就學習到男性角色；如果其他人對這個「爸爸」角色有意見，也很自然的提出修正意見，大家便又多了一個學習的機會。

除了以上 Schaefer 和 O'Conner 的看法之外，Schaefer（1993）也提出所謂遊戲的「治療力量」（therapeutic power），在第十章再加以說明。

第五節　遊戲與遊戲治療

過去在做實務工作時，經常有機會和大人們接觸，有些人會抱怨：「我們當孩子時，還不是經常被打被罵，可是我們也沒有出現什麼奇奇怪怪的問題。相對於我們的上一代，我們花了很多時間在孩子身上；這個社會也製造了許多專家，給我們一些養兒育女的建議，什麼不能打小孩啦，不能罵小孩啦，要不然會傷害到孩子的自尊心什麼的。我們聽了，也照著做了，可是孩子們卻老是出現一些奇奇怪怪的問題讓我們傷腦筋！這究竟是怎麼一回事呢？」

從前述遊戲的功能來看，我認為目前兒童發生問題的比例所以較從前為高，主要的原因是現在的兒童可以遊戲的機會較少所致。不同時代的兒童會有該時代帶給兒童的不同壓力，但如果兒童的遊戲真的具備前述遊戲的功能，則目前的兒童出現遊戲的機會明顯的下降。造成兒童遊戲機會減少的原因很多，首先是社會結構的變遷。目前的社會結構愈來愈都市化，在居住環境方面也愈來愈公寓化；公寓化的結果是人與人之間的關係趨向淡薄，無形中剝奪了兒童和鄰居們遊戲的機會。

其次，子女的數目有減少的趨勢，兒童和手足一起遊戲的機會當然也會變少。第三，在人口愈來愈多，所造成的升學競爭愈來愈激烈的情形下，許多父母受到「業精於勤荒於嬉」的觀念影響，更是不願意讓孩子把時間花在與升學無關的遊戲之中。這樣的結果不僅是減少兒童遊戲的機會，更將不能遊戲的年齡提前到更早。

第四，科技的進步也改變了玩具或遊戲的性質。過去的遊戲大都可以提供兒童和別人相處的豐富機會，例如一群孩子一起跳房子，一起玩彈珠，一起玩紙牌，這些遊戲除了提供人際接觸的機會外，也都要用到身體的各種部位，於是加強了兒童神經系統、肌肉發展及各方面均衡協調的作用。而現在的遊戲卻有電動化的趨勢，例如電視遊樂器、電動玩具，以及更多需要裝電池才能玩的玩具。無形之中，兒童和機器相處的機會變多了，兒童和人相處的機會變少了；而後者卻是對兒童發展過程最有幫助的媒介。

我認為現在的兒童所以問題愈來愈多，是基於以上這些原因所致；所以，單純從遊戲的觀點來看（不是遊戲治療的觀點），預防兒童產生問題的最經濟且有效的方法，就是讓兒童有更多遊戲的機會——當然，這些遊戲是符合本章所定義的遊戲，絕不等同於安排孩子去學習一大堆的才藝！反過來說，若兒童已經產生了某些偏差行為，則是否也可以運用這些遊戲所具有的功能，以達到治療的目的呢？這是想要將遊戲和治療結合在一起，而成為遊戲治療的直覺念頭。

然而，如果以第二節所整理的遊戲行為的特性而言，則遊戲治療中的所謂「遊戲行為」，其實並不完全符合「遊戲」的精神，例如參加遊戲治療的兒童通常都是被動的而不是主動的，既然如此，當然也不一定是充滿歡樂的；遊戲治療的進行都有時間上的限制；遊戲治療都有一個希望達成的具體學習的目標；由此觀之，提出「遊戲治療」這個名詞似乎並不是很妥當。不過，從治療所要達成的目標來看（亦即透過遊戲的過程達到改變孩子的目的，參閱第二章），遊戲治療中的所謂「遊戲行為」，非常重視上述特性中的「我能感」和沒有輸贏的心理負擔，認為這是讓兒童產生正向改變的重要因素；因此，採用「遊戲治療」還算是可以令人接受的名詞。

此外，也有一些諮商心理學方面的學者主張，「遊戲治療」中的「治療」二字，讓人們感覺好像是很嚴重問題的孩子才需要接受此種處遇，使得遊戲治療在非醫療單位（例如學校）不容易推廣和被接受，所以他們建議將「遊戲治療」的名稱改為「遊戲諮商」。其實，不論是心理治療或心理諮商，其最終的目標都是在改變個案，二者的差異不過是想要改變個案的內涵不同。筆者從事臨床工作最關心的是個案的福祉，亦即經由專業服務之後，個案是否得到正面的改變，至於名稱如何實在是微不足道的小事。因為Klein（參閱第四章）是最早提出「遊戲治療」此一名稱的學者，基於尊重與尊敬，我認為還是維持遊戲治療的名稱比較好

除了從遊戲的觀點了解遊戲治療之外，從治療的立場也可以幫助我們了解遊戲治療，而這也是本書的重點，在下一章再加以闡述。不過此處還要強調一個重點，亦即本書所介紹的是「遊戲治療」（play therapy），而不是「對賽治療」（game play therapy）。

game的中文翻譯包括競賽、比賽或遊戲，而play通常翻譯成玩或遊戲，因為二者都有遊戲這個譯名，所以有時候很容易就會被混淆在一起。一般來說，game和play的差異是規則的嚴謹程度、進行過程的競爭性質和想像創造的機會多寡。game和play都是一項活動，為了維繫此活動的進行，所以二者都有規則，但是game的規則在執行時相當嚴謹，參與活動

的雙方（或各方）都必須依照規則進行，倘若有一方違背規則，就必須接受某種程度的處罰（或者因為其具有後續之競賽性質，所以就算輸了），甚至退出活動；play 雖然也有規則，但是通常這些規則比較有彈性，只要參與活動的雙方或各方同意修改規則，就可以依照修改後的規則繼續進行活動；此外，game和play的規則數量也不同，通常前者較豐富且複雜，後者則比較簡單且數量較少。當活動開始進行之後，game的設計往往會具有比賽的性質，所以活動結束之後，會產生輸家和贏家；而屬於 play 的活動，其過程通常不具競爭性且較平和。在想像和創造的機會方面，game通常是設計者本身比較能夠享受想像和創造的樂趣，進行game活動的人大致只能在已經被規劃好的背景中，依照其規則進行，不容易讓自己在其中展現想像和創造的機會。play 活動本身因為規則較少且較有彈性，所以參與者比較能發揮自己的想像和創造空間。

遊戲治療大致上是開始於一九二〇年代左右，其對象以兒童為主。然而，當青少年的問題逐漸受到重視之後，許多專業人員發現，要和青少年坐下來好好的談一談其實並不容易，因為青少年本身發展上的特性，例如覺得自己已經是成人了，此種態度常常讓他們對於成人存在著隱約不明的反抗心理，導致成人專業人員不易與青少年建立關係，更遑論要幫助他們！職是之故，就有一些專業人員想到採取遊戲治療的作法處理青少年的心理問題，可是在進行過程中，會發現青少年相當排斥遊戲治療中必備的遊戲過程，因為這些青少年覺得自己已經長大，而遊戲對他們來說是幼稚的、無聊的、小孩才會做的，因此無法以遊戲治療有效的幫助青少年。大約到一九八〇年代左右，有些學者（Schaefer & Reid, 2001）提出了所謂的「對賽治療」（game play therapy，基於前述所說 game 和 play 的差異，以及 game 的一些特性，在翻譯上，筆者認為翻譯成「對賽治療」頗為恰當，請參閱《遊戲治療實務指南》第十六章（台北：心理出版社，2001；原著 Kottman & Schaefer, 1993），這是特別針對青少年所發展出來的一種治療模式，不過，現在並不局限於青少年，也被應用在兒童問題的處理上。

最能代表「對賽治療」的對賽內容，是類似「大富翁」遊戲的變化，例如原本買地皮的路名改成某些簡單的指令（要求做出一些動作，或回答一些生活上的問題），而原本的「機會」和「命運」卡片，其內容就會隨著治療師和個案之間的關係變化，從簡單、外圍的生活訊息、雜誌八卦（例如：最近某位歌手的新歌曲是什麼？），演變成涉及到自己內在心理覺察的報告（例如：請說出最近令自己最難過的一件事情）。進行過程的重點並非分出勝負或一板一眼的將活動進行完畢，而是透過「機會」和「命運」的回答內容，衍生出治療師可以和青少年互動的話題；倘若此話題可以深入繼續交談，活動就暫時停止或不玩了都沒關係。有興趣的讀者請自行參閱《遊戲治療實務指南》第十六章（台北：心理出版社，2001；原著Kottman & Schaefer, 1993），因為本書主要的內容是遊戲治療不是對賽治療。

第二章

遊戲與兒童心理治療的結合

第一節　遊戲治療的定義

遊戲治療究竟是什麼？要解答這個問題，首先要知道心理治療的意義。根據 Wolhberg（1988）的看法，所謂的心理治療指的是：「治療者與求助的案主先建立良好的關係，在這個良好關係的基礎下，治療者藉由心理學的方法，達到改變案主的目標」。從這個定義來看，我們可以發現心理治療有下列三個重點值得進一步加以說明。首先，所謂的良好關係是指案主要能夠信任治療者，如果治療者和案主之間沒有辦法建立起良好的關係，則很難產生治療的效果。

其次，這個定義強調的是治療者採用心理學的方法。目前社會上的新興行業是助人專業工作，不同背景的助人專業工作者都是希望藉由他們的服務，達到改變案主的目標。不過，並非每一種助人專業都是在做心理治療，亦即並不是每個助人專業工作者都是採用心理學的方法。例如宗教也是在改變別人，但他們用的是宗教方面的方法；醫生也是在改變別人，但他們用的是醫學方面的方法；老師也是在改變別人，但他們用的是教育方面的方法。這些人都在改變別人，但卻不一定是用心理學的方法。當助人專業工作者採用心理學的方法去改變別人時，他是在進行心理治療，但他們也會因為所採用的心理學方法不同，而出現不同的治療方式。如心理分析採用的是心理分析理論，案主中心治療採用的是Carl Rogers 的理論，行為治療則主要以行為學派的理論為主等。

第三，所謂的達到改變案主的目標，可以分成不同的改變層次，第一層次是把案主所帶來的症狀（如：失眠、情緒不穩定）消除。第二層次是進一步找出引起症狀的原因，並加以消除。第三層次則是自我成長。如果個案是兒童，治療師通常還必須考慮到發展的要求，亦即在設定治療目標時，要評估到個案是否具備面對未來發展各種要求的能力，否則一旦面對未來發展上的要求，個案就會再度出現問題。

從以上心理治療的定義，我們可以看出治療師是透過心理學的方法來改變病人或案主。治療師希望以心理學的方法來達到一種「經過設計的改變」（designed change），而不是隨機的（random）、不清不楚的改變過程。或者採取研究的觀點來看，「經過設計的改變」指的是研究可以操弄，且希望了解其效果的變項；為達此一目標，研究者必須控制其他變項，否則無法將依變項的變化歸因於所操弄的變項。如果用研究的觀點觀察處理個案的過程，當然無法很「乾淨」地控制各種可能的混淆變項，但是治療師要能夠精益求精讓自己有所成長，還是要秉持這種研究精神進行個案的處理過程，畢竟進行一個個案的過程，其實就是在對這個人進行一項研究的過程。

在處理兒童的問題時，這個概念尤其重要，因為兒童本身還坐在發展列車上，而發展本身其實就是一種「自然改變」（natural change），亦即不經由刻意的外力介入所產生的改變（因為成長過程不可能如同研究過程般能夠控制各種變項）。換言之，兒童個案所產生的改變，究竟是因為治療師採取「經過設計的改變」歷程所造成的，還是恰巧個案遇到了「自然改變」在此發生了？這對治療師來說是一個很大的挑戰！

另一方面，改變的發生必須透過訊息的交換，舉例來說，甲若要改變乙，甲必須傳遞一些新的訊息給乙知道，乙才可能改變，變得和以前不一樣。當乙接受到一些新的刺激、新的訊息之後，會和他原有的訊息做一整合、比較，然後他才可能發生改變。換句話說，在治療過程當中，治療師和求助者必須要有一段訊息交換的過程，必須要溝通；因此，溝通是改變要發生的前提。在心理治療的過程中，對於大部分的成人求助者而言，語言（verbal）是他們最熟悉的溝通媒介；而對治療師來說，語言也是最熟悉的溝通媒介。因此，大多數心理治療所採用的溝通媒介都是語言。所以在治療過程中，不管治療師採用何種心理學理論，只要溝通的媒介是以語言為主的話，就可稱之為談話治療。

但是對兒童而言，他們還在學習、發展他們的語言，亦即語言並非是兒童最善於用來表達自己的工具。如果在治療兒童時，治療師仍然是以語言為主要的溝通媒介，很可能會發生溝通不良的現象。因為兒童的語言能力未臻成熟，所以他們所說的話可能不足以代表自己的情意，而治療師用語言傳遞訊息給小孩子時，也可能因為孩子的語言發展程度較低，而不能理解這些訊息，在這種情況下，根本就不能達到溝通的目的，溝通的目的不能達成，改變也就不可能發生了。

或者，從另一個角度來看，要孩子使用語言表達自己，大致上會遇到兩個問題，其一是「不能」，另一是「不敢」。因為兒童仍然在學習語言的過程中，所以「不能」指的是他們仍舊缺乏以語言表達自己的能力，依照筆者的臨床經驗，國小中年級以前的孩子大致上都還不能精準的以語言描述自己的內在心理狀態。到了國小高年級以後，語言的能力更臻成熟，已經可以運用來描述自己的內在狀態，但是此時遇見的問題是「不敢」，為什麼呢？孩子仍然處於社會化的過程，許多孩子的問題往往與社會執行者（父母、老師）對孩子的要求有關，因此通常要孩子針對自己的內在狀態進行表白時，他們往往會因為擔心萬一說出來的話被這些相關的社會化執行者知道了，可能會遭遇到慘痛的後果，於是就不敢以語言說出來。即便治療師和個案的關係已經非常良好，孩子通常還是不敢直接以語言說出，而是採取一些比喻（metaphor），間接的表達自己的內在狀態。

由於兒童在發展上的限制，在治療過程中，我們沒有辦法將兒童的語言層次提升到與成人一樣的程度來互相溝通，那只好讓成人遷就兒童，改用兒童比較擅長的溝通媒介和兒童溝通了。在發展心理學中談到遊戲對孩子是很重要的，許多文學家、哲學家也曾提到，小孩子就是要玩。因此一些以兒童為對象進行心理治療的人，就想到以遊戲作為和兒童溝通的媒介。因此，遊戲治療最簡單的定義是從溝通的媒介的角度定義：凡是以遊戲為主要溝通媒介者都可稱為遊戲治療。

許多人都以為遊戲治療就是遊戲本身具有治療的效果，但其實這並非完全正確的看法，因為遊戲治療和談話治療一樣，真正產生效果的是所使用的心理學方法，對於求助者問題的剖析，例如問題為何產生，問題為何一直持續出現，以及如何從理論中推演出治療的方式等。換言之，就如同談話治療可以根據治療師所使用的心理學方法分成許多不同的派別一樣，遊戲治療也可以根據治療師所使用的心理學方法分成許多不同的派別，所以只有某些派別認為遊戲本身就具有治療的效果，其他派別則不贊成這個觀點。從這個角度來看，遊戲治療的定義就變得相當複雜，因為不同的心理學理論對於遊戲在治療中的角色有不同的看法。由此觀之，遊戲和語言都只是一種溝通媒介，雖然兒童因為語言能力的限制而傾向採取遊戲為溝通媒介，但這也不代表兒童不能進行談話治療。所以對筆者而言，如果我的兒童個案要用談話，我就用談話治療，例如一個一年級的孩子進到遊戲室之後，看到玩具的第一個反應是：「好幼稚！」然後很「紳士」般的坐到椅子上說：「我要用談的。」另一個國中生一看到玩具就大喊：「哇！我要玩！」我就跟他進行遊戲治療。換句話說，筆者並不認為要限制幾歲以下的個案才能進行遊戲治療（這是許多心理師會問的問題），一切端賴個案的選擇！

第二節　遊戲治療的發展歷史

依據 Lebo（1955）的看法，整個遊戲治療的發展與 S. Freud有很大的關係，但是並非只有與他有關係的理論才提出遊戲治療的觀念與作法。

一、S. Freud 的影響

J. J. Rousseau 的《愛彌兒》（*Emile*）一書中談到，兒童不是小大人，兒童相對於大人，是處於理性的冬眠期，兒童有兒童的世界，在兒童的世界裡遊戲是很重要的。不過，這個觀念提出之後，並沒有得到很大的重視，當時歐洲很多學者仍然把兒童視為是小大人；所以，Rousseau 的這個觀念並沒有發生很大的影響，這可以從 Sigmund Freud 身上看出。S. Freud在治療成年病人的過程當中，慢慢地形成他的心理分析理論。因為他的病人主要是以成人為主，所以他的心理治療基本上是以語言為主要溝通媒介的談話治療。

有一回，S. Freud有個朋友的五歲孩子有些問題，這個朋友求教於他，S. Freud藉著通信的方式，函授指導這位友人如何治療他的孩子（俏皮的說，這是筆者所知最早出現的函授治療）。在這次的治療中，S. Freud首次採用心理分析理論治療兒童。友人寄給 S. Freud 的信件中，附帶有這個孩子和他爸爸在治療過程的對話紀錄；從其中我們可以發現爸爸多半藉著語言來和他的小孩溝通，但小孩常常講話沒辦法講清楚或者講話常被爸爸打斷，且小孩子所想表達的意思似乎常比他所講出來的話多。從這裡我們可以了解到，S. Freud做這個個案的時候，他仍然是試著把兒童拉到成人的世界，然後用語言來傳遞訊息，也就是讓兒童遷就成人熟悉的溝通媒介來進行治療。後來這個個案雖然成功了，但 S. Freud 本人也承認，這樣的治療方法用在兒童身上是有些問題，最大的問題就是出在溝通上。心理分析用來了解潛意識的方法，不論是自由聯想或解夢，對兒童都很不管用；倘若這些技巧都無法探知兒童的潛意識，則根本沒辦法進行治療，因為在心理分析理論中，潛意識是形成問題很重要的關鍵。

另外一個問題是，在大人的潛意識當中，都是一大堆成長過程（尤其是童年）所受到的創傷經驗，以及不能被社會規範或本身的超我所容許的行為或想法。這些潛意識的內容多與童年的創傷經驗有關，這些經驗一直帶給他很不舒服的感覺。但由於成人們距離這些創傷經驗已很遙遠，這時治療者用這種迂迴的策略，亦即分析夢和進行自由聯想，就可以使這些不好的經驗浮現到意識層面上來。但對兒童來說，他還在他的童年，許多創傷經驗才剛發生過或正在發生，他很可能不願意去談、去想這些讓他受到傷害的事情，治療者也就無法了解小孩的潛意識，所以也就無法加以治療了。

然而，不論如何，S. Freud還是成功的治療了這個兒童個案。他的成功也鼓勵了他的徒子徒孫們，繼續以心理分析的方法治療兒童。但是，或許是這些徒子徒孫們的功力沒有師父好，在面對上述 S. Freud 所說的問題時，他們無法像師父般的將之處理掉。尤其是碰到以語言和兒童溝通時，更是顯得有些束手無策。後來，S. Freud 的一個學生 Hug-Hellmuth，她在為兒童做心理分析治療時，這位個案幾乎都不開口講話。她突然想到她的孩子在玩的時候話還蠻多的，於是就想到以玩具為媒介，鼓勵個案開口說話，藉由玩具投射出兒童內在的想法。從此，她就開始藉著玩具來作為溝通的工具；雖然她並沒有將她的作法做一系統的整理，使其具體地呈現出來，但是如此的作法卻帶動了風潮，許多當代的臨床工作者也紛紛將玩具引入兒童心理治療的過程中。

二、Anna Freud 的遊戲治療

到了一九二〇年代左右，S. Freud 的女兒 Anna Freud 和 S. Freud 的學生 Melanie Klein，開始有系統地整理如何利用遊戲進行兒童的心理分析治療。A. Freud 自認為繼承了她父親的衣缽，深信必須人格結構都發展出來了以後，即所謂的本我、自我和超我都形成了之後，才比較可能出現心理分析理論中所謂人格結構之間的衝突，也才能進行典型的心理分析工作。

A. Freud 認為，心理分析所治療的成人，基本上都已經做好準備期的工作（準備期的工作內容，在第三章中再做詳細的說明），只要恰當的使用語言，彼此溝通良好，就能夠順利的進行治療。換言之，A. Freud 相信以語言為溝通媒介是治療成功的重要因素。A. Freud 認為兒童並沒有做好這些準備期的工作，所以在準備期的工作還沒有做好之前，兒童並不適合進行心理分析；而遊戲是 A. Freud 用來幫助兒童做好準備期工作的重要媒介。等到準備期的工作完成了之後，兒童才可能進行下一個階段的心理分析；不過，前提是兒童的語言必須發展到一定的程度（她的標準是十歲左右），此時可以再度藉由遊戲幫助兒童，在表達自己時可以做得更好。因此，對 A. Freud 而言，遊戲本身其實並不具有任何治療的功能，但卻是進行兒童心理分析時的必要媒介。關於 A. Freud 的遊戲治療理論，在第三章再加以介紹。

三、Klein 的遊戲治療

Klein 也認為她是 S. Freud 的嫡派弟子，理由是 S. Freud 雖然提出「生的本能」和「死的本能」兩種重要觀念，但 S. Freud 本人在建構心理分析理論時，太過於強調「生的本能」，而忽略了「死的本能」；因此，Klein 提出有關「死的本能」這方面的看法，企圖補足 S. Freud 原始理論的不足。然而，這樣的企圖也多少修改了 S. Freud 原來的理論，例如 S. Freud

認為人格結構必須到潛伏期之後才逐漸成形。Klein的看法則不同，她認為小孩子一出生便有本我和自我，斷奶之後就有超我，所以一個小孩在斷奶之後，便會產生人格結構之間的衝突，也就可以進行心理分析了。

不過，Klein也同意以語言為基礎，藉由分析夢和做自由聯想來分析潛意識，是進行兒童心理分析時最大的障礙；她認為對兒童而言，潛意識表現的最大舞台，並非如成人般的是夢和自由聯想，而是兒童在遊戲過程中所展現出來的遊戲內容。因此，在治療過程中，她仍然是在分析兒童的潛意識，但是放棄適合成人的分析夢和自由聯想，而改用兒童的遊戲內容作為分析時的素材。換言之，Klein也不認為遊戲本身具有治療的效果，但遊戲卻提供了治療兒童時不可或缺的分析素材。第四章將會詳細說明 Klein 的遊戲治療。

四、結構式遊戲治療

S. Freud的理論中，在前述複雜的人格結構之間所以會產生衝突，主要是因為有「能量」的存在。簡言之，S. Freud認為能量會使個體感覺不舒服，能量累積多了，個體就會出問題。換言之，兒童出問題是因為能量太多，只要想辦法讓這些能量消失掉，問題就會解決，根本無須去觸碰複雜的潛意識問題。因此，另外有一些學者就抓住 S. Freud 這個想法，認為所謂的治療，並不一定要像傳統心理分析般的去解析潛意識，只要想辦法讓體內累積的能量發洩出去，就可以達到治療的效果；而對兒童來說，發洩能量的最大途徑就是遊戲。因此，只要讓兒童有充分的遊戲機會，就可以達到治療的效果。

秉持這種理念的學者，對於遊戲應該在何種情況下出現，才能產生發洩能量的效果，有著不同的看法。其中一派學者認為，只要是遊戲就可以達到發洩能量的效果；因此，治療者可以主動的為兒童設計種種不同的遊戲，然後安排兒童進入這些經過設計的遊戲情境，自然就可以讓兒童在遊戲中將能量發洩出去。由於他們強調的是治療者主動設計出遊戲，所以稱秉持此種看法的學者為「主動式遊戲治療」派（active play therapy）。「主動式遊戲治療」後來又衍生出所謂的「紓解治療」（release therapy），最後以「結構式遊戲治療」（structure play therapy）集其大成，本書將在第五章中詳細說明「結構式遊戲」。

五、非指導式遊戲治療

另外一派學者雖然也同意遊戲具有使兒童將能量發洩出去的功能，但他們認為此遊戲必須是兒童自發性產生的，否則無法得到紓解能量的效果。因此，他們不同意「主動式遊戲治療」的作法，因為這些遊戲都是治療者安排，而非兒童自發性出現的遊戲。基於如此的主張，這些學者並不重視如何安排遊戲，而強調治療者的工作是和兒童建立良好的關係，認為在這個良好的關係之下，兒童自然會產生自發性的遊戲，達到發洩能量的效果。由於他們並不會為兒童設計遊戲，所以治療者的角色，相對於「主動式遊戲治療」中的治療者，顯得比較被動，所以將他們稱為「被動式遊戲治療」派（passive play therapy）。

在 1920 年代的當時，除了「被動式遊戲治療」相當重視治療者和兒童之間的關係之外，Otto Rank 這位曾經是 S. Freud 相當看重的高徒，亦在極力主張分析潛意識，而不強調治療者和病人關係的心理分析領域中，反其道而行的提出關係的重要性，並提出所謂的「關係治療法」（relation therapy）。Otto Rank 的主張受到當時 S. Freud 弟子們的圍剿，慘遭逐出門牆。不過，雖然 Otto Rank 的看法不被同門接受，但卻也無心插柳的影響了正在醞釀個人理論體系的 Carl Rogers。

Carl Rogers 有感於在心理分析和行為治療的進行過程中，治療者扮演的角色相當具指導性，因而提出強調治療者不該如此具有指導性的「非指導式治療」（non-directive therapy）。他主張治療者要提供案主一個「無條件接納、無條件包容」的環境，在這樣的環境下，案主無需治療者提供任何的指導，就可以透過自己內在的力量，改善自己當時的困擾。Rogers 的概念經過他的學生 Virginia Axline 應用在兒童案主的身上，就發展出「非指導式遊戲治療」（non-directive play therapy），後來稱之為「個人中心遊戲治療」，此將在第七章說明之。

六、公平遊戲治療

「非指導式遊戲治療」影響十分廣泛，許多學者都採取這種觀點進行兒童的治療工作；其中，Crocker Peoples在實務工作的經驗中，逐漸產生對「非指導式遊戲治療」的不滿，簡言之，他認為Rogers所建構的理論，其實是建立在一個根本不存在的現象；因為真實的生活現象，本來就是一種「有條件」的環境，而非 Rogers 用來鋪陳其理論時，所假設的「無條件」的環境。

基於這樣的看法，Peoples 參考了 William Glasser 的「現實治療」（reality therapy）理論，認為兒童的問題其實是來自於生活中，沒有得到周遭人們（尤其是成人）的公平對待所致。因此，他認為如果能夠建立一個治療者和兒童都必須嚴格遵守規則的遊戲室，在遊戲中雙方都十分公平的接受遊戲室規則的約束。然後，Peoples再擷取「行為改變技術」（behavior modification）的種種技巧，在和兒童遊戲的過程中，適時的使用這些技巧，消除兒童的不良行為，以及培養兒童的良好行為，就能夠達到改變兒童的目的。由於Peoples相當強調公平的重要性，所以把他的作法稱之為「公平遊戲治療」（fair play therapy），到第八章再來詳細介紹。

走筆至此，我們可以發現，心理方面會產生問題並非成人的專利，兒童一樣會在生活中出現妨礙和影響他們正常發展過程的現象。當專業工作者想要幫助兒童渡過這些關卡時，他們仍然是以嚴謹的心理學理論，作為促使兒童產生改變的基礎；不過，在實際的運用這些心理學理論時，他們亦不約而同的將心理學理論與遊戲結合在一起。本書在後面的章節會對以上所介紹的這些相關理論再多加闡述；但是要提醒讀者的是，遊戲治療並非只有這些派別而已，例如已經由筆者校閱出版的《遊戲治療實務指南》（台北：心理出版社，2001。原書名：*Play Therapy in Action: A Casebook for Practitioners*, 1993）中，就介紹了十七個遊戲治療學派，有興趣了解更多遊戲治療學派的讀者請自行參考。

本書選取這些遊戲治療理論的理由（第三章到第八章），一方面是因為它們在遊戲治療歷史的演變有相當的關聯性；另一方面也因為這些理論對於筆者個人的遊戲治療理念和實際工作上的進行有著相當的影響（第九章到第十一章）。本書主要在說明筆者從事遊戲治療工作二十年（其中後面十年也擔任從事遊戲治療工作的治療師的督導）所沉澱下來的心得，因此是非常臨床實務導向的。之所以稱自己的遊戲治療理念為「野戰派」，也許是遊戲治療做久了，性情上有點金庸筆下的「周伯通」化，剛開始是開玩笑的意味多，但是為了寫作和上課時的說明方便，也該取個名字，所以就這樣沿用下來；筆者沒有野心要將自己的經驗整理成理論，只希望和大家分享這些寶貴的經驗，所以請大家將「野戰派」當成形容詞看待！筆者希望藉由本書的呈現，將這一路走來的心路歷程和大家分享。詳細的野戰派遊戲治療內容會在第九章闡述，但是筆者會在介紹上述的各種遊戲治療理論時，說明這些遊戲治療學派對我的「野戰派遊戲治療」的啟發。

第三章

Anna Freud 與遊戲治療——心理分析取向之一

在第二章中，我們曾述及 Anna Freud 自詡是她父親 Sigmund Freud 的衣缽傳人，因此，在了解 A. Freud 對遊戲治療的看法之前，有必要先簡要的說明 S. Freud 所提出來的心理分析理論，對於個體為何會出現問題，以及為何要以分析潛意識的方式進行治療，才能以此為基礎介紹她的遊戲治療概念。

第一節　Sigmund Freud 的心理分析理論

一、人格結構

S. Freud 首先從能量（energy）的觀點建構他的理論，他認為個體會不斷產生驅力（drive），而驅力是帶有能量的。他假設生物性的能量會轉換成心理性的能量，而心理性的能量在個體內累積多了，會讓個體感覺到不舒服，因此個體必須產生行為，將這些能量給花掉，換言之，個體產生行為的一股推動力量，就是因為體內所累積的能量所帶來的不舒服。而此行為若要能夠把能量花掉，就必須先找到可以接受這些能量的「客體」（object）。

S. Freud 認為嬰兒剛生下來時，其人格結構中只有「本我」（id），「本我」是個體內將生物性能量轉換成心理性能量的主要所在，因此「本我」會一直產生心理性能量，而處於不舒服的狀態。所以「本我」的行為法則是「快樂原則」（pleasure principle），快樂的意思是指將能量紓解出去，使個體免於不舒服的狀態，而非一般所謂的追求某種讓自己感覺到快樂的經驗。「本我」產生行為的主要機制是「原級歷程」（primary process）；原級歷程，簡言之，是缺乏時間、次序，且不合乎邏輯的幻想過程。換言之，「本我」只能以幻想的原級歷程來尋求客體達到紓解能量的目的，但由於只是幻想，所以實際上並沒有真的將能量紓解掉。於是，個體為了能夠真正將能量紓解掉，其「本我」就逐漸分裂出所謂的「自我」（ego）。

「自我」產生行為的主要機制是「次級歷程」（secondary process）；次級歷程相對於原級歷程，簡言之，是有時間、次序和邏輯性，且能夠實際與外在世界產生互動的行為，換言之，是真正能夠將能量紓解掉的部分。「自我」的主要目標是尋找恰當的客體，將能量轉交出去，達到解決不舒服感覺的目的。指導「自我」如何尋求恰當客體的法則是「務實原則」（reality principle），亦即當「自我」找到可以將能量轉交出去的客體時，此客體是否是恰當的客體，決定於個體當時所生存的環境，是否同意個體將能量轉交給此客體。由於「自我」是以所謂的次級歷程產生行為，而次級歷程是具有邏輯能力的，所以「自我」在經過長期尋找恰當客體的經驗後，會歸納出環境是否同意此客體是恰當與否的法則，使「自我」在尚未出現行為之前，就可以先行檢核該行為可否為環境所接受，這個部分原本存放在「自我」之中，後來就逐漸脫離「自我」，而成為人格結構中所謂的「超我」（super-ego）。

一旦「超我」形成了之後，也會影響「自我」所找到的客體是否是恰當的客體；換言之，「自我」是負責將「本我」所產生的心理性能量紓解出去的主要部分，而「自我」必須尋找到恰當的客體，才能將能量紓解掉。而此尋找的過程會受到兩方面的影響，其一是「務實原則」，其二是「超我」。倘若「自我」所找到的客體不會違背這兩方面的要求，則此客體就是恰當的客體，反之，若違背了其中之一，則此客體就不是恰當的客體。不是恰當的客體，就表示心理性能量並沒有轉交出去，於是個體仍舊處於不舒服的狀態；此時，「自我」為了解決此不舒服的狀態，只好退而求其次的將這些能量壓抑到潛意識之中，亦即以壓抑的方式得到暫時性的解脫。

S. Freud強調使個體產生心理方面困擾的主要原因，是體內累積了過多的心理性能量所致，當個體無法將這些能量紓解出去時，個體會暫時將之壓抑至潛意識，然而這些能量在潛意識中仍然蠢蠢欲動，因而使個體感受到莫名的困擾。從上述「本我」、「自我」和「超我」所構成的人格結構的立場來看，能量之所以無法紓解，主要是因為個體內的這三個

「我」之間，有各自的行為運作法則，且這些行為法則之間產生了衝突所致。因此，要解決這種心理方面的困擾，就必須分析潛意識，將這些尚未得到解決的潛意識內容，提升到意識層面，經由治療者的解釋得到頓悟，才能夠徹底解決問題。

二、性心理發展（psychosexual development）

S. Freud 稱呼由「生的本能」（life instinct）所產生的驅力為「原慾」（libido），「原慾」會隨著兒童的發展而集中在身體的不同區域。因此，滿足「原慾」的方法（即能量能否找到恰當的客體紓解）和「原慾」當時所集中的身體區域有關，也因此造成人格發展的變化，稱之為「性心理發展」，共包括「口腔期」（oral stage）、「肛門期」（anal stage）、「性蕾期」（phallic stage）、「潛伏期」（latency stage）和「兩性期」（genital stage）；其中最重要的是前面三個階段，尤其是在「性蕾期」所發生的「戀母情結」（Oedipus complex）和「戀父情結」（Electra complex），更是S. Freud所認為的影響前述人格結構最重要的歷程。

㈠口腔期

從出生到十八個月左右，「原慾」會集中在口腔（口、舌和唇），因此紓解能量的方式與口腔的活動有關；如果在這個階段沒有滿足，即不能透過口腔的活動紓解能量，則長大以後會形成「口腔期性格」，簡言之其特點是相當悲觀的性格。

(二)肛門期

從一歲半到三歲左右，「原慾」的集中處由口腔轉到肛門，兒童是透過肛門的活動得到「原慾」的滿足。因為此時也正是父母親開始訓練兒童自己控制「大小便」的能力，所以訓練方式的嚴苛與否，是決定兒童是否在此階段中得到滿足的主要因素；如果這個階段沒有得到滿足，則長大以後，會形成以吝嗇為主要特點的「肛門期性格」。

(三)性蕾期

大約是三歲到六歲，也就是兒童可以進入幼稚園就讀的時候，「原慾」的集中部位又從肛門轉移到性器官，所以紓解能量的方式與性器官的活動有關，並且因而產生所謂的「戀母情結」（Oedipus complex）或「戀父情結」（Electra complex）。

「戀母情結」並非單純只是「戀母」，還包括了「仇父」、「閹割焦慮」（castration anxiety）以及「性別角色認同」等複雜的歷程。對小男生而言，母親本來是最重要的「客體」，因為許多生理方面的需求都是依賴媽媽才能得到滿足。媽媽在清潔小男生的身體時，一定也會清潔性器官，可是在

「原慾」尚未集中在性器官之前，小男生只是出現單純的生理勃起反應，並沒有所謂的「快感」。當小男生進入「性蕾期」之後，這種原本沒有「快感」的舉動，就開始產生快樂的感覺，於是小男生就開始出現想要獨佔母親的「戀母」。然而，不論母親多麼喜歡小男生，小男生還是會發現，只要爸爸在家，媽媽還是屬於爸爸的時間比較多；因此小男生會開始討厭爸爸，稱之為「仇父」。

由於是「性蕾期」，小男生也因而比較會注意到性器官的差異；當他發現有些人沒有男性性器官時，他會以為這些人的性器官是被他們的爸爸給割掉的——因為他們討厭爸爸的心態被爸爸知道了——於是小男生開始出現所謂的「閹割焦慮」。他們處理「閹割焦慮」的方法，是模仿爸爸的舉動；因為他們會以為如果我和爸爸變得一樣，爸爸就會比較喜歡我，就不會把我的性器官給割掉。這個模仿的歷程就是「性別角色認同」，小男生從此逐漸學習成為一個「男人」。

同理，「戀父情結」也並非只是單純的「戀父」，還包括了「羨慕男性性器官」（penis envy）、「仇母」，以及「性別角色認同」等複雜的歷程。母親對小女生而言，本來也是相當重要的「客體」，所以小女生會覺得母親非常的了不起。可是進入「性蕾期」之後，小女生會發現自己好像比別人少了一些「東西」，於是產生「羨慕男性性器官」的複雜心態。媽媽沒有那一樣「東西」都這麼了不起了，更何況爸爸比媽媽還要多一樣「東西」呢！於是小女生開始產生「戀父」。

然而，小女生也同樣會發現到，不管爸爸多喜歡我，他還是和媽媽在一起的時間比較多，因而出現了「仇母」。小女生為了想和媽媽競爭爸爸，她就會仔細的觀察到底爸爸喜歡媽媽哪些地方，然後開始模仿媽媽，以提高自己的競爭力；這個模仿的歷程就是「性別角色認同」，小女生從此逐漸學習成為一個「女人」。

第二節 準備期與心理分析

在心理分析治療裡，最重要的就是要分析潛意識，因為造成個體困擾的主要原因是潛意識。由於潛意識是因為本我的某些衝動違背了現實或超我的道德原則，才會被自我壓抑下去，以避免造成意識上的痛苦感覺；所以要分析潛意識的時候，要把這些原本已經隱藏得很好的潛意識部分挖出來，於是被分析的人一定會感到痛苦，並想要拒絕、想要逃避。因此，A. Freud 認為，要接受心理分析之前，病人必須做好準備期的工作。準備期的工作有三項：*1.* 病人要有強烈的受苦感覺（sense of suffering）；*2.* 病人要對治療者有充分的信心；*3.* 病人要下定決心接受治療。A. Freud（1968, 1974）特別強調，如果準備期的工作在接受治療前沒有完成，則此治療的過程注定要失敗；而對兒童來說，基本上準備期的工作都尚未做好，茲分述於下。

一、病人要有強烈的受苦感覺

如上所言，接受心理分析治療的過程，對病人而言其實是相當痛苦的歷程，因為治療者會將病人壓抑已久、且一旦浮現在意識層面就會產生很不舒服感覺的潛意識重新挖掘出來。因此，倘若病人在尚未接受心理分析治療之前，並沒有受苦的感覺；或者其受苦的感覺強度，並沒有超過潛意識被挖掘出來時的痛苦程度，則病人在接受治療的過程中，必然會產生想要逃離治療情境的衝動，進而妨礙治療過程。

A. Freud 認為兒童和成人的一個很大的差異，就是成人會強烈的感受到自己的困擾，並因而主動要求治療，所以一旦成人決定要接受治療，他已經通過了準備期的第一個條件。然而，對兒童而言，通常他們並不會覺察到自己有什麼問題，因為他們還在社會化的過程當中，本身還在學習對錯的標準，所以兒童不會認為自己有什麼地方不好。一般我們所治療的兒童，幾乎都不是自己主動前來，而是其周遭的大人（例如家長或老師）認為兒童有問題，才帶著兒童去接受治療。換句話說，兒童之所以不好是周遭大人認定的，是大人認為他不好、不正常，才要兒童去接受治療；因此，並不是兒童主動要求要去接受治療，而是被動（或者被迫）接受治療的。

二、病人要對治療師有充分的信心

由於治療過程必然帶給病人相當程度的痛苦，病人在治療過程中，就必然會對治療師產生懷疑，例如病人可能會覺得治療師是故意讓他覺得痛苦，所以開始對治療師產生負面的情緒，甚至將自己內在的種種被壓抑的潛意識感覺，都認為和治療師有關。這個現象，在心理分析理論中稱之為「情感轉移」（transference），被認為是達到治療效果的必要條件。不過，產生「情感轉移」的前提，是病人必須依然留在治療情境中，而這有賴病人對治療師具有充分的信心，否則他就會因為受不了這個痛苦，而逃之夭夭，不願意繼續接受治療了。

A. Freud 在把心理分析的概念用在小孩子身上的時候，她發現兒童很難完全信任治療師，一方面是因為兒童多半是被父母帶去做心理分析的，他本人的意願原本就不高；另一方面，兒童的潛意識時常會牽涉到對其父母的看法，而潛意識的內容往往是現實或社會道德所不容許的東西。對兒童而言，父母本來就是扮演教育者的角色，他們是兒童社會化過程中，相當重要的執行者，所以兒童的潛意識裡可能就隱藏了不為父母所容的秘密。由於治療師和父母都一樣是大人，且在治療過程中，他們彼此之間又時常會有所聯絡；兒童就會擔心治療師不會保密，可能會把他告訴治療師的秘密洩漏給父母親，所以會不信任治療師，不願把內心深處的秘密告訴他，治療師也就很難得到治療必須要得到的潛意識資料了。

三、病人要下定決心接受治療

病人要能夠下定決心接受治療，基本上與上述準備期的前兩個條件有關，當病人有強烈的受苦感覺，且對治療師有充分的信心時，就比較能夠下定決心接受治療；反之，病人就不太能夠下定決心。兒童因為在準備期的前兩個條件上，都比成人來得差，也就更不容易下定決心接受治療了。

第三節　遊戲治療與心理分析

由於兒童在接受心理分析治療之前的準備期都尚未完成，因此並不適合一開始就接受治療，治療師必須先幫助兒童做好準備期的工作，才可能進行心理分析。對 A. Freud 而言，要協助兒童做好準備期的前提是，先和兒童建立起良好的關係；而遊戲是幫助治療師和兒童建立良好關係的最佳媒介；因此，A. Freud 認為遊戲治療的第一個意義，和治療並沒有直接的關係。A. Freud 認為，治療師想要透過遊戲達到協助兒童做好準備期工作的第一步，是讓兒童感覺到治療師對兒童的遊戲過程是「有用的」；所謂的有用，指的是治療師是兒童最佳的玩伴，不但可以陪伴兒童玩遊戲，還能夠在玩具壞掉時，將玩具修理好。舉例來說，A. Freud 曾經為了和一個個案建立良好的關係，親自為該個案的洋娃娃織了一件漂亮的毛衣（Peters, 1979）。

治療師和兒童遊戲的過程中，並不是一直在玩，偶爾也會互相聊聊天。當治療師和兒童建立起初步的良好關係之後，治療師就要利用這個相互聊天的機會，讓兒童感受到治療師除了在遊戲的過程有用之外，對兒童日常生活所遇到的困難，其實也還蠻有用的；亦即在遊戲的過程中，當兒童透露出某些生活中所遭遇到的困難時，治療師可以提供一些具體的解決困難的方法，則兒童會認為治療師對他的生活也是蠻有用處的。有些讀者可能會有疑問：「治療師給予解決日常生活的建議，不就是在進行治療了嗎？」此處必須釐清一個重要的概念，亦即一般對於治療的定義和心理分析理論所認為的治療是不同的；心理分析所謂的治療是涉及到潛意識分析的心理分析過程，而給予生活中所遭遇困難的問題解決建議並未涉及心理分析的過程，因此，對於此派的治療師而言，這並不是心理治療的過程。

治療師和兒童之間的關係若能進入到這個階段，基本上也表示兒童已經逐漸對治療師產生信心；此時，治療師就要適時的掌握遊戲過程中的恰當機會，讓兒童體會到他在遊戲過程中所表現的某些行為，其實是會造成他生活中的某些困擾的，以提升兒童本身的「病識感」，即兒童同意他的某些行為真的如治療師所言，在生活中確實已經帶給他一些困擾。邏輯上，心理分析認為問題都是源自於潛意識，而潛意識的影響並非局限在一般的生活現象，在遊戲的過程中，造成兒童問題所在的潛意識也一樣會發生作用；因此，治療師必須在遊戲過程中，將兒童所表現出來的遊戲行為與其真實生活中的行為連結在一起，方能使兒童產生病識感。例如一個人際關係不好的孩子，在遊戲過程中遭遇到困難就會亂發脾氣、甚至攻擊別人，治療師就要以此為連結點，提醒兒童在真實生活中遇到挫折，是否也是採取類似的亂發脾氣方式解決，而用此方式解決問題的結果，是否使其他同儕都變得不願意和自己做朋友。有了「病識感」之後，兒童才可能逐漸感受到因此困擾所產生的「受苦感覺」，而達到完成正式進行心理分析之前的準備期工作。

以成人為對象的心理分析，是以夢和自由聯想作為分析潛意識的基礎，二者都是以語言為主的「談話治療」。A. Freud基本上還是強調，心理分析之所以可以產生治療效果，仍然有賴於以語言為主的「談話治療」（所以她的個案都是年齡在十歲以上，因為此時已經具備比較好的語言能力）。因此，當兒童已經完成了準備期工作之後，接下來就必須進入「談話治療」階段，而此時，兒童有限的語言能力並沒有辦法進行夢的分析和自由聯想。換言之，A. Freud 也感受到兒童在語言上的限制，因此，A. Freud 所認為的遊戲治療的第二個意義，就是如何以遊戲幫助兒童進行自由聯想和夢的分析。兒童在遊戲的過程中，多少都會產生一些美術或勞作的作品，於是A. Freud就利用這些作品作為聯想的具體起點，來替代成人的純粹語言式自由聯想。例如，孩子用黏土做了一隻甲蟲，治療師就可利用此甲蟲問孩子：「這隻甲蟲讓你想到什麼？」然後鼓勵孩子用黏土做出他所想到的東西，依此類推，治療師一樣可以得到自由聯想的種種內容，只是所花費的時間要比純語言的自由聯想多很多。而在夢的分析方面，A. Freud 發現兒童通常都會承認做了一些夢，但是卻往往無法很清楚的將夢的內容表達出來，所以兒童並不適合進行夢的分析。相對的，A. Freud 認為兒童做白日夢（就是孩子會出現「發呆」、「胡思亂想」的現象）的機會相當多，由於並非真正睡著了，所以孩子記得白日夢的機會很大，因此她鼓勵兒童在遊戲的過程中，將曾經做過的白日夢「演」出來，並以此替代成人的夢的分析。由此觀之，遊戲治療的第二個意義是以遊戲輔助談話治療的進行，遊戲本身其實也沒有任何治療的功能（Peters, 1979）。

第四節　A. Freud 對野戰派遊戲治療的啓發

一、家長第一次如何帶孩子來

在敘述 A. Freud 的準備期概念時，相信讀者也已經注意到孩子沒有病識感的現象，其引伸出來的實務工作挑戰，是第一次的時候，家長如何帶著絲毫沒有求助意願的孩子和治療師見面？通常家長本身也會想出許多方法帶孩子來看治療師，例如強制、威脅和恐嚇，反正就是不管孩子的心理感受，硬將她（或他）帶來；常見的理由之一是，說要帶孩子去看電影、逛百貨公司，結果逛到治療師這裡來！如同第二章所言，關係的建立是心理治療能否成功很重要的關鍵，因此，諸如這種欺騙的手法，最好治療師在和家長聯繫時，要特別請他們不要採取這種方式，因為這會讓治療師和孩子第一次見面時，就籠罩在被欺騙的陰影之下！不論家長採取什麼樣的方法帶孩子來，最重要的關係建立過程的主宰者，當然還是治療師本身。但是孩子第一次與治療師見面的經驗，其實涉及到萬一將來要進行心理治療時，與治療師之間的關係能否順利建立起來的基礎。

遊戲治療最大的特點是玩，所以在和家長聯繫時，我通常會強調不要用拐的、騙的或恐嚇的，也不要用孩子喜歡的東西或活動當成釣餌，因為這些都會妨礙我和孩子建立關係。因此，我都請家長這樣說：「媽媽今天要帶你去一個地方跟一個叔叔玩，如果你覺得好玩，我們以後就繼續去那邊玩；如果不好玩以後就不要再去了！」這種講法對治療師其實是很大的挑戰，因為第二次以後孩子來不來變成是治療師自己的責任，所以如何在第一次與孩子接觸時就能吸引孩子願意繼續前來，是治療師必須努力的方向。不過，這種作法是「高級班」的，亦即從事遊戲治療比較資深的治療師應該做的；或者未來打算拿著心理師執照自行開業的治療師比較容易遇見，屆時可以參考此種作法，或是你自己可以想出更好的方法。對於剛起步的治療師來說，尤其是在醫院工作的治療師，因為個案都是先看過醫生，所以這種問題大概比較不容易碰到。

二、與家長的聯絡

許多探討兒童偏差行為的理論，以及個人的臨床經驗，都會認為孩子的問題往往與父母親和孩子的互動有關，因此，當孩子與治療師關係逐漸深入且良好時，往往會產生矛盾的心態：一方面認為有些心裡的事情（亦即秘密，通常會與父母有關）可以告訴治療師，另一方面卻又擔心治療師會洩漏他的秘密給父母親知道。保密是治療師很重要的倫理守則之一，但是它絕不是嘴巴說說個案就會相信，而是個案透過不斷地和治療師互動的過程中體驗感受而得。不幸的是當個案有機會看到父母與治療師互動時，即使是剛開始接個案的時候，通常都會讓兒童更加擔心，導致即使將來治療師和個案的關係雖然已經很好，孩子也仍然會猶豫要不要說出自己的秘密。

治療師為了蒐集個案的資料，很自然的就會跟家長接觸，但是要避免上述的情形發生，建議最好不要在孩子的面前和家長討論孩子的事情，例如家長接送個案時，與心理師之間的寒暄內容應避免涉及孩子。許多治療師或是因為遷就家長的要求，亦即家長希望接送孩子時順便和治療師討論，或是因為自己的疏忽，常會在孩子仍在現場時，要求孩子做其他事情（例如到遊戲室玩），然後和家長在某個房間內談話；筆者就曾經在這種狀況下，看過很多孩子會偷偷的在門口偷聽，甚至有一個孩子還拿椅子爬上房間門口的氣窗上看！

筆者和家長接觸時最常用的方式是電話聯絡，通常在接個案之初，筆者都很清楚的讓家長知道，除了孩子每周該來的時間之外，家長每周也有三十分鐘的電話時間，若某一周家長沒有打電話聯絡，則下一周仍然是三十分鐘不得累計。至於談話的內容，筆者的重點放在：*1.* 資料的蒐集，尤其是個案生活中的大小事情，因為這些資料可以有效地協助筆者更正確地解讀遊戲治療過程中，個案所出現的遊戲的意義；

2.請家長具體提出在家庭中所發生、且家長不知如何處理的親子互動情形，適時地給予家長相關的建議；如此做的理由，是筆者深信家長在兒童心理治療的過程中，其實是扮演雙重角色，其一是「共同個案」（co-client，亦即家長也是治療師所要改變的對象），另一是「共同治療師」（co-therapist，即家長可以在家中成為治療師的幫手，執行治療師所擬定的治療計劃）。不論是何種角色，家長都需要接受相關的知識，而依照筆者的野戰經驗，家長最關心的是自己的孩子，所以相關的知識最好能夠以孩子的現象舉例說明。這幾年不斷地鼓勵治療師採取我的野戰作法，不過治療師們都很忙碌，大都只能「欣賞」，未必真的做得到。

三、用演的不是單純的用講的

A. Freud 在進行談話治療時，仍然採取遊戲作為輔助語言表達的媒介，我認為如此的作法並非只局限於 A. Freud 式的心理分析而已，在非心理分析的遊戲治療過程，甚至日常生活中家長和老師與孩子溝通的過程，其實都可以靈活運用此一技巧。舉例來說，當孩子要跟你說剛才發生過的某件事情：「張三跟我在玩，然後那個人就來了，就把我推倒在地上，然後他就打他，然後他就哭了，又有一個李四就替他報仇……」有名詞也有代名詞，各位讀者知道這個孩子在說什麼嗎？遇見這種情形，如果拿出一些玩具，請孩子在講的時候，順便讓某些玩具代表某個角色，然後邊講邊演，就不會搞混孩子所說的誰是誰；更重要的是，筆者的經驗發現，邊講邊演的效果不但表達得更清楚，還會得到更多的資料，因為這個過程可以帶來更多回憶的線索！即使不是在遊戲室，或者手邊沒有玩具，拿出身上諸如手錶、手帕、面紙或原子筆等用品，讓孩子模擬事情發生的過程，也一樣可以得到很好的效果。

上述的作法，如果從 Piaget 所說的「具體運作期」概念來看，可以說相當吻合，亦即藉由許多具體的事物幫助兒童進行比較抽象的思考和敘述。因此，筆者藉此機會想要強調，一個兒童治療師不要讓自己只局限在臨床心理學方面的訓練，一定要加強和活用發展心理學的知識！

第四章

Melanie Klein 與遊戲治療——心理分析取向之二

Klein 大約和 A. Freud 是同一個時代的人，她和 A. Freud 都聲稱是 Sigmund Freud 的嫡派傳人，因此兩個人之間經常就各自的主張有所爭執，此一爭執，也與傳統的心理分析理論的變化有關，亦即所謂的「客體關係」（object relation）。Klein 在心理學的歷史上有兩個「第一」，其一她是第一個提出客體關係理論的學者；其二，遊戲治療此一名稱是由她率先使用。在第三章中已經說明了A. Freud 的主張，本章將先說明 Klein 客體關係理論的基本概念，然後再進一步闡明她對遊戲治療的看法。

第一節 Klein 的心理分析理論

Sigmund Freud 在談到驅力（drive）的性質時，認為驅力帶有能量，當它出現的時候，所帶來的能量會造成個體有不舒服的感覺，因此必須使其下降。這時，驅力本身要找到一個恰當的客體，才能使能量下降（有關 S. Freud 的理論，請參閱第三章）。S. Freud 認為當驅力第一次出現而要尋找客體時，任何東西都有可能成為其客體，不過一旦選定一個客體之後，下次該驅力再出現時，個體就一定會找和上次相同的那個客體；換言之，驅力出現之後，是經過一段學習的過程，才決定能夠使該驅力得到下降的客體是什麼，而一旦此關係建立了之後，能夠滿足該驅力的客體，就從任何一個客體（an object）變成某個特定客體（the object）。Klein則認為，驅力和客體之間的關係早已命定，也就是說，甲驅力一定是對應甲客體才能使能量得以紓解，乙驅力一定是對應乙客體才能使能量得以紓解。這是 Klein 和 S. Freud 看法不同的地方。

Klein認為，人類的心靈生活（mental life）是由「自己和其他客體之間的幻想關係（phantasy relation）」所組成。此處 Klein 是以"phantasy"一詞替代 S. Freud 所用的"fantasy"一詞（中文均譯成幻想），因為他們兩人對幻想的看法不同。S. Freud 以為幻想是個體遭受到挫折之後的一種心理防衛機轉；Klein 則以為幻想除了 S. Freud 的"fantasy"功能之外，還保存了許多潛意識的意象（image），以及如何運作幻想的法則，而且這種能力是物種演化的遺傳結果（phylogenetic inheritance），其功能除了是挫折之後的替代滿足之外，本身的運作也是個體滿足的來源。因此，她強烈的主張，整個心靈運作歷程（mental process）的基本現象就是幻想。就是基於這種與生俱來的幻想能力，Klein才會認為驅力和客體之間的關係早已命定。

然而，一個從未與外在實際世界接觸過的嬰兒，怎麼可能會有所謂的客體的意象，而知道該去找這些客體，且與之發生幻想的關係呢？Klein採用Carl Jung所主張的「集體潛意識」（collective unconsciousness）概念，來說明為何嬰兒不必先與實際的客體接觸，就已經擁有這些客體的意象；因為經由遺傳而得的「集體潛意識」之中，早就已經存在這些客體的意象了。

至於所謂幻想關係的產生，Klein則認為她的看法就是在補足S. Freud理論的不足。因為雖然S. Freud曾經提出所謂的「生的本能」（life instinct）和「死的本能」（death instinct）這兩種驅力，但是S. Freud所提出的理論，幾乎都只是繞著「生的本能」在發揮，對於「死的本能」則僅提出「虐待狂」、「被虐待狂」等簡單的看法而已。Klein的理論則十分注重「死的本能」對個體的影響，所以她認為她才是S. Freud正宗衣缽傳人。

S. Freud所言之「死的本能」，簡言之，就是個體「自己對自己的攻擊」。Klein 認為當個體察覺到自己會攻擊自己時，會覺得相當可怕，因此，個體就會以幻想的方式處理這個不舒服的感覺。解決的第一個方法，是將前述引號中的第一個自己，幻想成是外在的客體在攻擊自己，而非真的是自己攻擊自己；第二個解決方法，則是認為真的是自己在攻擊自己，而為了避免自己因此而受傷，於是個體就將前述引號中的第二個自己，幻想成是另外一個存在於個體內部的客體在遭受攻擊，而不是真正的自己。

Klein認為死的本能是嬰兒一出生就有的，而死的本能最重要的就是攻擊。嬰兒的攻擊開始就表現在口腔的虐待（oral sadism）上，也就是嬰兒會用嘴巴來表現攻擊。對應於此攻擊驅力的客體是媽媽的乳房；因此，當嬰兒第一次接觸到媽媽的乳房時，會企圖去攻擊、破壞、控制和擁有這個客體。嬰兒是透過幻想來滿足這種攻擊本能的過程，他想像著自己真的在破壞、在攻擊那個乳房，藉此來滿足他攻擊的需要。然而，嬰兒一方面是在享受這種幻想式破壞的舒服感受，但另一方面又幻想被他攻擊的乳房會向他報仇，因此他就生活在一種擔心遭到迫害的焦慮妄想（persecutory anxiety paranoid）中。換言之，嬰兒與實際乳房的關係，是先經由幻想，將實際乳房變成存在於內部的內在客體，再經由上述的幻想式攻擊，形成與此內在乳房之間的關係（即擔心遭到迫害的焦慮妄想），然後再投射（project）出來，變成嬰兒與實際乳房之間的關係。相對地，生的本能所命定的客體也是乳房，但是這個乳房給嬰兒的感覺是正面的、滿足的。換言之，嬰兒與乳房之間的關係有兩種，其一是和好乳房的正面關係，另一是和壞乳房之間的擔心遭到迫害的焦慮妄想關係。

對 S. Freud 而言，嬰兒出生時只有本我，然後才慢慢分裂出來自我和超我。Klein的看法則不同，她認為嬰兒一出生就有本我和自我，因為幻想必須在自我中運作。而前述嬰兒與乳房之間的關係，一旦形成了之後，就會存放在自我之中。由於對出生前六個月大的嬰兒來說，雖然已經有了自我，但是自我的能力仍然相當薄弱，因此，好乳房和壞乳房在客觀上其實是相同的乳房，可是嬰兒卻無法將之整合，而在主觀上會認為是不同的乳房。另一方面，嬰兒也無法將在不同時間點與相同乳房（不論是好乳房或壞乳房）的互動經驗整合起來；於是在嬰兒的自我中，是單獨保存不同時間點與相同乳房的互動經驗。因此，Klein認為對出生至六個月大的嬰兒而言，其自我的狀態其實是分裂（splitting）的，並將此階段稱之為「妄想分裂期」（paranoid-schizoid position）。

嬰兒滿六個月之後，其自我的力量才逐漸成熟，於是會開始整合存放在自我中的過去種種和乳房互動的經驗，因而發現好乳房和壞乳房其實是相同的乳房。此時嬰兒會開始擔心，因為過去自己一直在傷害壞乳房，而現在發現壞乳房居然和給自己帶來相當滿足的好乳房是相同的乳房，很可能因為自己對壞乳房的攻擊，已經嚴重的破壞了乳房，因此再也無法從乳房中獲得好乳房的經驗了。或者乳房並沒有因為自己的攻擊而完全損壞，但乳房會因為自己曾經攻擊過它，而不願意再繼續提供好乳房的經驗了。這樣的擔心會促使嬰兒採用愛和感激（gratitude）的方式來彌補，也會增加和實際乳房的互動，以確認乳房並沒有遭受到破壞。Klcin稱此階段為「憂鬱期」（depression position），大致發生在嬰兒約七個月到一歲左右。

Klein認為「妄想分裂期」和「憂鬱期」是發展的必經過程，而發生在這兩個階段的種種幻想，都是在潛意識中進行。從以上關於她的理論的說明可知，這些在潛意識中進行的幻想，原始的核心都和攻擊有關；換言之，在進行治療時，治療師對案主的種種表現，必須要能夠掌握住潛意識中的攻擊意義，才能達到治療的效果。另一方面，Klein 亦不排除 S. Freud 的理論（因為她將自己的理論定位成彌補 S. Freud 之不足），尤其是關於發生在「性蕾期」（phallic stage）的「戀母情結」（Oedipus complex）或「戀父情結」（Electra complex）的看法，所以在她的治療過程中，也會經常從這些角度分析潛意識（Klein, 1932, 1955; Weiner1989）。

第二節　Klein 的遊戲治療

一、解釋的重要性

在心理分析的治療過程中，分析潛意識是必然的工作，傳統上所謂的潛意識分析，就是治療師針對案主表現出來的潛意識象徵——即自由聯想的過程和夢的內容——提出解釋（interpretation）。Klein亦認為分析潛意識是治療工作的不二法門，但她認為對兒童而言，潛意識最主要的表現舞台是遊戲，而非自由聯想和夢。因此，對她而言，遊戲本身並不具治療的功能，但卻是治療過程不可或缺的媒介。

為了做好解釋的工作，治療師就必須了解各種潛意識材料所代表的象徵性意義；S. Freud 那本相當出名的《夢的解析》（*The Interpretation of Dreams*）就記錄了許多夢的象徵性意義，例如夢到火車代表父親、棺材代表母親等等。同樣的，既然 Klein 認為遊戲的內容就是兒童潛意識的表現，她也會指出孩子玩何種玩具、玩玩具的過程如何等，分別代表的象徵性意義。本書不願意多談這種遊戲的象徵性意義，因為一方面擔心讀者囫圇吞棗，看完本書什麼也不記得，卻只記得遊戲的象徵性意義；另一方面，我個人也對此有所質疑，不敢完全信賴。本章的後面，筆者會提出野戰派遊戲治療用來了解兒童遊戲意義的方法。此外，在此順便一提的是，目前也有所謂的「沙遊治療」（sand play therapy）學派，進行時都必須用到沙子；相當重視遊戲的象徵性意義，不過一般都是從 Carl Jung 的理論剖析。因為其進行過程比 Klein 還要具備「神秘性」（此詞並無貶抑之意，只是想表明筆者無法以我的「次級歷程」理解他們解釋「原級歷程」的理由而已），所以本書並不介紹此派，有興趣的讀者可自行參閱《沙遊治療——不同取向心理治療師的逐步手冊》（台北：心理出版社）。

由於解釋在治療中扮演相當重要的角色，所以一般都認為這是一件相當審慎、不可隨意為之的工作。然而，Klein並不認為如此，因為她發現謹慎的提出解釋，並不一定可以提高治療的有效性；且對兒童來說，意識和潛意識之間的界限蠻模糊的，並不是很清楚的區隔開來。造成這種現象的主要原因，一方面是兒童的自我仍然未能像成人般具有強大的力量，可以有效的壓制住潛意識，使它不會跑到意識層面來；另一方面，則是被壓抑下去的潛意識，在時間上並不如成人般歷史悠久，所以也容易再度浮現在意識之中。因此，Klein 認為只要治療師可以在理論上相當了解案主產生問題的原因，就可以提出解釋。以下就以 Klein 在她的文章中曾經提及的兩個案例，說明解釋的效果。

《案例一》（Klein, 1932）

Rita 是兩歲九個月大的女生，她的症狀是害怕動物，和媽媽關係愈來愈差，明顯的強迫性精神官能症狀，偶爾有焦慮的情形以及夜悸（night terror）。Rita 第一次和 Klein 見面時一句話都不說，表現出很不合作的態度，在遊戲室玩的時候，相當的壓抑自己，也無法忍受挫折〔Klein將這種現象判斷為「情感轉移」（transference），也就是說，Rita 把她和她媽媽那種不好的關係投射在與 Klein 的關係上〕。

不久，Rita 就要求 Klein 帶她到花園裡去散步（Klein 判斷這是 Rita 不喜歡留在室內，可能在室內 Rita 會出現害怕的感覺）。

走著走著，Klein 對 Rita 說：「我很像妳媽媽對不對？」結果Rita就改變原本不合作的態度，願意和Klein說話，Klein 就以前述括號內的判斷為基礎向 Rita 做解釋。Klein 讓 Rita 了解 Rita 很擔心晚上一個人在家時，會有壞女人來欺負她，所以 Rita 會把 Klein 和她的擔心聯想在一起，因而也會害怕

Klein。經過這樣的解釋之後，Klein 提議回到遊戲室內，Rita 很快就同意了。

Rita 開始在遊戲室內玩起來，不斷的重複替洋娃娃脫下衣服和穿上衣服。Klein向Rita解釋這些不斷重複的動作，表現出 Rita 心中的某些焦慮；之後，Rita 就開始放棄這些重複的動作，能夠在遊戲中出現更豐富的內容。

《案例二》（Klein, 1932）

一個七歲的小女生，她本來跟媽媽的關係很好，但自從進了小學以後，和媽媽的關係就變得很差，而且在學校的表現非常不好。Klein在治療的過程中發現，小女生在玩「扮家家酒」的時候，不管劇情是什麼，統統可以發現到有兩個主角，一個小男生和一個小女生；他們兩個人在一起時一定很快樂，他們會遠離其他所有人，到一個角落去嘻嘻哈哈地做些別人不知道的事，但到最後，這小男生和小女生一定得不到好結果。

Klein經過了一番觀察之後，就對小女生解釋：似乎她和小男生之間，正在進行某些性方面的活動，而她又很擔心會被別人發現，所以不太能夠相信別人。小女生不喜歡上學的原因，可能是擔心老師會發現她和小男生之間的關係，並且因而處罰她。同樣的，小女生也很擔心媽媽會發現她和小男生之間的關係，並且因而處罰她，所以她也會討厭媽媽。經過這樣的解釋之後，Klein發現她和這個小女生之間的關係變得很好，小女生不再排斥Klein，臉上露出輕鬆的表情，遊戲的內容也愈來愈多樣化，也願意多說一些自己的事。

雖然 Klein 很「大膽」的提出解釋，但是她也有一些判斷解釋是否正確的指標值得注意，簡言之，如果治療師對於遊戲提出的解釋是正確的，除了如以上案例所見的「神奇」效果之外，孩子所進行遊戲的「主題」會愈來愈深入；反之，則遊戲的主題層次仍然會維持不變，且也不會有治療效果產生。有關「主題」的意義，Klein此處強調的是任何遊戲轉換成「扮家家酒」（參考本章第四節）的劇情內容；「主題」的其他意義在本書後面章節還會有所說明。

二、在遊戲中出現攻擊的意義

在Klein（1955）的理論中，攻擊扮演相當重要的角色；而兒童在遊戲的過程中，也常會直接或間接的以各種不同的途徑表現出攻擊性。當攻擊性強的兒童使用過遊戲室之後，經常可見玩具被兒童弄得破破爛爛的，水和顏料也潑得到處都是，乍看之下，遊戲室彷彿已經變成了戰場。其實，兒童表現完攻擊行為之後，馬上伴隨而來的是罪惡感；罪惡感一方面來自他的攻擊行為所造成的破壞；另一方面，則源自所破壞東西在潛意識中所代表的象徵性意義。

Klein 認為治療師不應該壓抑兒童所表現出來的攻擊幻

想，而要讓兒童以非人身攻擊——指攻擊治療師——的方式，繼續表達他的攻擊幻想，因為這些表現在遊戲過程的攻擊幻想，都是值得治療師提出解釋的重要素材。簡言之，在攻擊過程中，兒童都會將在實際生活中對某些人的不滿幻想進來，亦即表示兒童和這些人目前的關係並不好，所以會在遊戲過程中選擇某個玩具，象徵性地代表這些人，並在遊戲中攻擊這些具備象徵性意義的玩具。萬一孩子對這些象徵性意義玩具攻擊得太嚴重，導致玩具因而破損，治療師除了不能責備孩子之外，還要將這些已經損壞的玩具收藏好，因為一旦治療產生效果，兒童除了會改善他和原本關係不好的人之間的關係之外，還必須將原本象徵這些人的玩具重新象徵性地修補好（亦即不是真的把玩具修理得仍然可以使用，而是例如用膠帶把玩具黏成像「玩具的樣子」），才能解決孩子在幻想世界中因為出現攻擊行為而產生的緊張和焦慮。

換言之，在遊戲室裡面採取象徵性的方式攻擊象徵性的玩具是被允許的，但是治療師在鼓勵兒童表現攻擊幻想的同時，還必須保護自己在此攻擊的過程中不要受到傷害，因為一旦發生實質的傷害，則不但會引發兒童心中更多的焦慮和緊張，導致兒童無法將注意力放在治療師在此攻擊幻想過程中所提出來的解釋，而妨礙治療的進行，也會使象徵性修補玩具的意義大打折扣！

在長期的臨床經驗中，Klein發現兒童的攻擊幻想有一定的程序可循。在開始破壞某些玩具之前，通常會先將它放在一邊，並且有一段時間不去碰這些玩具。這都表示兒童不喜歡這些玩具所代表的人物，他本來就想攻擊它，但又擔心它會對自己報仇。於是接下來，兒童乾脆就在遊戲中先下手為強的攻擊它——當然，這個過程會跟著帶來罪惡與焦慮的感覺。等到治療過程發生了效果，兒童會很奇妙的把這些被他破壞過的玩具重新找出來，努力的把它修理好；不管兒童可不可能把它修好，這象徵著兒童正在彌補他和玩具所代表的人物之間的關係；因此，Klein提醒治療師，被兒童所破壞掉的玩具，千萬不能隨手把它們給扔了，否則兒童無法在遊戲過程中，完成這種象徵性的彌補行為，而導致治療效果出現折扣。

第三節　對 Klein 理論的批評

幻想在 Klein 的理論中扮演非常重要的角色，但是，嬰兒和兒童到底是不是真的具有幻想的能力，且又能夠在遊戲之中將之表現出來呢？如果不能，則 Klein 的理論就站不住腳，更遑論其理論的應用了。問題在於 Klein 的理論立基在對於嬰兒的觀察，而嬰兒尚未具備語言的能力，無法自己報告其內在的意識內容，更不用談如何了解嬰兒的潛意識了！所以 Klein 很難用能夠被大家接受的科學方法證明嬰兒幻想能力的存在，然而，反過來說，批評 Klein 的人也無法提出具體的證明，認為嬰兒不具備幻想的能力！此中的關鍵可能在於「科技」，大家最容易理解的是醫療技術，當某種科學理論的突破，往往會對應產生新的儀器設備，就可以解決過去醫療時無法解決的困難。相同的現象也發生在心理學家對於嬰兒的研究，讀者有興趣可自行比較《嬰兒發展手冊》（*Handbook of Infant Development*）不同年代的版本，過去不認為嬰兒具備的能力，在新的科技出現導致研究方法跟著進步的情形下，現在可能都覺得以前「低估」了嬰兒的能力。也許 Klein 的這個批評，在經過未來科技的洗禮之後，會有比較符合科學的證據說明究竟嬰兒有否幻想的能力。

另外一個合理的懷疑是，Klein 理論中所強調的媽媽的乳房，是否是因為當年母親幾乎都是親自為嬰兒哺育母乳，所以嬰兒有機會和媽媽的乳房產生頻繁的互動，但是現在的嬰兒除了少數之外，幾乎都只是出生後一個月內有機會被餵食母乳，之後就改用奶瓶內裝牛乳，很少長期被餵食母乳。換言之，如果嬰兒和母親乳房的互動不再那麼頻繁，他們仍然會出現 Klein 理論的各種發展階段嗎？就筆者所理解的 Klein 理論來看，我認為乳房的意義主要強調的是母子關係的互動內容，未必與乳房是否有多少的互動有關。

不論如何，目前最為學術界接受的理論，是強調所謂的「科學效度」，即要能夠經得起科學方法的考驗。從這個角度來看，和心理分析有關的理論，大都不符合這個要求；然而，不可否認，心理分析取向的理論在臨床工作上仍然歷久不衰；所以，許多臨床工作者是以「臨床效度」來檢核理論是否可信。「臨床效度」的特色是事後解釋，亦即理論可以在現象發生之後，對此現象提出一個合理的說明，並且以此說明為依據，繼續推導出治療的方向和實際操弄的方法，更重要的是還可以產生治療的效果；心理分析取向理論的特點也就在此。

第四節　Klein 理論對野戰派遊戲治療的啓發

一、扮家家酒

在 Klein 書中所說明的案例現象，幾乎會發現她所重視的遊戲內容都是我們一般所說的「扮家家酒」的內容，例如一開始玩積木的時候，都是依照一般積木的玩法（或疊高或拼成不同圖樣），但逐漸就會將積木「擬人化」，變成擁有劇情變化的「扮家家酒」。筆者自己的遊戲治療經驗也發現如此，亦即不管個案拿起何種玩具，玩著玩著，都會不知不覺變成「扮家家酒」。例如將積木圍成圈代表自己的家，圈裡面放的兩個大積木代表爸爸和媽媽，兩個小積木代表自己和弟弟等等。

在筆者個人的經驗中也是如此，尤其如果遊戲室中有準備沙子（沙箱或沙盤），幾乎個案都會以沙子所在地為中心舞台「扮家家酒」。相較於「對賽治療」（參閱第一章），這種遊戲轉換成「扮家家酒」的現象，也是遊戲治療很重要的特色。

二、遊戲內容與真實生活的關係

因為筆者並未接受過完整的 Klein 取向訓練，也無意回答遊戲是否是兒童潛意識表現的爭議，但是長期的遊戲治療實務工作經驗，讓我深深的體驗到：姑且不論遊戲的內容是否是兒童潛意識的表現，遊戲的內容的確會將兒童目前的真實生活經驗和心理歷程表現出來。以下以我個人的臨床工作案例——每個個案的基本資料和問題，為了避免傷害到個案，均已經過轉換——說明這種現象。

《案例三》

一個小學三年級的男生，主要的問題是手淫的情況非常嚴重；家人觀察到他一天之中，會趴在地上摩擦性器官，或用手伸進褲子內摸性器官十幾到二十次。在學校上廁所時，個案經常褲子也不穿，也不帶衛生紙，就這個樣子走到教室請老師幫他擦屁股，當然，絕對免不了其他同學的驚訝和嘲笑。此外，個案的學校功課表現也很糟，人際關係也明顯的有問題。

有一次，個案在遊戲室內用大型積木排了一個人，這個人有個特別長的性器官。因為我知道這個孩子的情況，就對他說：「有時候，有小雞雞還真是麻煩。」他回答道：「對啊！」我並不認為這是在做解釋，而只是簡單的描述。有趣的是，經過這件事之後，他的家人和老師都表示個案的這種情況已改善很多。

《案例四》

一個有自閉症傾向的三年級小學生，和家人的關係不是很好，姊姊也常常會欺負他。有一陣子，他在玩「扮家家酒」的時候，一直重複演一段相同的劇情。在劇中有兩個主要人物，張三和梁叔叔（個案對我的稱呼）。張三叫梁叔叔跟他一起走入時光隧道，回到他出生那年，然後他們就拿起槍來，把醫院裡的人全部打死。我問他：「為什麼要把他們都打死？」他說：「因為他們都對我不好。」後來，張三和梁叔叔又坐著時光機到了張三念幼稚園的時候，他們看到了張三的姊姊，張三就跟梁叔叔說：「我們去揍她！」於是我就和劇中的張三（個案扮演這個角色）一直打姊姊，不過通常都是張三慫恿我打，而張三只在旁邊看；一邊看一邊嘴巴裡喊著：「打死她！打死她！」整個人流露出非常滿足、非常輕鬆愉快的樣子。差不多有一個月的時間，我和個案每個星期見面一次，他都玩這個遊戲。之後，我和他的家人聯絡，他的家人表示現在個案已較能和姊姊和平相處。

在這個過程中，我並沒有做解釋，解釋是個案自己做的，比較中肯的說法是，在玩的過程中，他已得到了很大的發洩。

《案例五》

有個幼稚園的男孩，爸爸的管教觀念是不打不成器，所以打他打得很兇，甚至會把個案吊起來打。他最喜歡玩玩具兵，每次都讓它們打架，也打一些其他的玩具；打完了架就把它們埋到沙堆裡，再去把它們找出來打。可是，他常常會故意不把某些玩具找出來，當我提醒他，他就說：「那個不要管！那個是爸爸！」雖然我事先也懷疑那是他爸爸，但我沒有說，反而是他自己說出來了。

《案例六》

女生，高年級，是我曾經督導過的個案。

治療師問我：「為什麼個案在最近的遊戲中總是出現屍體？」我告訴治療師，根據我的經驗，這個現象可能表示個案最近有機會接觸到喪事，不論是個案自己的親人死亡，或者是附近有人在辦理喪事；不過，最好的解決疑問方式是蒐集更多的資料，才能真正的了解屍體在遊戲中出現的意義。

經過治療師向家長詢問的結果，原來個案最近有一件特殊的事件發生：全家到海邊遊玩，海面上漂過來一個東西，個案好奇去探索，結果居然是一具屍體。向警方報案之後，回到家，家人以電話跟親戚和朋友說明此一事件，敘述不清楚之處，就乾脆叫個案自己在電話中講明白些。整個過程，家人完全沒有注意到個案的心裡其實是相當緊張和害怕，所以不但沒有去協助個案度過這段不好的經驗，反而不斷地讓個案反芻這些可怕的經驗。個案在真實生活中無法處理自己複雜害怕的情緒，於是在遊戲中不自覺地就將屍體玩出來了！

《案例七》

女生，高年級。在她的「扮家家酒」的內容中，通常都是和父親一起吃中飯，或者逢年過節爸爸出現的時間都是節日的前一天。我懷疑其中有一些值得推敲的事情，就和個案的媽媽聯絡，當我說完我所觀察到的情節之後，媽媽情不自禁地開始掉眼淚，訴說她的婚姻是不正常的等等。

以上所舉的五個案例，至少可以看出兒童在遊戲中，姑且不論遊戲的內容是不是潛意識，似乎真的能夠將真實生活的某些現象表現出來。不過，這些案例並沒有涉及到Klein所強調的解釋，因此也無法支持Klein理論中最重要的治療概念。

三、如何從遊戲中了解其意義

從《案例六》可以看出，倘若治療師在發生海邊看到屍體的事件之後，可以很快地蒐集到此一資料，則個案第一次在遊戲中出現屍體時，就可以做出相對應的處理，減少此事件對個案所造成的不良影響。另一方面，在教授遊戲治療課程和督導遊戲治療進行過程中，學生和治療師最常提問的問題是：「如何從兒童的遊戲中了解其意義？」答案只有一個，就是勤於蒐集個案生活中的各種資料。如同前文所述，既然個案會在遊戲中表達其真實生活裡的經驗，因此倘若治療師可以從其他管道得到這些生活中的資料，則在遊戲治療的過程中，就能夠很迅速的解讀個案遊戲的意義。在第三章我所說明過的和家長聯絡的方法，其實就是最重要的兒童真實生活資料提供的來源。當你所擁有的資料愈多，你對於個案所表現出來的遊戲內容了解的就愈多；這並不是從本章前述Klein 所強調的遊戲的「潛意識象徵性意義」的角度推論得知，而是基於治療師接個案過程的每一次的準備功夫！有志於學習和從事遊戲治療工作的讀者，一步一腳印，天下沒有白吃的午餐，勤於和個案生態環境中的重要他人聯絡，才是遊戲治療能否成功的關鍵！

第五章

結構式遊戲治療——心理分析取向之三

結構式遊戲治療的理論基本上也是從心理分析的系統而來，但和Anna Freud、Melanie Klein不同的是，他們並不強調所謂潛意識的分析，而認為人之所以會有問題，乃是因為驅力上升，因此只要想辦法讓它下降，問題自然可以得到解決，不必去管潛意識的問題。這一派學者認為，個體的內在彷彿存在一座「情緒水庫」，專門蒐集因驅力所帶來的能量；當能量累積到超過警戒水位時，個體就開始覺得煩躁，如果這時還沒有做調節性洩洪的工作，能量再繼續累積下去，個體就自然會產生問題。因此，解決問題的方法，就如同一般河川上的水庫一樣，只要將水庫內的水放掉，讓水位停留在安全水位之下，問題自然就不會繼續存在。

基本上，「情緒水庫」可以透過「說」和「玩」兩個管道進行調節性洩洪的工作。所謂的「說」指的是可以找得到「暢所欲言」的聽眾，亦即聽者不會批評說者的言詞內容，甚至還會附和說者，讓說者可以盡情的透過「說」發洩掉心中的負面情緒。對於成人來說，「說」的能力不會有問題，麻煩的是「暢所欲言」的聽眾不容易找；對兒童而言，因為「說」的能力涉及到「不能」和「不敢」（參閱第二章）的問題，且其負面情緒通常與社會化執行者有關，所以比成人更難找到「暢所欲言」的聽眾，因為生活中常常會看到孩子只開口跟大人講一句話，接下來看到的都是大人在「暢所欲言」的訓話。

因此，對兒童而言，最能夠協助他將「情緒水庫」中的能量放掉的方法就是「玩」，因此，結構式遊戲治療認為治療兒童的最有效方法，就是提供遊戲的機會，讓他們經歷過玩遊戲的過程，自然就可以解決問題；甚至，也不必等到水位到了警戒線才讓它洩洪，平時就常做調節性洩洪，則「情緒水庫」就永遠不會到達滿水位。對一個「情緒水庫」內經常是坦蕩蕩的兒童來說，他自然比其他「情緒水庫」內經常存著很多水的兒童，要更能夠面對環境的挑戰，也能夠學習得更好。換言之，讓兒童有盡情玩遊戲的機會，就如同俗語所言，是「有病治病，沒病練身體」的大好良機。

第一節　結構式遊戲治療種類

結構式遊戲治療就是針對各種不同性質的情緒，主動地設計遊戲來幫忙紓解。他們提出了很多結構式的遊戲，認為這些遊戲本身就可以達到治療的效果。以下由 Hambidge, Jr.（1955）所整理的結構式遊戲中，選擇一小部分做一個簡單的介紹。

遊戲名稱：在媽媽懷裡的嬰兒

目標：處理手足相嫉（sibling rivalry），即家中有小弟弟小妹妹出生後，兒童發生退化的現象。

材料：三個木偶或布偶，大的代表媽媽，其中一個小的代表嬰兒，另外一個小的代表個案。少量的黏土。

遊戲過程：

治療師先將黏土搓成一個乳房的樣子，然後黏在大木偶身上，告訴兒童那是媽媽，並問兒童那黏土是什麼？兒童若知道會說：「那是媽媽的奶奶。」若兒童不願意開口或表示不知道，治療師就將答案告訴他。然後，邀請兒童用黏土做另一個乳房黏上去；如果兒童不願意做，治療師就自己做。接著，拿起一個小木偶告訴兒童：「這是小嬰兒，現在媽媽要餵他吃奶。」另一個小木偶代表的其實就是兒童本身，但不要讓他知道，治療師拿起木偶告訴他：「這時候，哥哥（或姊姊，視兒童的性別而定）從外面進來，看到媽媽在餵弟弟（或妹妹，視嬰兒的性別而定）吃奶，這時哥哥心裡怎麼想？」遊戲的目的是要想辦法使孩子表現出他的情緒，說出他壓抑在心中的感受。

遊戲名稱：氣球爆炸

目標：處理情緒壓抑型的兒童。

材料：各種不同顏色、不同尺寸的氣球，愈多愈好。可幫助兒童很容易地將氣球打破的工具，要注意這些工具的安全性。

遊戲過程：

治療師先拿出一個氣球吹氣，吹到一定程度（不要太大，因為擔心氣球爆炸的聲音太大，會嚇到兒童；但是也不能太小，否則等一下要戳破氣球的時候不容易，也會讓個案不想繼續玩下去。此一氣球的大小程度，治療師最好是先練習一下比較好掌握）後，鼓勵兒童用事先準備好的工具將氣球弄破；如果兒童不敢做，治療師就自己將氣球弄破。然後，治療師再拿出第二個氣球，並問兒童會不會吹？如果會，就讓他自己吹，如果不會，就由治療師自己吹。吹完後再讓兒童打破，若他不敢，就牽著他的手幫忙他打破。如此這樣做幾次之後，治療師開始鼓勵兒童用自己的方式，而不一定要用治療師準備的工具弄破氣球；在此同時，治療師掌握時機，想辦法引出兒童壓抑已久的情緒。

遊戲名稱：在父母房間內的隱形兒童

目標：處理兒童不小心看到父母發生性行為（當兒童看到父母發生性行為時，通常會以為是爸爸在欺負媽媽，而容易產生親子關係方面的緊張）。

材料：木偶或布偶，兩大一小。

遊戲過程：

治療師告訴兒童：「這兩個大布偶是爸爸媽媽，這個小木偶是隱形的，他看得到爸爸媽媽，但是爸爸媽媽看不到他。如果小木偶看到爸爸媽媽在親嘴，他會怎麼想呢？」然後，治療師再把兩個大木偶疊在一起，問他：「這時候，小木偶會怎麼想呢？」治療師的工作是想辦法把兒童隱藏的情緒勾出來。

遊戲名稱：同儕攻擊

目標：攻擊性強、且經常會攻擊其他兒童的兒童（具有攻擊性的兒童，在心理上會擔心自己得到報復，而容易出現緊張焦慮）。

材料：兩個一般大的木偶或布偶。

遊戲過程：

治療師拿出事先準備好的木偶或布偶，告訴兒童：「甲小孩遇見正向著他走過來的乙小孩，甲不知道因為什麼理由，就狠狠地揍了乙一頓，你想，接下來會發生什麼事呢？」或者，治療師對個案說：「甲似乎沒有什麼理由對著乙破口大罵，你想，結果會是如何呢？」治療師的工作是想辦法把兒童隱藏的情緒勾出來。

遊戲名稱：分離

目標：處理具有分離焦慮的兒童。

材料：代表媽媽和兒童的木偶或布偶各一。

遊戲過程：

治療師將事先準備好的木偶或布偶拿出來，對兒童說：「媽媽告訴孩子說她要出去了，下午才會回來，接下來會發生什麼事呢？」治療師要盡量鼓勵兒童，以扮家家酒的方式，演出種種可能會發生的事。

以上所介紹的這些結構式遊戲治療的內容，基本上很類似心理測驗中的情境測驗，也就是安排一個情境，讓兒童把他的一些內在感覺和想法投射出來。因此，實務工作者只要能夠掌握這樣的精神，就可以在實際處理兒童問題時，自己設計出更適合個案的結構式遊戲，甚至也可利用孩子自發性產生的遊戲，進行投射的過程。

第二節　進行結構式遊戲治療的注意事項

雖然結構式遊戲治療的內容並不是很複雜，但治療師在進行個別遊戲治療過程時，還是要考慮到一些因素，方能更有效的達到治療的效果。

首先，治療師在做遊戲治療之前，必須要和兒童建立良好的關係，這樣兒童才不會害怕把他的情緒在治療師面前宣泄出來；因為對兒童來說，治療師和他生活中最主要的接觸者一樣都是大人，所以兒童可能會把他平時對大人的防衛心，類化到治療師身上，而不敢將壓抑的情緒表現出來。此外，治療師在結構式遊戲進行的過程，很明顯的是在扮演「搧風點火」的角色，鼓勵孩子發洩出心中壓抑的情緒，倘若和個案的關係不夠深厚，個案不夠信賴治療師，就不容易將壓抑的情緒發洩出來。其次，治療師必須很熟悉結構式遊戲治療的程序，以及事先要準備的材料，才不會在治療進行中，顯得手忙腳亂，讓個案也跟著治療師一起緊張起來，而妨礙了治療應該有的效果。

第三，治療師必須要選擇恰當的結構式遊戲治療。從上一節所介紹的幾個遊戲來看，不同的遊戲有其最合適的治療對象，治療師必須相當了解個案的問題所在，才能選擇出能夠幫助兒童將所壓抑的情緒宣泄出來的最恰當的結構式遊戲。

第四，治療師必須先和兒童周遭環境的大人做良好的溝通。因為這種治療方式是要將兒童的情緒誘出，也就是要把兒童心中約束自己的力量打開；然而，兒童可能無法分辨治療情境和一般生活情境的差異，因此，在治療期間或治療結束之後，兒童的行為相對於治療前，可能顯得比較「行動化」（acting out），亦即變得較有攻擊性，對他身邊的大人而言，會覺得兒童變得比較不聽話，而可能會制止、打壓他這種行為，那就反而會造成更壞的結果。因為這些比較會壓抑自己的兒童，通常都生活在管教比較嚴格的環境，倘若環境又再度打壓兒童，則他再採取壓抑的方法處理內在情緒的可能性會提得更高，而且也容易傷害到治療師好不容易和兒童建立起來的關係，影響後續的治療工作。所以治療師要先讓大人們了解，兒童在接受治療期間或之後，在家裡的行為表現可能會和平時有些不同，請他們盡量不要再用壓抑兒童的方式管教。

除了以上四點應該要注意的事項之外，整個結構式遊戲治療的進行過程，並非是一開始就直接進入結構式遊戲治療的程序。當治療師和兒童的關係尚未建立好之前，並不適合進入結構式遊戲治療；換言之，遊戲除了具有結構式遊戲治療原本宣稱的功能之外（即遊戲可以紓解能量），遊戲也是治療師用來和兒童建立關係的重要媒介。

第三節　結構式遊戲治療的進行方式

如前所述，當治療師和個案之間的關係建立好之後，才可以採取結構式遊戲治療的程序，一般而言，其進行過程有一些標準的作法可循。即使個案具備良好的自發性遊戲能力（或稱自由遊戲），但在進入遊戲治療室之後，並不能立刻出現這種遊戲能力，往往需要一段時間暖身（warm up），才能表現出這種遊戲能力。對於這種類型的兒童，治療師可以採用結構式遊戲治療的第一種進行方式，即先進行結構式遊戲治療，但目的不在紓解能量，而是幫助兒童做好進入遊戲室的暖身工作，以引發他表現本來就有的良好遊戲能力，透過這種自發性的遊戲過程，達到紓解能量的目標。

結構式遊戲治療的第二種進行方式，是直接進入所安排好的結構式遊戲，進行告一個段落之後，讓兒童在遊戲室中自由的玩，然後再度回到原來的結構式遊戲，集中火力繼續處理希望處理的問題，依此類推，最後是以兒童在遊戲室中自由的玩做結束。這種作法的理由，是認為如果遊戲真的能將壓抑已久的情緒發洩出來，而這些壓抑已久的情緒又真的是跟潛意識有關的話，則兒童雖然在遊戲的過程中紓解了某些情緒，但也會由於這種「解放」，又重新累積一些新的能量。因為兒童所以在過去採用壓抑的方式處理情緒，是源自他們的「超我」；換言之，相對於其他兒童，他們的「超我」是比較強而有力的。雖然他們在遊戲的過程中，可以在沒有察覺的情形下，將一些累積已久的能量紓解掉，但一旦遊戲結束之後，「超我」會很快的又發揮力量，使兒童產生罪惡感，於是又累積了一些能量。讓兒童在遊戲室中自由的玩的目的，就是讓他們以自己的步調、節奏，紓解掉因為進行結構式遊戲而帶來的新能量。

結構式遊戲治療的第三種進行方式，和第二種進行方式類似，差別在於治療師是安排了兩種以上的結構式遊戲。亦即治療師直接讓兒童進入所安排好的第一個結構式遊戲，進行告一個段落之後，讓兒童在遊戲室中自由的玩，然後再進行事先安排的第二個結構式遊戲。如此作法的目的之一，是希望透過不同的結構式遊戲，集中火力處理希望處理的問題；目的之二，則是希望在同一個治療時段內，同時處理多種所希望處理的問題。

以上的說明主要是根據 Hambidge, Jr.的資料，筆者長期使用之後有一些心得和大家分享。首先，從時間上的安排來看，一般遊戲治療的時間大約是每次三十分鐘（年齡較小者）到五十分鐘，個案進入遊戲室之後，大約給他三到五分鐘的自由遊戲時間，其目的是為了暖身，然後進入治療師事先準備好的結構式遊戲，最後還要至少留十分鐘的時間讓個案再度回到自由遊戲。如此安排的理由是，結構式遊戲治療相信只要是遊戲就具有調節情緒水庫的功能，因此不論是兒童自發性的自由遊戲，或者治療師事先安排的結構式遊戲，都一樣具備調節性洩洪的功能。當個案暖身結束，進入治療師所安排的結構式遊戲之後，雖然可以經由治療師的「搧風點火」而發洩情緒，但是一旦結構式遊戲結束，代表的是孩子又回到了真實生活（雖然他還在遊戲室裡面），此時孩子會很快出現緊張和焦慮的心理狀態，用此派的理論語言來說，這代表孩子的情緒水庫又開始累積負面情緒，所以水位又提高了。如果結構式遊戲結束也剛好是整個治療時段的結束，個案便沒有機會處理這些負面情緒。換句話說，經過暖身和結構式遊戲之後，個案的情緒水庫水位開始下降，但是結構式遊戲結束之後，又增加了一些水位，一來一往等於水位持平（甚至增加），亦即這次的治療等於是白做了。倘若在結構式遊戲結束之後，還保留充足的時間讓個案在遊戲室內，以自己的步調藉由自由遊戲的機會，逐漸緩解這些因為結構式遊戲結束後再度產生的情緒水位，才真的有助於個案的情緒水庫水位下降，而得到治療的效果。

其次，從遊戲的屬性而言，上述的作法是「自由遊戲—結構式遊戲—自由遊戲」。然而，從遊戲進行的氣氛和節奏而言，此過程的轉折往往會很突兀（試想，個案一進入遊戲室就自然的玩起來，治療師判斷暖身夠了，於是就中止個案的自由遊戲，要求個案改玩治療師所準備的結構式遊戲；結構式遊戲玩完了，治療師又不管個案，放牛吃草讓他自己去玩）。因此，如果治療師可以掌握前述（參考第一節），結構式遊戲的內涵其實就是設計一個投射情境，提供個案投射的機會，則治療師就可以利用個案的自由遊戲內容，輕輕一撥（搧風點火），既不會打亂遊戲的氣氛和節奏，也能夠順著個案所創造出來的遊戲情境進行投射的工作；等到治療師判斷個案發洩得差不多了，就可以抽身而退，讓個案自然回到自由遊戲之中。換句話說，這種作法從頭到尾都是自由遊戲，但是治療師自己很清楚，何時的目的是暖身，何時又正在進行搧風點火的工作，何時是讓個案回到自己的步調緩和情緒，而且不是只有一次循環（甚至根本沒有循環！），因為暖身之後，治療師就可以彈性靈活的運用自由遊戲過程。在第四章曾經提及，孩子在遊戲室玩到最後幾乎都變成「扮家家酒」，治療師只要善加運用「扮家家酒」的劇情，一定可以幫助個案好好的發洩，筆者認為這種作法才是結構式遊戲治療的最高境界。

第四節　結構式遊戲治療的缺點

從以上關於結構式遊戲治療的介紹可知，結構式遊戲治療的目的，是相當積極的疏導兒童在生活中所累積的能量，認為能量紓解完了，兒童的問題也就可以得到解決。然而，如果在生活中不斷出現會帶來能量的種種事件，亦即「情緒水庫」不斷地還是有「進水量」，則即使治療師不斷地幫助個案疏導存放在「情緒水庫」中的能量（增加「出水量」），也並不能保證兒童的「情緒水庫」水位等於零。因為治療師並沒有改善兒童的生活環境，並沒有讓這些會帶來「進水量」的生活事件降到最少，亦即沒有進一步的使能量不要再累積到「情緒水庫」。換言之，假使「情緒水庫」的「進水量」大於「出水量」，簡單的數學讓我們知道，總有一天水庫還是會滿出來的。

其實，在社會化的過程中，兒童是學習從驅樂避苦、要求立即滿足的「生物人」，變成必須等待、忍耐、遵守規矩和合作的「社會人」；簡言之，這個過程就是不斷地面對社會化執行者的要求，因此，在此過程必定會產生負面情緒，所以情緒水庫必然會有一定的「進水量」。即使經由結構式遊戲治療將「情緒水庫」的水位疏導下降，只要孩子還要面對要求，「情緒水庫」便不可能變成空的，能夠把水位控制在安全水位之下，亦即持續讓水庫有「出水量」，就足以改善兒童的問題。換言之，就疏導「情緒水庫」內的能量而言，結構式遊戲治療是相當積極的；但是，就兒童問題能否改善的立場來看，結構式遊戲治療其實是相當消極的，這也是結構式遊戲治療最主要的缺點。

觀念上，要改善如此的缺點並不困難，亦即治療師必須仔細的分析個案情緒水庫的「進水量」合理與否。只要是合理的「進水量」，且都可以控制在安全水位之下，大致上也不必去改變個案的生活環境；相反的，倘若個案的生活環境所提出的要求，造成不合理的「進水量」，則治療師就應該要將個案的環境列入改變的重點。然而，實質上，治療師的困難在於如何判斷「合理」，因為每個個案周遭的大人都有自己設定的標準，且都認為十分合理。暫時拋開「進水量」是否合理的主觀價值判斷，有一些客觀上的環境變化，基本上，應該都會帶來不合理的「進水量」，例如家庭遭遇變故導致父母死亡（如九二一地震造成許多雙親死亡的孤兒）、父母離婚和家庭經濟突然崩潰等，都會在兒童長期的生活中產生持續且較多的「進水量」，當然此時的兒童多少都會出現一些狀況。治療師面對這樣的個案，相信也會很清楚的了解這些外在環境的變化對孩子所造成的不良影響，但治療師也同時很清楚地知道，根本不可能讓這些環境出現什麼正面變化。

此時，究竟要採取哪一種取向的心理治療理論，才能幫助這些孩子呢？治療師，至少我曾經督導過的治療師，都有一種「凡經過我手的必定更美好」的想法和自我期許。然而，此處要不留情的潑點冷水，臨床工作經歷的個案愈多，愈不敢保留如此偉大的情操；個案的個別差異實在很大，即使我的臨床經驗算是豐富的，也仍然不斷地面臨失敗的困境！有時候，讓自己感覺最無力的，就是這些外在環境突然產生大變化的孩子。偏頗的主觀經驗所沉澱下來的心得是：陪著她或他，幫助他們紓解「情緒水庫」，讓「出水量」變大就能夠延遲問題出現的時間，或者爭取到更多的時間思考如何進一步地幫助個案。剩下的，就只能等待他們自己在生活中遇見「貴人」了！

第五節　不同心理分析取向遊戲治療的比較

到目前為止，我們共介紹了Anna Freud、Melanie Klein和結構式遊戲治療三種屬於心理分析取向的遊戲治療。Anna Freud 和 Klein 的遊戲治療，雖然在理論上有一些差距存在，但她們都重視潛意識的分析，認為唯有透過潛意識的分析，才真正能夠得到治療的效果〔除此之外，曾經和 S. Freud 發生過密切關係但後來卻和 S. Freud 意見不合而決裂的 Jung 和 Adler，也分別創出和潛意識有關的「分析心理學」（analytic psychology）和「個體心理學」（individual psychology），繼承他們看法的弟子也提出了對於遊戲治療的觀點——同樣是重視潛意識的分析〕。由於要具備分析潛意識的能力，牽涉甚廣，例如必須先研修相當程度的心理分析理論，學習者本身必須有接受心理分析的實際經驗等；因此，倘若沒有經過完整的心理分析訓練，就開始對別人進行心理分析治療，其實是相當危險的過程。

就目前台灣的現況而言，比較有可能接觸到心理分析理論的學生，是大學中和助人工作有關的相關科系，例如心理學系、心理諮商學系、社會工作學系、醫學系等。即便在這些相關學系中，學生們接觸到的也僅止於理論，不見得有真正經歷被分析潛意識的機會；而在所接觸的理論中，由於在傳統強調科學的學院派的眼裡，心理分析理論是屬於較不符合科學要求的學問，因此也較不被鼓勵在這方面下功夫。在這樣的環境下，對一個即使擁有較高學位的相關學系畢業生而言，恐怕也缺乏執行心理分析治療的能力。

在這樣的限制下，本書仍然介紹 Anna Freud 和 Klein 的遊戲治療，主要的用意是讓大家明白，遊戲治療並非只是目前坊間中文書所提及之案主中心治療學派而已，遊戲治療還有其他派別。可是我也有點擔心，有些讀者看了這樣的介紹，就躍躍欲試的開始進行心理分析；因此，我特別在此呼籲讀者：以我們目前的訓練體制，最好不要輕易嘗試。如果大家對心理分析取向的遊戲治療感到興趣，我認為可以試試本章所介紹的結構式遊戲治療，因為除了本章對於結構式遊戲的說明之外，遊戲本身就已經具備了某些對兒童發展有幫助的功能（參閱第一章）。

第六節　結構式遊戲治療對野戰派遊戲治療的啓發

一、提供出水口

筆者個人進行遊戲治療時，經常使用結構式遊戲治療的觀念，幫助個案紓解她（或他）的情緒水庫；如此的作法源自於家長的回饋，因為在個案接受遊戲治療的過程中，許多家長都有相同的觀察，即在家中雖然可以使用治療師建議的方式處理孩子的狀況（注意：此即前面第三章曾經提過的作法，筆者會以電話和家長聯繫，提供在家中和孩子互動的方法），但是家長卻覺察到孩子在情緒方面的不穩定。經過筆者的反省與思考，發現可能的原因是，原本孩子用來紓解情緒水庫的負面行為（就是本來的出水口），在治療過程中希望不要再出現，或者，希望負面行為出現的次數逐漸減少，而改用比較正面的行為表現方式作為情緒水庫的出水口。然而，新的、好的正面行為方式是漸進的學習，而非一蹴即成；因此在學習的過程中，原來的出水口逐漸停止使用，但是新的出水口卻還在形成之中，所以情緒水庫中的能量並不能得到有效的紓解，導致情緒水庫的水位上升而情緒不穩定。職是之故，治療師若能夠在每周一次的遊戲治療中，讓個案透過結構式遊戲治療所強調的精神紓解情緒，會有助於個案在生活中的穩定。依此想法，筆者也展現在處理個案的遊戲治療過程，的確得到良好的結果，更加深筆者的這種信念。

二、學校中的應用

因為工作的關係，常常和小學在職老師與教育大學中未來的準老師有教學、督導遊戲治療的機會，因而發現目前有「問題」（所謂的「問題」，其概念請參閱拙作《兒童偏差行為》第一章，台北：心理出版社，2004）的小學生的確愈來愈多。由於小學老師本身的訓練，並不一定專長於兒童問題的處理，所以常會被問一個問題：「哪一種理論的心理治療或諮商在學校最有效？」筆者發現，許多老師和學生對於「個人中心學派」（請參閱本書第七章）的理念特別感興趣，因此在處理學校的個案時，也往往採取「個人中心學派」，不幸的是，他們因而得到的挫折也特別多。這並非表示此學派的理論不對，而是學校個案有其特別的生態因素所致。

首先，學校輔導室所處理的個案，通常是學校方面判斷孩子需要接受處遇，但是家長卻不一定領情，亦即家長未必認為自己的孩子有問題，因此很難在處理個案時得到家長的認同與配合。其次，小學教育是義務教育，只要在學校的學區內，就一定可以進入該校就讀；有些學校的學區社經地位不高、家長的教育程度較低、家長的教育理念也未必是以孩子為主要的考量等等，換句話說，倘若這樣的孩子出了問題，通常會和諸如貧窮、虐待、單親或不正常婚姻等家庭結構有關，如同前文第三節所述，這種家庭結構的現象，通常都會讓孩子經常處於「不合理的進水量」狀態，導致其情緒水庫的水位偏高。基於本章第四節的論述，筆者大膽的以為，在如此特別的情況下，恐怕只有結構式遊戲治療才能緩和孩子的狀況，其他學派大概都緩不濟急。

如果將老師的角色定位在除了教學之外，還必須肩負心理健康的第一級預防工作，相信對於兒童心理健康的提升一定有很大的效果，而且也可以減少萬一兒童出現心理問題將來所要付出去的社會成本。因為結構式遊戲治療的理念就是強調透過遊戲紓解情緒，所以倘若能夠在學校的教學過程中（尤其現在重視九年一貫的教學理念），加入這個簡單的理念，相信就可以產生很好的效果。但是從以上第二節有關進行結構式遊戲治療之前的注意事項來看（一、建立良好關係，二、熟悉結構式遊戲的程序，三、選擇恰當的遊戲內容，四、事先與家長溝通），注意事項一和四是比較困難達成的（但是並非不可能），如此，該如何將結構式遊戲治療的概念運用於教學之中呢？所幸，再一次提醒讀者，第二節所強調的都是實施個別治療時的注意事項，而教學過程通常在團體中實施。個別治療時特別強調注意事項一和四，主要是因為如果和個案的關係不夠好，則治療師比較不容易扮演好「搧風點火」的角色；但是在團體中，只要我們不要以某位特定的小朋友為標的，選擇班上兒童在生活中常見且常發生的事件（例如：與同學發生衝突），這種「朦朧」的作法還是可以讓孩子們在過程中大膽的投射出壓抑的情緒。

第六章

相互說故事技巧——心理分析取向之四

在第二章遊戲治療的歷史演變中，並沒有提及Richard A. Gardner發展出來的「相互說故事」（mutual story telling，簡稱MST）技巧（因為它不是某一種單一學派），但我個人覺得MST也是比較不具危險性的心理分析取向的治療技巧，所以安排在本章做進一步的介紹。

Gardner本人是接受心理分析訓練的一個臨床實務工作者，在他豐富的工作經驗裡，發現在遊戲治療的過程中，兒童非常喜歡自己說故事和聽治療師說故事。如果心理治療的目標是使個案產生改變，而改變的前提是個案要能夠接觸到某些新的訊息，則如何讓兒童將治療師所提供的訊息吸收進來，就是一個相當重要的關鍵。Gardner 認為既然兒童喜歡聽故事，那麼如果可以在故事中加入治療師想要傳遞給兒童的訊息，則比較能夠確定兒童是的確吸收到這些訊息了。於是他放棄了傳統心理分析取向的潛意識分析作法，嘗試將故事和分析潛意識結合起來，發展出他稱之為「相互說故事」的技巧。本章先說明 MST 的進行過程，再以 Gardner 的個案實例配合說明一次，然後再以進行MST時的注意事項，闡明Gardner 的概念，最後提出我個人對 MST 的修正看法。

第一節　MST的進行程序

在開始進行MST之前，治療師必須對和兒童的問題有關的種種背景資料都相當清楚，也要先和兒童建立良好的關係，否則無法達到利用故事治療的效果。滿足了這些條件之後，還必須事先準備好錄音或錄影設備，才可以進入MST的程序。

首先要提醒兒童，在下一次的治療時段內，兒童必須準備好一個自己編的故事——注意！是兒童自己編的故事，不是從現成的故事書中找——因為下一個治療時段，治療師要和他玩說故事的遊戲。

到了下一次治療時段，治療師要先將遊戲室布置出有一個講台的地方，並將所準備的錄音或錄影設備架設好，然後，治療師以輕鬆自然的態度，扮演一個說故事比賽的主持人角色，做好暖身的工作之後，請兒童上台說出自己的故事。當兒童在台上說故事時，治療師就在台下充當聽眾，並且適時地給予兒童鼓勵；此時，治療師要利用兒童短短的說故事時間，一方面記錄兒童故事內容中的主角和情節，以心理分析的角度分析兒童所說的故事的意義；一方面要很快的以兒童故事中的主角為人物，編出另一個情節不同，且具有治療意義的故事。

兒童講完他的故事之後，治療師要問兒童：「你覺得這個故事帶給我們的教訓是什麼？」（兒童在講故事的時候，經常會在最後結束時，加入諸如這個故事給我們的教訓是……的情形，為什麼會出現這種現象，相當耐人尋味，值得進一步做研究探討，我想可能是在一般生活中，大人講完故事之後，總是會接著詢問孩子這個故事的教訓是什麼有關吧。）這樣做的目的，是要確認治療師對兒童所說故事的意義是否無誤，以便修改治療師所編的故事內容。

接下來，換治療師自己上台講故事。由於治療師所編的故事是取材自兒童，而如果兒童所編的故事，真的是將自己內在的潛意識投射出來的話，則兒童在聽治療師講故事的過程中，很容易出現緊張不安的現象。因此，治療師在講故事時，要隨時注意兒童聽故事的種種反應；當兒童表現出緊張不安時，治療師要適時的加以處理，否則不容易出現治療的效果。

治療師在講故事時，並不一定要局限在兒童所編的故事內容，治療師必須很有彈性的將兒童聽自己講故事時的種種反應，也適時的編進故事中，如此更能加強治療的效果。另一方面，治療師在講故事時，也可以主動的詢問兒童一些問題；這樣做的目的有三：其一是確認兒童是否了解治療師所說的故事內容；其二是利用兒童的回應，增加故事和兒童之間的緊密感覺，也讓兒童覺得整個過程還蠻好玩的，不至於不專心聽故事；第三個目的其實對治療師非常實際，因為一且治療師說故事的過程遇到障礙，可以藉由詢問兒童問題來爭取思考的時間，而不致顯得結結巴巴，影響故事的好聽性。

治療師在講完故事之後，要主動問兒童：「你覺得這個故事給我們的教訓是什麼？」其目的是希望確定兒童的確明白治療師在故事中所傳達出來的訊息。倘若兒童的回答不正確或不夠完整，則治療師就自行補充之。

由於整個MST的進行過程，都有錄音或錄影，而因為錄音帶或錄影帶中有兒童自己的聲音或影像，所以大多數兒童都會相當有興趣的多看或多聽幾遍。所以MST結束之後，就將錄音帶或錄影帶交給兒童，讓他離開治療情境之後，可以有機會重複的聽或看，更可以加強治療的效果。

第二節　MST 的實例

以上就是整個 MST 的進行程序，以下摘錄 Gardner 的實例，再說明一遍 MST 的進行程序。

個案的基本背景資料

Frank 是一個七歲半的男孩，被帶來接受治療的主要問題是：經常出現一些不成熟的行為，在學校的各方面表現都很糟糕，例如做事漫不經心、心不在焉、不負責任，和同學之間的關係也很不好。羅夏克（Roschach）投射測驗顯示Frank具有一些女性的傾向。Frank 的爸爸是一個婦產科醫生，在Frank出生到七歲半之間，爸爸很少在家，通常都只有媽媽、Frank 和兩個弟弟在家裡。Frank 出生之後患有隱睪症（即睪丸停留在腹腔內，沒有下降至陰囊）和疝氣。因為 Frank 的爸爸是醫生，所以Frank的主治醫生委託Frank的爸爸在家裡做一些例行的檢查工作。

Gardner 對個案問題的解析

首先，再一次提醒，Gardner 是接受傳統心理分析訓練的。因此，Gardner 認為因為父親經常不在家，所以 Frank 有較多的時間和機會和媽媽相處，因此，Frank在性別角色的認同方面，容易表現出女性傾向。Frank的身體疾病，加上他爸爸是一個醫生，所以Frank的閹割焦慮（castration anxiety）非常強烈。

MST 的進行過程

（相關的準備工作省略）

【 Frank 】：從前從前有三隻 peanuts 住在一起（peanuts 是一種有殼的堅果類植物，俚語指男性性器官），在他們家附近還住了一隻專門喜歡吃peanuts的nutcracker（一種鳥的名字）。每次peanuts離開家裡出去玩的時候，nutcracker就會跑來把他們啄開吃掉，所以peanuts就決定搬離媽媽的家。他們找到了一間大房間搬了進去，可是那隻nutcracker也跟著搬到新家附近。

【治療師】：哇！然後呢？

【 Frank 】：每次 peanuts 出去玩，nutcracker 還是要跑出來將它們吃掉。有一天，peanuts在家裡面一起玩牌，nutcracker就跑到窗戶外面看，這時候，其中一隻peanuts就對著窗外大吼一聲，就出現了一隻非常喜歡吃nutcracker的怪物，把nutcracker給抓走了，所以不會再有nutcracker了。我的故事講完了，謝謝！

【治療師】：那隻怪物做了些什麼？

【 Frank 】：怪物愛吃金屬和鳥，已經把鳥吃掉了。

【治療師】：這個故事給我們的教訓是什麼呢？

【 Frank 】：聰明一點想，你就會聰明（Think smart and you're be smart.）。

【治療師】：所謂的聰明是什麼意思？

【 Frank 】：（笑著說）是 peanuts 把怪物找來的啊！

Gardner 對 Frank 故事的解析

1. 三隻 peanuts 表示 Frank 和他的兩個弟弟。
2. nutcracker 是 Frank 爸爸的象徵。
3. nutcracker 要把 peanuts 啄開吃掉，代表 Frank 的閹割焦慮。
4. 搬家表示 Frank 希望和媽媽在一起，遠離爸爸。

治療師的故事

【治療師 01】：現在輪到我講我的故事了，它一開始和你的故事很像，不過後來就不一樣了。從前從前有三隻 peanuts，他們和媽媽住在一起。

【 Frank01 】：嗯哼！

【治療師 02】：他們也和爸爸住在一起。

【 Frank02 】：嗯哼！

【治療師 03】：（眼睛看著 Frank）在我的故事裡，爸爸是 nutcracker。（此時，Frank 看了治療師一眼，一副不可思議的樣子）

【治療師 04】：這是我的故事。

【 Frank04 】：嗯哼！

【治療師 05】：三隻 peanuts 覺得很困擾，因爲他們一直覺得爸爸會把他們啄開吃掉。所以有一天他們問爸爸：「你會把我們啄開吃掉嗎？」爸爸說：「不！當然不會！雖然有時候你們會惹我生氣，但是我從來沒有想要把你們啄開吃掉的念頭，或者把你們趕走的想法。」〔此時，Frank 在玩他的褲管，一下子捲起來，一下子又把它放下去。（作者提醒：這些動作大都是表示個案的緊張不安！）〕

【 Frank05 】：（笑得很開心的樣子）或者把你們丟到窗外，或者揍你們。

【治療師 06】：（以故事中爸爸的口吻）我當然不會這樣做的！

【 Frank06 】：嗯哼！（是一種肯定、相信的口氣）

【治療師 07】：爸爸接著說：「不過，你們這些男孩老是惹我生氣。」男孩們回答道：「是啊！我們知道我們做了一些事讓你覺得很生氣！」

【治療師 08】：（治療師把頭轉向 Frank 的方向對著 Frank 說）你知道孩子們做了什麼，爸爸就會生氣嗎？

【 Frank08 】：做了什麼？

【治療師 09】：你猜會是什麼呢？

【 Frank09 】：（彎下腰來，兩隻手托住下巴）他們做了一些爸爸叫他們不能做的事。（說完後，Frank 又回復到原來的姿勢）

【治療師 10】：比如說什麼事？

【 Frank10 】：比如說爸爸要他們洗車子，他們不肯。

【治療師 11】：是啊！這樣會讓爸爸覺得很生氣。不過，還有一件事會讓爸爸更覺得生氣，就是他們老是要完全佔有媽媽，不讓爸爸和媽媽接近。尤其他們老是對爸爸說：「我們不要你在家，我們不要你老是和媽媽在一起。」這時爸爸會相當生氣，也會對孩子們說出這件令他生氣的事。（這時 Frank 在玩他的鞋帶）孩子們接著說：「那就是我們擔心你會把我們趕出去的事，我們以為你會把我們給殺了！你會把我們給啄開吃掉，然後媽媽就是你一個人的了。」（治療師對著 Frank 說）你看，在這個故事裡，爸爸和三個孩子在相互的競爭，你知道競爭的意思嗎？

【 Frank11 】：嗯哼！

【治療師 12】：競爭是什麼意思？

【 Frank12 】：我不知道。

【治療師 13】：競爭就是他們在搶和媽媽在一起的時間，大家都希望媽媽只是屬於他的；爸爸希望媽媽多陪陪爸爸，孩子也希望媽媽多陪陪他們，孩子們希望媽媽多照顧他們，教他們，念故事給他們聽。（Frank 此時停止玩弄鞋帶，改玩他的手指頭）爸爸說：「你們要獨佔媽媽，令我很生氣。」孩子們說：「我們也討厭你，因爲我們不希望你在媽媽附近，我們要媽媽完全是我們的。」所以他們爲了媽媽在爭吵。你猜，接下來發生了什麼事？

【 Frank13 】：（現在不玩手了，把手放在膝蓋上）爸爸一定很生氣，要把 peanuts 給啄開吃掉。

【治療師 14】：（用力搖著頭）不！不對！他們知道媽媽不是完全是爸爸的，因爲孩子也是家庭的一分子；他們也知道媽媽不是完全是他們的，因爲爸爸也是家庭的一分子。所以他們決定雙方要妥協，意思是他們要一起分享媽媽；也就是有時候媽媽和孩子們在一起，（此時 Frank 用手輕輕拍著自己的大腿）有時候媽媽也要和爸爸在一起。（Frank 把手放在大腿上）不過，這樣還是讓孩子們有點難過，因爲媽媽仍然不能完全屬於他們的。（Frank 用手掌摩擦大腿）接下來孩子們會怎麼做呢？

【 Frank14 】：他們會有一天完全獨佔媽媽，不讓爸爸和媽媽在一起……不！他們會有一個禮拜和爸爸在一起。（Frank 開始把手伸進口袋，摩擦性器官）不！不對，他們會有一個禮拜完全和媽媽在一起，（Frank 仍然在摩擦性器官）

然後，換爸爸和媽媽在一起一個禮拜。

【治療師 15】：那是一種分享的方式；分享是一定要做的。（Frank 仍然在摩擦性器官）還有另外一件事也會令男孩子們高興的，就是和朋友們在一起。當他們沒有……（治療師想要表達當孩子們沒有和媽媽在一起的時候，但他還沒有說出口）

【 Frank15 】：（搶了治療師的話）和媽媽在一起。

【治療師 16】：對！孩子們沒有和媽媽在一起的時候，他們可以把時間花在和朋友在一起。還有另外一件重要的事，（Frank 還在摩擦性器官）就是男孩們會知道，等他們長大以後，他們會有一個屬於自己的淑女（lady）。（Frank 用左手抓住性器官，用右手翻了翻衣領）每個人以後都會結婚，或者有女朋友，（Frank 解開皮帶，用手伸進去摩擦性器官）沒有必要嫉妒爸爸（Frank 把手伸出來，在外面繼續摩擦性器官），因為他們……

【 Frank16 】：（搶了治療師的話，露出堅定的表情）會有一個屬於自己的淑女。

【治療師 17】：會有一個屬於自己的淑女。（幾乎和 Frank 同時開口，這代表 Frank 了解治療師的意思）

【 Frank17 】：嗯哼！（似乎鬆了一口氣似的嘆了一聲，還

是把手放在褲襠處摩擦）

【治療師 18】：這就是我的故事，你認為這個故事的教訓是什麼呢？

【 Frank18 】：嗯哼！（Frank 仍以手握住性器官，並且神經質的笑著）

【治療師 19】：教訓是什麼？

【 Frank19 】：我想想看……（Frank 將手離開褲襠處，把手放在頭上），教訓是分享。

【治療師 20】：分享。

【 Frank20 】：和別人一起分享。

【治療師 21】：對的，分享；還有沒有其他的教訓呢？

【 Frank21 】：（把手放在頭後面）分享，你們就可以相處得很好。

【治療師 22】：分享就可以相處得很好，還有沒有其他的教訓？

【 Frank22 】：（把手放在頭上，搖著頭）沒有了。

【治療師 23】：我的故事裡還有另外一個教訓。你在這個地方得不到的，可以在另外一個地方得到（what you can't have in one place, you can have in another），比如不能和媽媽在一起，但還是可以和朋友在一起，街上或公園裡會有一大堆孩子們在玩耍……

【 Frank23 】：（打斷治療師的話）街上孩子多嗎？

【治療師 24】：多，有很多。

【 Frank24 】：會有很多車嗎？

【治療師 25】：會啊！不過，也有車比較少的街，你可以自己練習交朋友，以後就可以跟他們玩了。

【 Frank25 】：是啊！（Frank 在玩手錶）

【治療師 26】：故事中說會有一個屬於自己的淑女，你覺得如何？

【 Frank26 】：沒有。

【治療師 27】：你喜歡這個遊戲嗎？

【 Frank27 】：喜歡。

【治療師 28】：（將剛才所錄說故事過程的錄影帶拿出來）你要不要看看這卷帶子？

【 Frank28 】：（很興奮的樣子）要！

第三節　進行 MST 的注意事項

本章一開始，就已經說明 Gardner 接受的是心理分析訓練；從前述 MST 的進行過程來看，Gardner 顯然已經擺脫典型心理分析的作法，即透過自由聯想和夢進行潛意識分析。簡言之，他是以心理分析理論來解析個案的問題，但他是藉著故事和現實之間的「朦朧與曖昧」，直接將他所認為的潛意識內容意識化，並且也直接在故事的內容中，提出如何解決潛意識的方法；而非傳統透過對潛意識的解釋（interpretation），期望個案自己產生頓悟（insight）之後，個案的自我就可以發揮解決問題的能力。從文字上來看，MST似乎很容易的樣子；不過，真正要去做，恐怕沒有一些基本的能力，是相當困難的。以下提出我認為進行MST時應該注意的事項。

首先，MST是一種技巧，但是治療師並非在剛開始進行治療時，就進入MST的程序；進行MST的第一步，是要蒐集個案的問題、背景等資料，並且根據心理分析理論對這些資料做充分的了解，研判出個案問題的可能原因；同時，還必須和個案建立良好的關係之後，才能繼續進行下一個階段的步驟。

其次，治療師所具有的心理分析訓練程度，必須深厚到除了可以幫助治療師做好時間較寬裕的第一步工作之外，還要能夠在極短的時間內——即兒童說故事所花費的時間，以前述案例而言，可能連一分鐘都不到，馬上解析出兒童所說故事的潛意識意義，否則就很難繼續進行下去。

第三，治療師還要具備相當程度的創造力，否則即使前兩個步驟完成了，會因為治療師無法在短時間內，根據兒童所說故事的主角和內容，編出另一個具有治療功能的相關故事而功敗垂成。學理的獲得或許可以透過努力的學習；可是，編故事創造力能否因努力而獲得，還是天生資質就已決定，恐怕想要學習MST的人得好好仔細地思量了。

第四，治療師還要具備跟兒童講故事的能力。一般所說的故事大都取材自現成的作品，所以大抵都是單向的傳遞故事的內容，因而在執行上較不困難，只要事先熟悉故事的內容，並配合適度的表情和聲調，兒童都可以聽得津津有味。這種講故事的能力，對執行MST的治療師而言，只是必要的基本能力而已，因為執行MST時所說的故事，在性質上大不相同。治療師在說故事時，眼睛和腦袋必須不停的配合嘴巴工作；聽完兒童所說的故事之後所編的故事，只是一個以兒童問題為主要架構的雛形而已，它隨時要根據兒童在聽故事時的反應，調整出最可能產生治療效果的故事內容。這樣的能力，簡言之，就是治療師在講故事的時候，要能充分的掌握住故事和現實之間的「朦朧與曖昧」特性。

所謂故事和現實之間的「朦朧與曖昧」，可以說是治療有效與否最關鍵的地方，因為如果治療師的故事內容真的能將兒童的潛意識內容給意識化出來，則兒童必然會因此而產生焦慮；理由是潛意識的內容，本來就是不容於意識才被壓抑下去的。當治療師察覺到兒童表現出焦慮之後，可以強調故事本身的非現實面，藉由故事和現實之間的「朦朧與曖昧」，提醒兒童這只是一個故事而非真實的現實，來幫助兒童減輕焦慮。例如第二節實例中的【治療師04】、【治療師06】。

反過來說，治療師所說的故事內容，其實已經將兒童生活中的真實面納入其中，例如【治療師05】、【Frank05】和

【治療師 11】；這些生活中的真實面，往往就是兒童所產生問題的關鍵處，而治療師也已經在故事中提出了解決這些問題的可行方法，例如【治療師 14】、【治療師 15】、【治療師 16】和【治療師 23】。不論故事的內容是將生活中的真實面納入，或是提出解決問題的可行方法，治療師都是在代表虛幻的故事世界以及代表真實生活的現實世界之間遊走，也就是藉著故事和現實之間的「朦朧與曖昧」的特性，才能順利地將想要傳遞出來的訊息表現出來，而達到治療的效果。

第五，也是我覺得要進行 MST 最大的問題，因為 MST 要求兒童必須自己編故事，但是依照筆者的經驗，許多孩子所編出來的故事都有諸如「三隻小豬」、「白雪公主」等已經是耳熟能詳的童話故事，或者近年來市面上有許多「繪本」故事的影子，感覺上似乎我們的兒童在創造力方面表現得不怎麼樣。如果個案沒有辦法自己創造出故事，則進行MST的第一個步驟就無法達成，當然也就無法進行後續的步驟了！

第四節　MST 對野戰派遊戲治療的啓發

如果根據上一節中所提出的注意事項，則我們要學習MST一定會遭遇到很多困難，例如在第五章第五節，已經說明了心理分析訓練在台灣的困境；換言之，我們連要進行

MST的理論基礎都不足。然而，對任何一個長期和兒童接觸的大人來說，都一定會和 Gardner 一樣，感受到故事和兒童幾乎是分不開的；因此，相信也會跟 Gardner 一樣，希望可以好好的將故事運用到工作之中。

在我尚未踏入處理兒童問題的專業領域之前，曾經和一群志同道合的朋友，一起講故事給孩子們聽（也藉此機會表達對於以前「快樂兒童中心」的夥伴們最深的懷念！）；這種寶貴的經驗，使我在進入專業工作之後，也試著將故事引用進來，例如我經常和兒童玩「故事接龍」——大家一起輪流編出一個故事——的遊戲。藉由這個遊戲，可以幫忙我蒐集資料；比如說，當我想要了解兒童處於和同儕發生衝突的情況下，他究竟會怎麼去處理，我就會在輪到我編故事時，有意的將衝突情節編進來，然後讓兒童接著編下去。同樣的，當我想要讓兒童知道，除了用暴力的攻擊行為處理衝突之外，還可以有其他較具建設性的方式處理衝突時，我也在「故事接龍」中將之編入故事情節。

在我的遊戲治療經驗裡，即使是耳熟能詳的故事，對兒童來說也並非只是單純的故事，往往故事也會變成「扮家家酒」的劇本。兒童會一邊聽故事，一邊也自然而然的把故事演出來；在演出的過程中，自己會不經意地改編了故事內容，加進去很多自己生活中發生的事。例如在一次團體治療的經驗中，一群幼稚園年齡的成員，在大約六次的治療時段中，每次都要求我講「三隻小豬」的故事。故事一開始，他們就要我演故事中大野狼的角色，每當我去敲小豬的門時，他們就興奮的唱著幼稚園學來的歌：「小孩子乖乖，把門兒開開……不開不開不能開，你是大野狼，不讓你進來！」後來，這首歌的前面是我這隻大野狼的專利，後面則是他們聲嘶力竭的共同大合唱，邊唱邊跳，唱完之後，一骨碌地衝出想像中存在的門，超脫原來故事內容，假裝狠狠地揍我一頓……

後來我讀了 Gardner 的 MST，自忖無法像他那樣擁有嚴謹的心理分析訓練，於是將目標放在如何掌握MST的精神來說故事。在第四章的內容中，筆者已經強調「扮家家酒」的重要性；「扮家家酒」的劇情其實不就是個案所闡述出來的故事嗎？更重要的是，「扮家家酒」不但是以語言表達，還會配合劇情的需要而創造出許多道具，其效果比單純講故事還要好。再者，整個「扮家家酒」的過程也完全是個案主宰的自發性活動，其形式也不容易讓個案產生被評估講得好不好的緊張情緒，因此也非常具有創造性。換句話說，上一節所說的兒童無法自己編故事的情形，如果改用「扮家家酒」的形式出現，大致上就能夠解決這個問題了。

第七章

個人中心遊戲治療

對遊戲治療有興趣的大多數人來說，最熟悉的莫過於個人中心學派的遊戲治療，因為這個派別是目前相關的中文遊戲治療資料中最豐富的。此派的重點是將 Carl Rogers 所提出來的「個人中心治療」（person center therapy），採取遊戲的媒介展現出來，以達到治療的效果，最具代表性的人物是 Virginia Axline。本章將先說明 Rogers 的理論，以及一般對此理論的誤解，然後再說明 Axline 根據此理論所提出來的遊戲治療。

第一節　Rogers 的理論

當 Rogers 還沒有產生自己的理論之前，心理分析和行為治療是主宰心理治療工作最重要的兩個派別；二者在實際處理個案問題的過程中，治療師扮演著「指導」的角色，亦即是由治療師主動引導個案使之產生改變。許多人都不知道，其實 Rogers 在拿到博士學位之前，曾經做過十九年的兒童心理治療，當時他還沒有發表目前眾所周知的理論，所以他的第一本著作（Rogers, 1939）整理了有關如何處理兒童偏差行為的心得，裡面強烈地表現出改變兒童所處的環境是第一要務！在 Rogers 整合自己的實務經驗發表其理論之後——包括臨床工作的經驗，以及他曾經到東方旅行，接觸了印度的佛教和中國的老莊思想（Evans, 1975）——也逐漸認為當時「指導式治療」的不妥，為了凸顯他所發展的理論，相對於「指導式治療」，是較不強調治療師的指導意味，於是他將其理論稱之為「非指導式治療」。後來Rogers就如同他的理論所強調，人是「不斷的變化」（always becoming），所以終其一生，隨著Rogers自己的變化，他對自己理論的稱呼，也從「非指導式治療」變成「案主中心治療」（client center therapy），然後再變成「個人中心治療」；不論稱呼如何變化，他的重點始終是忠於他對人性的基本看法，以及根據此設定所衍生的理論。

一、物理世界和主觀世界

Rogers 認為儘管人類生存的物理世界是相同的，例如處於同一個室內的人們，呼吸的是相同的空氣，接受到相同日光燈的照明等等；但每個人在此相同物理世界中，卻是各自生活在自己主觀的世界裡，例如每個人當時的內在想法、感覺均不相同。也由於每個人的主觀世界不同，所以治療師如何可以指導個案呢？

二、有機體

有機體（organism）是Rogers建構出來的假設性概念（hypothetical construct），指的是既然人生活在他的主觀世界中，人就會和他的主觀世界產生互動，這個互動的經驗，不論是否被個體察覺到，都會被他放在他的有機體之中。因此，有機體是人整合其生活經驗的主體，而此主體會引導個體朝向所謂的實現（actualization）境界——即變成一個功能完全發揮的人（fully functional person）。

三、機體智慧

有機體與生就具有機體智慧（organismic valuing process，直接翻譯的中文是「有機體的評價歷程」，此處採用台大心理系吳英璋老師的說法，稱為「機體智慧」）。有機體所以能夠引導個體朝向所謂的實現前進，是因為機體智慧的功能，就是在判斷存放在有機體中的各種經驗，哪些是有助於個體達到實現的，哪些是不利於個體達成實現的；前者是機體智慧指引個體繼續追求的經驗，後者則是不希望個體繼續產生的經驗。但無論是哪一種經驗，個體必須是整體的接受已經存在的經驗，才能變成一個功能完全發揮的人的實現境界；如果個體壓抑或扭曲了其中的某些經驗（其中的原因容後敘述），就不可能變成一個功能完全發揮的人。一般認為Rogers所主張的「人性本善」，指的就是此機體智慧。

四、自我

存放在有機體的各種經驗，會逐漸沉澱出個體對自己的看法，個體會將這些看法整合起來，成為存放在有機體中的一個獨立區域，Rogers將之稱為自我（self）。所以自我和有機體的關係應該如圖7.1所示，自我是包含在有機體之中的；換言之，自己對自己的了解（自我）是完全忠於有機體，是完全根據有機體中各種經驗整合而得。

然而，自我一旦成形之後，就會出現一些基本的需要和特性。首先是希望得到別人對自己的「正向尊重」（positive regard），亦即希望得到別人對自己的正面評價；然後在這個基礎之下，也逐漸產生「自我尊重」（self regard），即自己也認為自己很不錯。

其次，自我會取代有機體，成為指導個體產生行為的依據，且指導的方向是維持自我的一致性（consistency）。原本指導個體產生行為的準繩，是經由機體智慧的作用朝向實現的目標；因此，如果個體的自我真的是忠於有機體的經驗，也就是自我和有機體是如圖 7.1 的關係，則即使改由自我來指導行為的發生，此時的自我仍然是在機體智慧的督導範圍內，所以也會朝向實現的目標前進；而因為此時是自我在指導個體的行為，所以此時的實現，就改稱之為一般熟知的「自我實現」（self actualization）。

不過，倘若自我和有機體的關係是如圖 7.2 所示只有部分交集，而非圖 7.1 的包含關係；這表示個體對自己的了解，並不是真的忠於有機體的經驗，也就是個體是壓抑或扭曲了有機體中的某些經驗，故此時個體所認為的自我，其實並不是真正的自己。而由於自我的特性是在指導行為的方向上，要維持自我的一致性；所以在這種情況下，個體會為了繼續維持這個錯誤的自我，而導致對未來新的有機體經驗，產生更嚴重的壓抑或扭曲的現象，如此惡性循環下去，自然會對個體產生不良的結果。

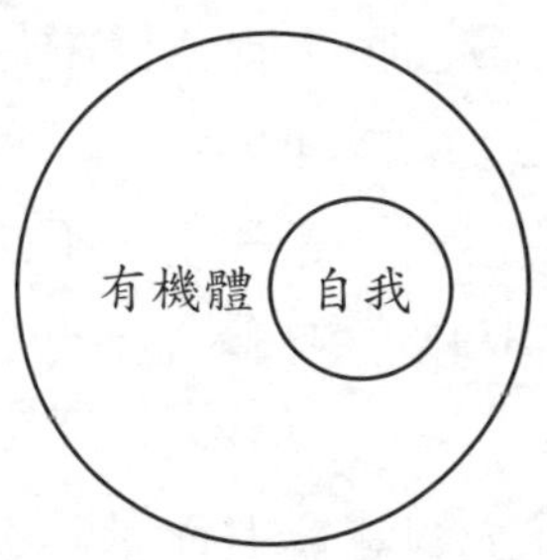

圖 7.1：貫串示意圖

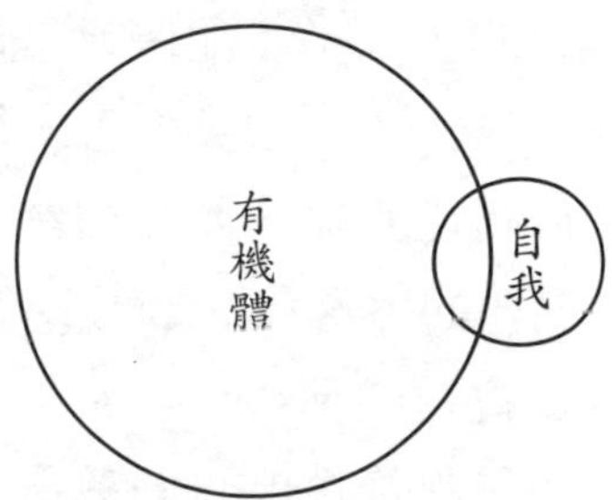

圖 7.2：不貫串示意圖

五、無條件正向尊重

自我和有機體所以會出現如圖 7.2 般的關係，和前述自我要追求「正向尊重」有關。Rogers 認為自我所追求的「正向尊重」，最好是「無條件的正向尊重」（unconditioned positive regard）；簡言之，就是因為我是一個獨一無二的生命個體，所以得到別人對我的尊重，而非因為我表現了某種行為之後，別人才尊重我。無條件的正向尊重的概念非常重要，但是此概念在認知上很容易理解，在實做上如何才能達到無條件正向尊重他人的境界呢？Rogers（1961）以母愛為最無條件正向尊重的代表，筆者舉一反向思考的例子請讀者思考。倘若你的另一半（配偶或異性朋友）跟你說：「我好愛你，因為你很漂亮（或英俊）、很會煮菜（或修理東西）、月入多金、祖產豐盛、談吐高雅、幽默風趣……等等」，不知你聽到之後的感覺會是什麼？會不會擔心萬一這些條件不見了，對方還會愛我嗎？

如果無條件的正向尊重無法獲得，個體會退而求其次的追求有條件的正向尊重。由於個體所生存的一般環境，對個體的期待會以社會規範的形式表達出來，我們往往必須表現出符合這些規範的行為，才可能得到別人對我們的尊重；換言之，個體是生活在一個有條件的正向尊重的環境之中，而非無條件的正向尊重的環境。當個體無法獲得無條件的正向尊重時，只好轉而去追求有條件的正向尊重；一旦是追求有條件的正向尊重，就表示個體會開始去壓抑或扭曲有機體的經驗，因為個體知道如果他將這些有機體的真實、但不符合環境對他的期待的經驗表現出來，他就絕不可能得到正向尊重。

六、貫串和不貫串

如果個體能夠生活在無條件正向尊重的環境中，則個體對自我的了解就會完全忠於有機體的經驗，形成如圖 7.1 的關係。此時指導個體發生行為的自我，亦是在機體智慧的掌握之中，不但可以在行為發生的過程中，維持自我想要追求的一致性，也能夠繼續達到有機體想要實現的目標。相反地，如果個體是生活在有條件的正向尊重環境中，則個體對自我的了解變成只有部分是忠於有機體的經驗，其餘則是壓抑或扭曲過的有機體經驗，形成如圖 7.2 的關係；簡言之，和有機體沒有交集部分的自我，其內容就是環境要求個體的種種「條件」組合而成。

由於自我有追求一致性的特性，所以凡是不符合自我一致性的有機體經驗，就會被自我忽視，或是被自我刻意的扭曲或壓抑，以符合自我的一致性，造成自我離有機體的真實經驗愈來愈遠，以圖 7.2 而言，就是自我和有機體的交集愈來愈小。在Rogers理論中所指的貫串（congruence），就是如

圖 7.1 所示的情形；不貫串（incongruence）則指圖 7.2 的狀態。由於我們所生存的環境都是有條件的正向尊重，所以我們幾乎都是處在不貫串的狀態；在不貫串的情形下，個體的某些行為就會脫離機體智慧的指導（即沒有和有機體有交集的自我所指導的行為），離所謂的實現也就愈來愈遠，且也容易使個體開始出現行為或情緒方面的困擾；就圖 7.2 而言，自我和有機體的交集愈小者，他的問題也就愈大。（作者注：中正大學心理系的翁嘉英老師曾經問我，圖 7.1 和圖 7.2 中，自我和有機體的圓形半徑為何有機體的比較大？我想我只是要強調有機體所保存的是所有的主觀經驗，而這些經驗卻未必是自我能夠察覺到的！）

七、心理治療

一般提到「個人中心治療」，大家很快都會想到 Rogers 非常強調治療師所必須具備的三個態度：無條件正向尊重，同理心（empathy）和真誠（genuineness）；然而，如果不能從理論的角度理解這三個態度的重要性，很容易在運用上產生「知其然不知其所以然」的問題。以下我將試著以前述的簡要概念，說明 Rogers 為何要強調治療師必須具備這三個態度。

㈠無條件正向尊重

如果問題的產生源自不貫串，則治療的努力方向是使案主朝向貫串前進；簡言之，就是使圖 7.2 中自我和有機體的交集變得更大，此乃 Rogers「個人中心治療」的基礎。由於不貫串的原因是個體為了符合自我的一致性，而刻意的忽視、扭曲或壓抑有機體的經驗所致；因此，治療師的工作就是要讓案主重新體會到有機體的真實經驗。而案主所以會刻意的忽視、扭曲或壓抑有機體的經驗，主要是因為他所生存的環境是有條件的正向尊重；因此，要讓案主重新體會到有機體的真實經驗的前提條件，是治療師必須提供案主一個無條件正向尊重的環境，使案主能夠在不必刻意追求條件式正向尊重的情況下，有心力和機會重新去體驗治療師所傳遞出來關於案主的有機體訊息，使案主對自己的了解（即案主的自我），能夠將原本不包括在自我之內的有機體經驗重新包容進來，而擴大了自我和有機體之間的交集，使自我接受機體智慧督導的部分變大，機體智慧自然就會發揮力量，達到改變的目的。換言之，真正幫助案主發生改變的是他自己的機體智慧，不是治療師，這也是所謂非指導的意義。

此外，Rogers 也相當強調治療師要和案主建立投契（rapport）關係的重要性。而當治療師可以提供案主一個無條件正向尊重的環境時，治療師和案主之間自然就可以建立一種有利於治療進行的投契關係，因為此時案主在治療師面前，可以不必刻意去忽視、扭曲或壓抑有機體的經驗，很自然、很坦誠的表現出自己原來的樣子。

㈡同理心

治療師提供案主一個無條件正向尊重的環境，雖然在理論上可以達到上述的目的，但它只是一個消極的必要條件，因為治療師提供了這樣的環境之後，他只能等待案主自己體驗到有機體的經驗，讓機體智慧發揮督導的功能，於是產生改變的效果。從治療要講求效果，還希望積極的提高效率的立場而言，治療師消極的等待似乎不符合這樣的標準；此時，同理心的角色就非常重要了。從理論上來說，同理心指的是治療師能夠點出案主「沒有」體會到的有機體經驗（但這些經驗依然保存在有機體之內，只是沒有體會到而已，參閱前述有機體部分的說明）；而案主所以「沒有」體會到，是因為他為了追求有條件的正向尊重，或者為了追求維持自我（雖然是錯誤的）的一致性所致。因為案主有這兩種刻意的追求，所以經常是在他沒有察覺到的情形下，就已經刻意的忽視、扭曲或壓抑有機體的經驗。換句話說，同理心是使個案產生改變的積極條件，治療師希望藉著同理心，增加案主的自我和有機體的交集，使機體智慧可以督導到的自我變得更多而達到治療的效果；所以，真正幫助案主發生改變的是他自己的機體智慧，同理心只是在讓案主接受機體智慧督導的部分變大，本身其實是不具任何治療功能的。許多學習「個人中心治療」的初學者，大都是從如何做好同理心的技術層面開始，總以為同理心具有治療的功能，同理心的層次愈高，就表示同理心做得愈好、愈能夠產生治療的效果，其實是錯誤的觀念。

然而，從以上的說明可知，同理心所以能夠發揮功用的前提，是治療師已經做好達成改變目標的消極條件，即提供案主一個無條件正向尊重的環境，並因此建立良好的投契關係。換言之，如果沒有考慮到這個前提條件，即使同理心的技術層面再高，案主也未必願意去體會治療師所點出來的有機體經驗。因此，同理心技巧的好壞，其實是不能抽離掉「治療師和案主的關係」所做的一種絕對判斷，而必須將治療師和案主當時的關係程度考慮進來，最符合當時關係程度的同理心，才是最恰當的同理心。

㈢真誠

如果無條件正向尊重和同理心對治療效果真的如此重要，那接下來要考慮的問題是：什麼樣的治療師能夠具備這些能力？Rogers 的答案是具有真誠態度的治療師。可是，治療師要如何才能表現出真誠的態度呢？這個答案和貫串有關。

一個真誠的人所表現出來的態度是坦誠的，表裡一致的；從 Rogers 的理論來看，這種人的自我和有機體是貫串的，他的自我是可以隨時因為新的有機體經驗的產生而調整的。然而，如前所述，我們都是生活在有條件的正向尊重環境中，所以我們幾乎都是處在不貫串的狀態，只是不貫串的程度不同而已。我們無法改變外在的生活環境，但我們可以努力的培養察覺自己有機體經驗的能力，讓自我與有機體的交集變大，以減少不貫串的程度。至於該如何努力才可以達到這個目標，我想有機會參加一些諸如會心團體（encounter group）的活動會有幫助，但更重要的，還是要仔細研讀 Rogers 的原著，且讓自己在生活中去體驗 Rogers 的理論，而非只是知性上的了解他的理論而已。

（以上說明係作者整理下列資料而得，Evans, 1975; Kirschenbaum, 1979; Kirschenbaum & Henderson, 1989; Rogers, 1942, 1951, 1957, 1961, 1977。）

第二節　對 Rogers 理論的質疑與誤解

以上有關 Rogers 理論的介紹相信仍有不足之處，或許可從一般對此理論的質疑與誤解著手，從相反的角度再來體會一下 Rogers 的理論。

一、鸚鵡式治療

對處於不是治療情境的旁觀者而言，「個人中心治療」給他的最強烈印象，往往是治療師對案主所表現出來的同理心過程；而許多治療師經常說的話，好像都在重述案主剛剛說完的話。於是很多人都認為，如果這樣叫作治療，那他不需要什麼訓練也可以做，甚至嘲笑說這是鸚鵡式治療。我認為造成此誤解的原因，首先可能是由於治療師考慮到與案主之間的關係尚未建立起來；因為前面已經說明同理心的運用，必須以良好關係為基礎，當關係不是達到某種程度時，治療師或許認為重述案主的話是當時較恰當的反應，亦即此時採取淺層次的同理心比較合適。

其次，是治療師的個人因素所致，因為有些治療師並沒有掌握住 Rogers 所強調的「內容」（content）和「歷程」（process）的差別。「內容」指的是案主所表現出來的種種語言或非語言的訊息，「歷程」指的是使案主表現出其「內容」的內在心理歷程。就 Rogers 的理論而言，「歷程」就是自我指導個體產生行為的過程，而影響此過程的主要因素是前述自我要「追求正向尊重」和「維持自我的一致性」；基於這兩個因素的作用，案主在沒有察覺的狀態下，會刻意的忽視、扭曲或壓抑有機體的真實經驗，而表現出案主認為可以獲得「正向尊重」和「維持自我的一致性」的「內容」。

同理心的目的是點出案主的「歷程」，幫助案主重新察覺到本來沒有察覺到的有機體真實的經驗；如果治療師是以這種態度表現同理心，則就不至於讓人覺得是隻鸚鵡。反之，如果治療師是針對案主的「內容」做同理心，則會因為所同理到的都是案主「修飾」過的有機體經驗，並不能幫助案主體會到他真實的有機體經驗，也就難免讓人覺得是隻鸚鵡了。

我認為治療師所以會犯這種錯誤，要歸咎於他學習「個人中心治療」的起點。許多人都是直接從「個人中心治療」的技術層面入門——尤其是同理心，往往忽略了這些技術背後的理論意義，而誤以為同理心本身就具有治療的功能。打個比方，就像金庸《神雕俠侶》小說中的陳玄風和梅超風，只偷到專門談武功技巧的《九陰真經》下卷；由於缺乏提及內功心法的《九陰真經》上卷，沒有內功心法的指導，拚命練習技巧的結果，是將原本光明正大的絕世武藝，練成陰毒的「九陰白骨爪」。

二、非指導式就是不能指導

許多人看到「非指導式治療」，就受到字面意義的影響，以為治療師就是不能對案主有所指導。治療師真的不能指導案主嗎？就前述「幫助案主發生改變的是他自己的機體智慧」而言，答案很明顯的並非能不能的問題，而是根本沒有必要去指導案主，因為治療師的主要工作是在提供案主一個無條件正向尊重的環境，讓案主的機體智慧能夠再度指導行為的發生。所以 Rogers 提出「非指導」的意義之一，是強調機體智慧一旦重新扮演督導行為發生的角色，則案主就會自發性的產生改變；意義之二，則是在凸顯「非指導式治療」和具有濃厚指導意味的「心理分析」和「行為治療」之間的不同（請參閱本章第一節）。

但是，從同理心的積極功能而言，同理心就是治療師要點出案主「沒有」體會到的有機體經驗；而當治療師嘗試讓案主重新去體驗有機體的經驗時，不也是具有指導的意義嗎？——因為治療師是在協助案主察覺到案主本來沒有察覺到的經驗。換個角度來看，當案主的機體智慧仍未能發揮充分的功能之前，案主是受到不正確的自我所影響，此時如果治療師不加以指導——即讓案主感受到自我和有機體間的差距——案主恐怕仍然會繼續以此不正確的自我作為行為發生的基礎，不但對問題的解決沒有幫助，反而有更加惡化的可能性。

基於以上的陳述，我認為「非指導」並非 Rogers 理論的治療精神，如何使案主的自我和有機體的交集變大才是。因此，過分堅持「非指導」是知其然不知其所以然，反而使治療師無法發揮 Rogers 理論的精神。

三、離開治療情境就失去治療效果

因為案主的改變得以發生，有賴於治療師提供案主一個無條件正向尊重的環境，而一般我們的生活環境都是有條件正向尊重的環境，因此當案主離開了治療情境之後，還是回到一般的環境，所以還是面對有條件正向尊重的環境，故在治療中得到的效果無法推廣到一般生活之中。這樣的質疑經常可見，但從 Rogers 的理論來看，這種質疑其實是並未真正了解 Rogers 理論的人才會產生。

如前所述，Rogers 認為真正讓案主產生改變的是案主本身的機體智慧；因此，只要治療師可以真正提供給案主一個無條件正向尊重的環境，使案主的機體智慧督導到更多的自我，則案主的機體智慧自然能夠發揮作用，讓案主逐漸朝向更貫串的境界。換言之，並不是無條件正向尊重的環境使案主產生改變，而是案主的機體智慧；所以，只要案主的機體智慧再度產生功能，就可以得到治療效果，和案主離開治療情境後，到底是處於哪一種環境並沒有關係。

Rogers 認為，就是因為我們一直是生活在有條件正向尊重的環境，使我們的機體智慧可以發揮督導功用的機會愈來愈少，甚至整個被蒙蔽掉，才會讓我們產生了問題。既然真實的生活是如此的有條件，那為什麼我們不能夠「人為」的安排無條件的正向尊重環境，使我們有機會讓機體智慧發揮功能呢？基於這種理念，Rogers開始倡導所謂的「會心團體」（encounter group），讓生活中不貫串，或者應該說，讓生活在不利於變成貫串的環境的人們，也有機會體會到無條件正向尊重的滋味，也有機會讓機體智慧來指引自己的行為。

除了以上所提的三種誤解與質疑之外，許多實務工作者還會產生「無條件正向尊重會不會寵壞案主」，以及「如何才是真誠」的疑惑。前者指的是當案主出現一些違背社會規範的行為時，治療師倘若仍然是無條件的接納、包容案主，會不會是在無形中默許、甚至強化了案主的這些不良行為？後者則是當治療師對案主的真實感覺是拒絕或排斥時，能不能表達出來讓案主知道？如果表達出來，是不是就違背了「無條件正向尊重」？如果為了遵守「無條件正向尊重」，而壓抑治療師本身對案主的負面的真實感受，不就違背了治療師必須真誠的要求？我個人解決這些疑惑的方法，主要源自我的實務工作經驗，以及自己對Rogers理論的不同詮釋，所以留待第九章再來說明。

第三節　Axline的遊戲治療

雖然Rogers對於兒童問題的處理也有相當豐富的經驗，

不過，當時的他尚未提出上述的理論；將他的理論應用到兒童的主要人物是 Axline。Axline 認為「個人中心治療」的精神，是治療師透過和成人個案，主要以語言為主的接觸過程中，讓案主體會到治療師的態度是真誠、無條件正向尊重，以及對案主有恰當同理心的；而這也是「個人中心治療」能夠對兒童產生治療效果的主要原因。不過，因為語言並非兒童熟悉的訊息傳遞媒介，所以改用遊戲為媒介，讓兒童感受到治療師的真誠、無條件正向尊重和同理心。基本上，Axline 的遊戲治療理論背景，就是前面所述的 Rogers 理論。

一、遊戲治療的八個基本原則

Axline（1947）以 Rogers 理論為基礎，提出遊戲治療的八個基本原則，茲分述於下。

原則一：治療師必須和兒童建立溫暖友善的關係，也要盡早建立良好的投契關係。

原則二：治療師必須接受兒童真實的一面。

原則三：治療師和兒童的關係中，要具有寬容（permissiveness）的感受，讓兒童能夠自由自在的表達他的感受。

原則四：治療師要能敏銳的辨識出兒童表現出來的感受，並以能夠讓兒童領悟到的方式，把這些感受回饋給兒童。

原則五：治療師必須要尊重兒童能夠把握機會解決自己問題的能力，因為做選擇和嘗試去改變，是兒童自己的責任。

原則六：治療師不要企圖用某種方法來指導兒童的行動或談話，讓兒童帶領，治療師跟隨。

原則七：治療師對治療的進度不能太著急，治療師要知道治療是一段漸進的過程。

原則八：治療師只能訂下一些必要的限制，這些限制的目的，是使治療能夠符合真實的生活世界，以及讓兒童知道他在治療關係中應該要負的責任。

Axline 所提出來的八個原則，除了原則八——強調治療師必須訂下一些必要的限制——之外，大致上都是從 Rogers 所提出來的治療師必須具備無條件正向尊重、同理心和真誠等三個態度衍生而得。Axline 認為在治療兒童的時候，原則八是必要的，因為這樣才能幫助兒童將生活中原本就存在的規則限制，也帶入治療情境之中，使兒童在治療過程中所得到的效果，可以很快的類化到一般生活情境之中。

Axline 會提出原則八，一定有她在實務工作方面的心得為基礎；然而，純粹從 Rogers 的理論來看，原則八可能值得商榷。因為一旦治療師提出了限制，不就等於是提出一種有條件的正向尊重環境，不就違背了治療師要無條件正向尊重的治療前提嗎？Axline 的解決方式，是強調原則八雖然是必要的，但治療師要盡量減少在治療室中對兒童的規則限制，除了不得出現攻擊行為（即攻擊治療師，或在團體治療時，攻擊團體中的其他成員），不得破壞遊戲室內的器材，不得將遊戲室內的玩具帶走，以及要準時開始和結束治療時段之外，最好不要再有其他的規則存在；而且這些規則也不是一開始就宣布出來，最好是等到兒童在遊戲室內違背了這些規則之後，才提出這些限制讓兒童遵守。換言之，這些規則是「備而不用」，只要兒童不出現違背這些規則的行為，他就不會感受到在遊戲室中有所限制。

Axline 的解決方式只是強調實務應用上的方便，其實並沒有真正解決和 Rogers 理論牴觸的問題。我認為關於原則八的疑惑，其實是和上一節曾經指出的治療師常會出現的「無條件正向尊重會不會寵壞案主」，以及「如何才是真誠」的兩種疑惑有關；而這兩種疑惑在以兒童為對象的遊戲治療中也最容易出現。我個人的解決方法將留待第九章再來說明；不過，發展出公平遊戲治療的 Peoples，他的看法也是由這些疑惑出發，下一章再來詳細的介紹。

二、遊戲治療的實施

上述這八個原則究竟該如何執行，才能掌握住此派遊戲治療的精神，相信也是大家感到興趣的。從文字的敘述來看，這八個原則並不難理解，但是如何才能在治療過程中表現出來這些原則的精神，恐怕不是我這支禿筆所能形容，因為我總覺得「個人中心治療」的治療過程，是「如人飲水冷暖自知」，必須親身去體驗，不是純粹知性的理解可以了解的。因此，有興趣的讀者可以參考 Axline（1963）已出版的 *Dibs in Search of Self* 一書（國內譯名為「如何幫助情緒障礙的孩子」，台北：遠流出版公司），這本書是Axline的個案報告，或許透過大師自己的記錄，更能讓讀者體會到治療師在遊戲治療中所表現出來的種種具有治療效果的態度。此外，我個人認為由 Robin Williams 所主演的 *Dead Poet Society* 影片（中文譯名為「春風化雨」或「死詩人詩社」），也是相當值得一看的。片中將和 Rogers 理論有關的精華與質疑，幾乎都指了出來，相信對讀者而言，可以得到很寶貴的反省機會——不論是對自己，或者是對 Rogers 理論的體會。

第四節　個人中心學派對野戰派遊戲治療的啟發

一、理論的反省

個人中心學派的看法頗具吸引力，許多初次接觸的人如果未來走向治療師的路多半會選擇此派；然而，依據筆者實際接觸個案、與家長的互動和督導的經驗，至少有兩個面向值得深思。首先是治療師是否相信「機體智慧」（或者用一般通俗的說法「人性本善」）真的存在；其次是要如何表現出「無條件包容與接納的正向尊重」。

不可否認的，家長有責任和義務將子女從「生物人」培養成能夠遵守社會規範的「社會人」，既然是要遵守規範，則勢必在管教子女的過程要給予許多的要求，當子女遵守這些要求就給予鼓勵獎賞，反之則必須給予某種處罰，亦即家長是提供有條件的正向尊重。當筆者跟家長說明無條件正向尊重的重要性時，其背後的主張就是要相信孩子有自己的「機體智慧」，且「機體智慧」必定會帶著孩子朝向「實現」的方向前進；此時，家長的第一個反應都是覺得有道理，但是卻也不斷地在秉持此一精神和孩子互動時，相當的猶豫和懷疑孩子真的有「機體智慧」嗎？這樣的問題同樣會發生在治療師的內心深處！因為學習 Rogers 的過程通常只是知性或知識的理解，在還沒有用此理論和個案實際接觸時，往往都會覺得言之成理，一旦要真正用在接個案的過程時，個案起伏的變化通常就開始折騰治療師對此理論的信心，而逐漸走向直接「指導」個案而非等待個案的「機體智慧」發揮作用。重要的是治療師如此的漸進變化往往是不自覺的，所以通常治療師仍然會認為他是以 Rogers 理論的精神和個案互動；筆者在督導時的感受是，究竟執行此派作法的治療師，表現出來的是此派所強調的「人本」精神，還是已經變成「本人」

而不自知？亦即治療師是在做自己認為的「人本」！

類似的困擾也出現在治療師如何表現出「無條件正向尊重」，以及讓家長學習以「無條件正向尊重」的方式和孩子相處。筆者的心得是學習 Rogers 理論應該要在實際生活中「體驗」（experiencing），而非單純的「理解」（reasoning）過程！筆者這段心理歷程就留待第九章再和讀者分享。

二、如何執行遊戲室的規則

遊戲室的規則要如何訂定，基本上並不困難，困難的地方在於如何執行，亦即當個案違背遊戲室規則時治療師該如何處理？遊戲治療的過程最重要的是能夠讓兒童「放心」且「盡情」的玩；因此，首先就是遊戲室的硬體設施必須不怕個案將它弄髒（換言之，方便清洗；詳見第十章有關如何設立遊戲室部分），其次是不要有太多規則限制兒童如何去玩。如前所述，個人中心學派所設定的遊戲室規則並不多，但是，兒童還是有可能會違背這些儘管已經很少的規則（不得出現攻擊行為，不得破壞遊戲室內的器材，不得將遊戲室內的玩具帶走，以及要準時開始和結束治療時段），此時該如何處理才比較不會讓個案變成不敢放心和盡情的玩？

此派用來處理違背遊戲室規則的原則是：「指出」（acknowledge）、「告知」（communicate）和「目標」（target）三部曲（ACT 三部曲）。「指出」是當個案違背規則時，治療師要明確地指出是哪一種行為違背規則，並清楚地「告知」個案是違背了遊戲室的哪一條規則，然後提供個案不會違背規則且可以替代其違背規則行為的其他「目標」行為有哪些。例如倘若個案出現用手部攻擊治療師的行為，治療師要明確地指出，他用手打人的行為違背了「遊戲室不可以打人」的規則，如果他對於治療師有任何不滿的感覺，他可以拿一個玩偶代表治療師，然後盡量的打那個玩偶，但是絕對不能攻擊治療師（參閱第十一章）！

此ACT三部曲也是我在和家長溝通聯絡時，常常提醒家長的概念，因為在生活中家長為了管教子女，當孩子出現家長認為不妥當的行為時，通常就是不斷的強調「不可以這樣，不可以那樣」，但是卻很少告訴孩子「可以怎樣」；其背後的邏輯似乎是認為只要告訴孩子不可以怎樣，孩子就有能力自己思考出可以怎樣！所以很多兒童都相當了解生活當中的各種「限制」，但卻未必知道生活的「方向」。因此，ACT三部曲這樣的觀念可以幫助家長在管教子女時，除了傳統消極地提出限制的內容之外，還可以更積極地思考如何讓孩子有方向可循。

第八章

公平遊戲治療

第一節　Croker Peoples 的疑惑

Croker Peoples 所接受的訓練是「個人中心治療」學派，也以此背景從事遊戲治療工作，是一位經驗相當豐富的治療師。不過，隨著他經驗的累積，在第七章第三節曾經指出，採取「個人中心治療」的實務工作者很容易出現的三種疑惑，即「無條件正向尊重會不會寵壞案主」，「如何才是真誠」，以及關於 Axline 所提出原則八——強調治療師必須訂下一些必要的限制，也不斷的讓他午夜夢迴，形成工作上的危機。Axline 的解決方法是第七章提過的「備而不用」，Peoples 則是從這樣強烈的懷疑中，重新思考 Rogers 的理論，而提出屬於他自己的遊戲治療理論。

Peoples認為理論應該從現象出發，從觀察現象中提出對此現象的「說明」，然後還要進一步以科學的方法驗證之，才能確認此「說明」能否提升為理論的層次。因此，一個好的理論首先必須忠於現象，亦即可以反映出真實的現象；反過來說，如果理論一開始就不能夠真實的反映出現象，則根本不必繼續做什麼驗證的過程，就可以判斷它不是一個好的理論，因為它已經扭曲了現象，而 Peoples 認為 Rogers 的理論就是犯了這個毛病。

Rogers 的理論建構在「無條件正向尊重的環境」之下，他假設「無條件正向尊重的環境」的存在，但又指出人們其實是生活在「有條件正向尊重的環境」（請參閱第七章）。Peoples 認為這是相當矛盾的，因為既然人們是生活在「有條件正向尊重的環境」，則若要提出一套說明人們為何會產生問題的理論，最起碼的要求就是要忠於現象，也就是要直接以人們是生活在「有條件正向尊重的環境」為前提提出理論。因此，Peoples 決定先拋開過去的訓練給自己的限制，重新在自己的臨床工作中觀察現象，才可能為自己的困境找出解決的方向。

Peoples 在所寫的文章中（1983），特別指出他在重新觀察現象的過程裡，發現提出「現實治療」（reality therapy）的 William Glasser 的某些看法，蠻能將他所觀察到的現象描述得很清楚。此外，從 Skinner 的「操作性制約」（operant conditioning）所衍生的「行為改變技術」（behavior modification），對他在實際改變兒童的問題方面，也發揮很大的功能。因此，在了解 Peoples 所提出來的「公平遊戲治療」（fair play therapy）之前，必須先對「現實治療」和「操作性制約」有一些初步的了解。

第二節　William Glasser的現實治療

Peoples並不是完全將Glasser的現實治療理論都應用到他自己的理論之中，所以此處只介紹和Peoples的理論有關的部分。Glasser（1965）認為人類有兩種基本需求，其一是愛人和被愛（need to love and to be loved）；其二是感覺自己是獲得別人對自己的尊重和自尊（need to feel that we are worthwhile to ourselves and to others）。人們在生活中所出現的種種行為，其目的就是希望能夠滿足這兩種基本需求；如果這些行為都是符合「現實」的，亦即能夠不違背社會規範，則他一方面可以滿足基本需求，另一方面也不會出現什麼問題。反之，如果他用符合「現實」的行為，但卻無法滿足這兩種基本需求，則他就會出現違背「現實」的行為，來獲得這些基本需求的滿足；而因為是違背「現實」的行為，所以從「現實」的角度來看，他就是一個有問題的人。Peoples 認為所謂的「現實」，其實指的就是環境對我們的要求，亦即我們是生活在「有條件的正向尊重環境」，而這個條件指的是社會所設定、且要求我們必須要遵守的規範。

Peoples進一步指出，要滿足「愛人和被愛」的需求，必須是「獲得別人對自己的尊重和自尊」的需求得到滿足之後才可能發生，因為愛的前提是雙方彼此相互的尊重。而在對自己產生自尊之前，必須先得到別人對自己的尊重；而又因為我們是生活在有條件的正向尊重環境裡，所以想要得到別人對自己的尊重，必須是自己的行為舉止都符合環境對我們的要求。換句話說，讓自己的行為符合環境對我們的要求，是人類要滿足這兩種基本需求的第一步，因為行為符合現實，則得到別人對自己尊重的機會也大；依此類推，滿足基本需求的機會也會大。

從社會化的角度來看，兒童的成長過程就是不斷的在學習社會規範。因此，只要兒童社會化的過程順利——以目前的社會制度來看，大多數兒童的社會化過程都很順利，他自然可以學會許多符合社會規範的行為，得到別人對他尊重的機會也很大；同樣地，滿足基本需求的可能性就會提高，出現問題的可能性就相對減少，因為他不必以違背現實的行為來滿足基本需求。然而，為什麼現在兒童（或成人）出現問題的情形卻愈來愈嚴重呢？Glasser的答案是「責任」（responsibility）。

如果Glasser所說的基本需求是人類的共通性，則人人都要去追求基本需求的滿足，而在人人都在追求滿足的過程中，很可能會造成彼此之間的衝突（例如：張三和李四都有「愛人和被愛」的需求，張三要愛李四，但是李四卻不想被張三愛——或許他希望得到其他人的愛，但絕不是張三的愛——則張三為了滿足自己愛李四的需求，可能就損害到李四不想被張三愛的需求，也剝奪了李四希望得到其他人的愛的機會）。由於這種衝突的現象在生活中處處可見，因此 Glasser 提出「責任」的概念，來說明為何一個行為符合現實的人，也有可能出現問題——因為在他的環境中有太多不負責任的人！

一個負責任的人，是指他在滿足自己基本需求的過程中，並不會剝奪掉別人滿足基本需求的機會，簡言之，他不會「把自己的快樂建築在別人的痛苦上」。相反地，一個不負責任的人則只是一味的顧及到自己基本需求的滿足，卻妨礙了別人基本需求滿足的機會。Peoples 就是採取 Glasser 的責任觀點，認為兒童產生問題的主要原因，是他在生活中沒有得到「公平」的對待，因為兒童周遭的大人經常只考慮到自己需求的滿足，而剝奪了兒童基本需求滿足的機會，這對兒童是相當不公平的。

以父母為例，親子雙方都有自己的基本需求要滿足；如果我們也都先接受父母基本上是愛孩子的，則我們可以想像父母會從自己的立場，假設哪些愛孩子的方式是孩子們最需要的，父母就以這樣的認定表達父母對孩子的愛，以滿足父母希望愛人的基本需求。孩子們也有他們希望被愛的基本需求，但孩子所感受到的被愛方式，並不一定和父母所認定的一致；於是孩子們會提出自己的意見——這個方式是符合社會規範的，因為大人們會鼓勵兒童學習表達自己的意見。然而，從父母的立場來看，孩子們的舉動就是不聽話，就是不符合父母的希望，也就是不符合環境（其實就是父母自己）所開出來的條件。換言之，滿足基本需求的第一步，如前所述，是讓自己的行為符合環境對我們的要求，但兒童卻沒有辦法做到，當然也就沒有辦法滿足所希望滿足的需求。另一方面，由於父母在各方面的能力都比孩子好，所擁有的各種社會資源也比孩子多，因此在這種情況下，父母往往就以這種先天的優勢，強迫孩子接受自己所表達出來的愛的方式，無形中就忽略掉兒童其實並沒有滿足兒童自己的基本需求。

當兒童沒有辦法以符合規範的行為滿足自己的需求時，依照 Glasser 的看法，他就會以不符合現實（即規範）的行為，也就是有問題的行為來滿足基本需求。Peoples認為這就是兒童沒有被公平對待造成的後果，因此，要治療兒童的前提，就是要在生活中公平的對待兒童，於是就把他的遊戲治療想法稱之為「公平遊戲治療」。另一方面，從 Skinner 的「操作性制約」來看，不符合規範的行為出現的機會會提高，是因為它可以使兒童得到他希望得到的好結果（基本需求的滿足）；相反地，符合規範的行為出現的機會則會下降，是因為它不能讓兒童得到他希望得到的好結果。於是Peoples又將「操作性制約」的一些觀點納入他的理論之中。

第三節　操作性制約和行爲改變技術

「操作性制約」的定義大致是：行為的結果會決定該行為將來出現的可能性，如果行為的結果是好的，則該行為將來出現的可能性會提高；反之，如果行為的結果是不好的，則該行為將來出現的可能性會下降（Gelfand & Hartmann, 1984）。從這個觀點來看，所謂的改變其實就是行為出現可能性的變化，而產生此變化的最簡要精神，就是如何安排行為的結果，而這也是「行為改變技術」的基礎概念。這樣的觀念其實並非十分難以理解，可是其中有些地方值得再提出來詳細的說明，因為它們很可能就是「行為改變技術」能否成功的關鍵。

一、行為結果的好壞是行為當事人決定

如果行為的結果會決定該行為將來出現的可能性，則若要使行為的可能性提高，就必須在該行為之後安排出現好的結果；反之，要讓行為將來出現的可能性降低，就必須安排不好的行為結果。問題是對治療師而言，什麼樣的結果才是好或壞的結果呢？讓我們先來看看一位老師抱怨「行為改變

技術」無效的例子。

一個上課經常不遵守教室規則的三年級兒童，造成授課老師相當大的困擾。因為這些行為是不好的，所以老師決定在這些行為之後安排壞的結果——只要該生一出現這些行為，就馬上處罰他到教室前面半蹲一段時間——希望藉此讓兒童出現這些行為的可能性降低。不幸的是，經過這樣的處理之後，兒童的這些行為不但沒有降低反而提高了。後來我有機會接觸到這個學生，該學生告訴我，他非常喜歡被老師叫到教室前面半蹲，因為他可以得到同學們更多的「注目禮」！就這個例子而言，老師認為讓兒童到教室前面半蹲，對一般人應該是不好的結果，可是對這個兒童來說，這不但不是不好的結果，反而認為是好的結果。換言之，老師是從自己的立場決定行為結果的好壞，而不是從行為當事人（即兒童自己）的立場考慮，所以才會出現這種情形。

又譬如一個媽媽告訴我的故事。她的孩子有一次忘記帶午餐去學校，她急忙送午餐去學校。學校的門禁很嚴格，媽媽只能送到校門口的警衛室，然後警衛室再通知廣播室在下課時廣播，孩子才能夠來警衛室拿午餐。自從這次事件之後，媽媽發現她的孩子忘記帶午餐去學校的頻率愈來愈高，有一次孩子不小心說溜了嘴：「哇！中午聽到廣播自己的名字亂爽的！」這個例子提醒我們，對大人來說，孩子認為的好的結果實在很難捉摸！

其實，在 Skinner 的看法中（Ferster & Perrott, 1968），所

謂行為的結果是好的結果，是根據此結果對該行為將來發生可能性的影響來判斷；如果此結果會使該行為將來發生的可能性提高，則稱該行為得到了「強化」（reinforcement），該行為所得的結果就稱為「強化物」（reinforcer）。因此，在行為當事人尚未完成「行為—結果—行為出現可能性」的一系列過程之前，不可能知道這個結果到底是好還是壞，必須等到這個系列過程結束後才知道。此外，由於「行為結果的好壞是行為當事人決定」，那麼隨著當事人本身的變化，他所決定的行為結果好壞，也會跟著有所不同；所謂「強化物」會有「飽足效果」（satiation effect）——原本具有強化功能的「強化物」，會因為當事人已經擁有過多的該「強化物」，造成此「強化物」失去原有的強化功能——就是指這個現象。

許多使用「行為改變技術」的治療師，經常忽略「行為結果的好壞是行為當事人決定」這個重點，往往根據自己的經驗，或者根據一般人的大概情況，就一廂情願地替治療對象決定了好或壞的結果，所以容易產生和上例中的老師一樣的抱怨。

二、行為和該行為所得到的結果之間會有時間差距

行為發生之後到行為結果的出現之間，往往會有一段時間的差距，在實驗室裡進行有關「操作性制約」的實驗所得

到的結果，發現原則上這段時間差距愈短愈好，才能確認此行為結果和該行為之間的關係。如果時間差距太長，可能在這段時間差距內，當事人已經又發生了其他行為，就無法確認此行為結果和該行為之間的關係，也就無法保證操弄此行為結果會造成該行為將來出現的可能性，當然會造成以為「行為改變技術」無效的錯覺（Ferster & Perrott, 1968）。

舉例來說，許多習慣扮演「白臉」的家長（假設是媽媽），在碰到孩子出現不良的行為時，通常都沒有在該不良行為出現時，馬上給予不好的結果，總是以諸如「等你爸爸（扮演「黑臉」角色）回來，我叫他好好的修理你一頓！」這類的話，作為該不良行為的立即結果。假設該不良行為發生在早上十點，而爸爸要等到晚上八點才會回到家，則在這十個小時之內，孩子已經不知道發生了多少的其他行為，即使爸爸真的給了不好的結果，恐怕孩子也已經忘記他早上出現的行為了。

三、行為和該行為所得到的結果之間有不同的關係類型

在「操作性制約」的實驗中，如何操弄行為結果的出現，是相當重要的變項。如果每次出現甲行為，每次都會得到好的結果，就稱之為「連續性」（continuous）強化；如果甲行為的出現，並非是每次，而是要出現好幾次才會得到好的結

果，就稱之為「間歇性」（intermittent）或「部分」（partial）強化。「連續性」強化和「部分」強化之間的差別，以下面的例子說明之。

目標是希望養成兒童刷牙的好習慣（操作性制約認為習慣就是某個行為出現的頻率相當高），並且以假設所安排的必定是好結果為前提；如果對張三安排的是「連續性」強化，對李四安排的是「部分」強化，則二者的差異是：*1.* 張三養成刷牙習慣所需的時間比李四少；*2.* 當所安排的好結果不再出現之後，張三刷牙的行為下降得比李四來得快。換句話說，「連續性」強化對刷牙行為出現的可能性高低影響比較敏銳，當強化物一出現，刷牙行為很快就提高，一旦強化物消失了，刷牙行為也跟著很快就下降；「部分」強化對刷牙行為出現的可能性高低影響比較不敏銳，但是效果較持久，必須強化物出現一段時間之後，刷牙行為才會提高，可是即使強化物不再出現了，刷牙行為仍然可以維持一段時間之後才降低。

在使用「行為改變技術」時，如果一直是「連續性」強化，則很容易出現上例中張三的情形，導致很多人以為「行為改變技術」會養成兒童討價還價的情形，因為不給他好結果他就不做了。其實這是技巧使用的問題，如果開始時採用效果較快的「連續性」強化，等到行為出現的情形比較穩定之後，再將結果的安排改成效果比較持久的「部分」強化，就不容易出現這樣的誤解了（Ferster & Perrott, 1968）。

四、行為之後可能是得到多重的結果

行為出現之後並不是都如以上所言的只有單一結果，得到多重結果的情形也經常可見；如果對當事人而言，這些相同行為所得到的不同結果，有些是好的結果，有些是不好的結果，則到底該行為將來出現的可能性會變成如何呢？例如張三和李四兩個小朋友都想要玩盪鞦韆，可是鞦韆只有一個，於是張三就以攻擊的方法搶到唯一的鞦韆，但是李四跑去告訴老師，張三也就挨了老師的罵。張三的攻擊行為得到玩盪鞦韆的好結果，可是也得到挨罵的壞結果，那張三以後出現攻擊行為的可能性是降低還是提高？

操作性制約會以前述「行為和該行為所得到的結果之間會有時間差距」的角度回答這個問題，認為張三以後還是會繼續出現攻擊行為，因為在時間方面，好結果出現的時間差距較短，壞結果出現的時間差距較長。不過，如果將好結果和壞結果在張三心目中的比重加進來考慮，恐怕仍然很難回答這個問題，因為「張三心目中的比重」是主觀的，是看不見的，沒有辦法從Skinner所強調的客觀立場來衡量。學術理論方面的爭論固然有其重要性，但對臨床工作者而言，如何更有效地促使個案產生改變才是最重要的。因此，「行為改變技術」雖然是以操作性制約為基礎，但也不會將已經經過實驗室證明的概念──例如認知（cognition），這是 Skinner

不願意接受的概念——摒除在外。

上例中的張三，必須先將好結果和壞結果輸入認知歷程，經過一番運作之後，才可能回答上述的問題，如果總和的結果是好的，則攻擊行為會繼續出現；反之就會下降。有些時候「行為改變技術」的無效，就是忽略了這種多重結果的可能性，值得治療師多加注意。

五、體罰是最後的防線

當我們一看到兒童出現不良的行為時，用體罰來讓兒童不要再出現這些行為，是經常可以見到的方式；然而，在愈來愈重視人權的現代社會中，體罰是相當有爭議的管教方法。體罰的目的是希望不良的行為出現的可能性降低，如果能夠有其他使行為出現可能性降低的方法可用，則我們就不必冒著陷入爭議的危險。茲以表 8.1 說明之。

表 8.1：行為結果對行為出現可能性的影響

	好	壞
出現	A	B
取消	C	D

表 8.1 的「好」和「壞」指行為結果對當事人而言是好

的或壞的結果。「出現」指行為結果出現了，所以A格指出現了好的結果，B格指出現了壞的結果；「取消」則指行為結果被取消掉了，所以C格是取消好的結果，D格是取消壞的結果。整體來看，A就是一般所稱的「正向強化」（positive reinforcement），D則是「負向強化」（negative reinforcement）；A和D會使行為出現的可能性提高，因為好的結果出現和壞的結果不見了，對當事人都是好的。C就是一般所謂的消弱（extinction），B則是懲罰（punishment）；B和C都會使行為出現的可能性降低，因為壞的結果出現以及好的結果不見了，對當事人都是不好的，所以B和C又稱之為嫌惡控制（aversive control）。

如果兒童出現的是不良行為（不良行為所以會經常出現，通常是因為它們出現之後可以得到強化所致），則治療的目標就是使該不良行為出現的可能性降低，可以使用的技巧是表 8.1 中的B和C，即懲罰和消弱。原則上，「行為改變技術」認為在採用懲罰之前，治療師應該先嘗試用消弱的方法處理，如果無效才改用懲罰。不過，使用消弱的前提，是治療師可以明確地找出不合宜行為的強化物，如果找不出來——這是相當可能發生的，因為許多不合宜行為的產生是源自「部分」強化而非「連續性」強化——就無法實施消弱，在這種情況下，治療師才可以直接使用懲罰。其用意是：既然沒有辦法知道不良行為所得到的強化物是什麼，就讓該不良行為所得到的結果從單一結果變成是多重結果。因此，治療師就直接讓該不良行為出現之後，立刻得到壞的結果，希望這個壞結果的效果至少可以抵消掉本來的好結果的效果，甚至這個壞結果的效果比本來的好結果的效果還要強，就能夠讓此不良行為出現的可能性降低。

在懲罰的各種表現形式中，體罰是最嚴厲的一種，所以「行為改變技術」認為體罰是懲罰的最後一道防線。懲罰的其他形式還有「責備」（reprimands）——不良行為出現之後，給予兒童口頭方面的責罵，「反應成本」（response cost）——不良行為出現之後，要求兒童付出其他代價，「暫停」（time-out）——不良行為出現之後，剝奪兒童獲得其他強化物的機會，和「過度矯正」（over correction）——不良行為出現之後，要求兒童反覆做出和不良行為互斥（即兩種行為不可能同時出現）的正確行為。當治療師用盡這些懲罰的方法無效之後，才能夠使用體罰。

第四節　公平遊戲治療的進行程序

Peoples對兒童為何會出現問題的看法，在前面兩節中大致都已交代，先簡單的摘要一遍之後，再進一步說明他的遊戲治療進行過程。

兒童發生行為的目標是滿足基本需求，滿足基本需求的第一步是行為要能夠符合社會規範；兒童的問題行為源自他在生活中受到不公平的對待，使兒童沒有辦法經由符合規範的行為滿足基本需求，而改用不符合規範的行為滿足他的基本需求。所以治療的基礎是提供兒童一個能夠公平對待他的環境，讓兒童有機會重新再以符合規範的行為來滿足基本需求。然而，因為行為的結果會決定該行為將來出現的可能性，所以能夠滿足基本需求的不符合規範行為出現的可能性提高，不能滿足基本需求的符合規範行為出現的可能性降低。因此治療師的工作是要使不符合規範的行為下降，但因為這些不符合規範的行為本來都能滿足基本需求，所以還要積極培養能夠滿足基本需求的符合規範行為，來替代兒童長期使用的不符合規範行為，否則兒童仍然會繼續使用不符合規範的行為來滿足基本需求。換句話說，只有提供公平的環境並不能改善兒童的問題，還必須積極培養符合規範的行為。

「公平遊戲治療」首先就是要提供兒童一個公平的環境，因為它也是希望透過遊戲的媒介來改變兒童，所以這個公平的環境就是遊戲治療室，其具體的作法是從兒童進入遊戲室開始，就明確地讓兒童知道遊戲室的種種規則。遊戲室裡的規則究竟應該有哪些？舉例言之，包括不得出現人身攻擊的行為；不得破壞或帶走遊戲室裡的設備、器材和玩具；遊戲室使用完畢後，要將東西歸回原位且整理收拾乾淨等。簡言之，就是從社會規範衍生出來的規則。原則上，只要不會和社會規範相牴觸，並且符合下列三點注意事項，治療師都可以根據自己的實務經驗，逕行設立遊戲室的規則：*1.*最重要的是要確定這些規則是可以執行的；*2.*要確定兒童了解這些規則的意義；*3.*要能夠盡量涵蓋兒童可能會在遊戲室內出現的現象。規則一旦設立之後，還要讓兒童了解違背規則要付的代價，否則規則無法展現它的約束力量；一般而言，前述表 8.1 中的B格和C格，是最常使用的代價。

其實，「公平遊戲治療」最重要的精神是公平，而非制定了多少規則。所謂的公平表現在一旦進入遊戲室之後，不論是兒童或治療師，都要接受規則的限制；因為在兒童的一般生活中，制定生活規則的是大人，但是經常違背規則的也是大人。例如大人規定過馬路要走陸橋、斑馬線或地下道，可是常常亂闖馬路的都是大人。大人要求孩子要誠實，但也會看到父母對孩子說：「如果等一下陳伯伯打電話來，告訴他我不在。」這些現象都會造成兒童心目中的懷疑和不解，一股不公平的感覺油然而生，可是又擔心一旦表現出來，會傷害到自己基本需求的滿足機會，只好默然的接受下來。

治療師在這種公平的環境下，首先還是要和兒童建立起良好的關係，然後就要以前述「操作性制約」為架構，進一步觀察兒童在遊戲室裡的行為，參考第三節中所提的注意事項，找出「行為—結果—行為出現可能性」之間的關係，選擇出最恰當的安排行為結果方式，就能夠達到治療的效果。由此觀之，「公平遊戲治療」亦不認為遊戲有任何治療的效果，但卻是進行治療相當重要的媒介；真正可以解決兒童問題的有效方法，是在遊戲過程中使用的「行為改變技術」。因為「行為改變技術」也是我個人相當重視的治療技巧，所以本章不提出案例說明，留待和大家分享我個人的遊戲治療經驗時，再以實際案例說明「行為改變技術」的進行過程。

第五節　Croker Peoples 對野戰派遊戲治療的啓發

一、親職教育

如前所述，筆者相當重視和家長之間的溝通，而 Glasser 所謂的「責任」概念被 Peoples 用來說明兒童出現問題的原因，亦即當兒童遇見「不負責任」的家長時容易出現問題，筆者發現這可以作為和家長溝通時非常有利的討論架構。例如《案例一》中的媽媽，為了獲得親朋好友對自己身為媽媽角色的肯定（孩子身體好、功課棒等等），而衍生出將孩子控制在自己身邊的作法，不惜犧牲孩子本身想要發展人際關係的基本需求滿足，反而讓孩子採取違背「現實」（功課借同學抄）的行為交朋友。又如《案例二》中的媽媽，個案都已經強烈表達怕被別的孩子嘲笑了，媽媽仍然堅持要依照媽媽的方式處理。類似這樣的現象，在家長和子女的互動過程中經常可見，因此可以藉著「基本需求滿足」和「責任」的觀念，和家長一起思考討論與子女互動、且可以彼此都得到基本需求滿足的「負責任」方式。

《案例一》

這是發生在很久以前的一個真實故事。一群三年級小朋友約好周日要一起去某個地方郊遊，集合地點在學校門口。當天大家等了許久，就還差一個同學還沒有到，因為該同學家在學校附近，於是大夥決定一起去他家找他，然後再出發去郊遊。到同學家一看，庭院深深的獨門獨幢建築物（在當年是非常有錢的人家才住得起！），大夥都愣住了。後來決定大家一起在圍牆外高喊同學的名字，喊了許久不見動靜；再喊了一會兒，才看見圍牆後面伸出一顆「媽媽頭」。只見那顆頭對著圍牆外的小朋友破口大罵，內容大概是「沒教養」「野孩子」、「萬一出意外誰負責」之類的話。大夥只好悶不吭聲的離開他家自己去郊遊。從此以後，大家都不願意跟這個遲到的同學交朋友。過了一陣子，有些同學又開始和這位遲到的同學互動，原來他為了和同學和好，也因為他自己的功課一向名列前茅，所以他寫功課的時候都寫兩份，一份自己交給老師，一份借給同學拿去抄，當然自己交的那份一定寫得比較好一點！

《案例二》

五年級，男生。筆者有一次要趕回接個案的地方，就在辦公室附近的巷口，發現個案和媽媽在那而有些爭執。這是一個難得的「自然觀察」機會，於是筆者稍微隱藏自己的身影，看看他們究竟在吵些什麼。

個案：「媽媽，你不要再送我去梁老師那裡，我這麼大了會被人家笑！」

媽媽：「不行！這裡車子這麼多我不放心，一定要帶你到門口！」

二、具體的管教子女方法

在和家長溝通時，一定可以發現他們其實都有一套養兒育女的理念，可是當孩子出了狀況之後，他們一方面會檢討反省自己的原有理念，另一方面也會不知所措，所以最關心的都是希望治療師直接告訴他們「我可以怎麼做」。姑且不論許多人對於行為學派的懷疑和誤解，其發展出來的行為改變技術的確是提供很多具體可行的管教方法，可以幫助治療師和家長討論如何處理孩子在家中的行為現象。如果家長對於這些行為改變技術的技巧真的存在一些誤解或疑惑，可參考第十章的內容調整之。

第九章

野戰派遊戲治療

在前面各章中已經陸續提出不同的遊戲治療理論，並說明其對於我自己遊戲治療實際經驗的啟發，本章將向大家介紹我自己對遊戲治療的看法。首先，說明臨床工作的基本程序：「衡鑑（assessment）—診斷（diagnosis）—處理（treatment）」的基本意義，以及個人對此程序的質疑與修正。其次，順著前面各章關於不同遊戲治療理論的說明，讓大家了解我自己「野戰派」遊戲治療的基本理念為何會形成的心路歷程——因為我並非採取單一理論，而是混合了好幾派理論進行治療，也還沒有野心想要讓它變成一個理論，所以用「野戰」來形容它源自我自己的經驗。最後再說明我自己對遊戲治療的思考，以及可能產生的問題。

第一節　「衡鑑—診斷—處理」的修正

對任何一種想要助人的專業而言——雖然有些專業工作者不一定覺察到——其工作的程序大都要經過衡鑑、診斷和處理三個息息相關且環環相扣的步驟（圖 9.1）。簡言之，衡鑑指的是資料的蒐集和對於所蒐集資料的判讀；通常我們可以透過諸如心理測驗、面談、行為觀察和大人提供的資料等方式，得到許多關於兒童的資料（請參考《兒童偏差行為》第四章，台北：心理出版社，2004）。診斷指專業工作者將所蒐集到的資料經過判讀之後，研判個案是否有偏差行為，以及如果是有偏差行為的話，是哪一種診斷類別的偏差行為（筆者認為「偏差行為」和「問題」在概念上值得釐清，尤其是處理兒童個案時，因為我們經常是在處理問題，而不一定是偏差行為，請參閱後文。簡言之，偏差行為指符合診斷系統，例如《診斷與統計手冊》修訂第四版（*Diagnostic and Statistical Manual of Mental Disorders*，簡稱 DSM-IV，1994）所要求的診斷標準者，而問題可視為是診斷系統中各個診斷類別中所列出的「症狀」（請參考《兒童偏差行為》第一章，台北：心理出版社，2004）。一般來說，專業工作者往往會採取某一種理論架構為基礎（通常我們也根據這個理論架構指導該蒐集哪些資料），對蒐集到的資料進行判讀和了解，才不至於毫無目的的隨意蒐集和判讀資料。一旦兒童被診斷是有偏差行為或有問題，接下來專業工作者就要繼續從原本用來判斷兒童是有偏差行為的那個理論架構中，推導出如何處理的方法開始進行治療。在這個程序中，我認為有幾個觀念值得和大家分享。

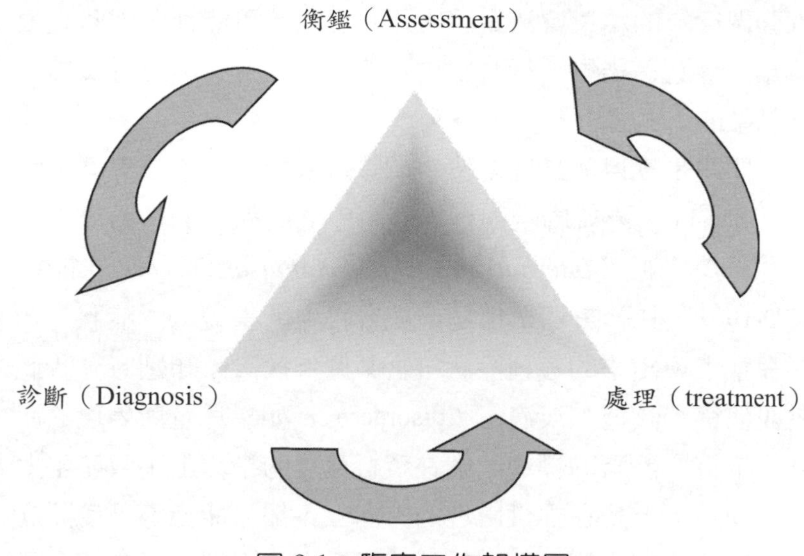

圖 9.1：臨床工作架構圖

一、假設（猜測）與介入

在這個基本程序中，我認為診斷這個步驟最值得提出來討論，因為理想上診斷必須有一個理論架構為基礎，且此理論架構一方面可以指導該蒐集哪些資料，一方面又成為治療師擬定處理方法的依據，在前面關於各種不同遊戲治療理論的說明中，都是秉持這個原則。例如 Rogers 的理論認為不貫串是形成問題的主要原因，則我們就要去蒐集兒童貫串與否的資料，在治療方面就要從想辦法讓兒童貫串下手。Skinner

則強調行為的結果會決定將來行為出現的可能性，因此必須蒐集「行為—結果—行為出現可能性」的資料，並以安排行為結果的方式進行行為的改變。

問題是，目前最經常使用的診斷系統，不論是美國出版的 DSM-IV，或者聯合國世界衛生組織所採用的《國際疾病分類》第十版（*International Classification of Diseases*，簡稱 ICD-10），其診斷標準都是傳統醫學上所重視的「症狀」，當兒童表現出來的各種症狀符合某個疾病診斷類別時，我們就說他得了該種「疾病」（disorder）。如果兒童所表現的症狀完全符合診斷的標準，則在資料蒐集的指導上不致產生太大的問題，但是在提供處理的方向上，卻只能指導具備開立藥物資格的醫生們該開出何種藥物處方，對於兒童為何會產生這些症狀的原因〔亦即所謂的「心理病理學」（psychopathology）〕，不見得可以有很好的說明，因為畢竟心理方面的問題相對於身體方面的問題，並不是像一般以細菌或病毒等相關的生物現象就可以單純說明的。

從心理學的角度來看，任何一種診斷類別的偏差行為，都可以從不同的心理學理論提出對病因（etiology）的看法，並且根據此一理論觀點推導出相對應的治療處理方向。換句話說，即使當個案帶著某種明確的診斷（例如「分離焦慮症」）來和治療師接觸，治療師還是得重新根據某一種心理學理論，審視與此個案有關的相關資料，然後提出對個案病因的看法，才能產生相呼應的治療方向。例如心理動力取向認為「分離焦慮症」的病因可能與依戀品質有關，所以治療方向是治療師要想辦法重新建立個案的良好依戀關係；行為學派認為「分離焦慮症」是不良的強化（reinforcement）歷史所產生的結果，所以治療的方向是將媽媽視為是「強化物」，然後逐漸的修正個案的行為。

另一方面，如果個案表現出來的症狀數量較少（例如：某個疾病所要求的診斷標準是五個症狀，但是兒童表現出來的症狀只有三個）；或者診斷標準要求症狀必須持續多少時間（例如：須持續六個月，但是個案卻只持續出現四個月），亦即個案的表現並不完全符合診斷成罹患該疾病的標準（這在臨床工作上經常可見），這個時候該怎麼辦？也就是說，個案並沒有符合「偏差行為」的診斷標準，但是他確實是有「症狀」！雖然他並沒有被診斷成是罹患某種疾病（符合診斷類別上的標準要求），但是他所出現的症狀（問題）難道就不需要處理了嗎？這些症狀一樣會造成兒童周遭大人們的困擾，也一樣會使兒童產生生活上的不方便，甚至因而讓這些症狀變得更惡化，或者又產生了其他本來沒有的症狀。

換句話說，這種診斷系統並不能完全包括兒童所可能產生的問題，也無法為心理治療提供明確的治療方向（反過來說，這也是心理治療一直被定位在科學與藝術之間的理由），也因為這些原因，對於從事心理治療或心理諮商工作的人而言，他必須另外選擇一種可以幫助他了解問題形成原因的心理學理論，才可能推導出治療的方向。因此，我決定放棄這種診斷系統，直接以心理學的理論架構指導蒐集資料的方向，並將上述的「診斷」改成「假設」（hypothesis），再由此「假設」推導出處理的方向。亦即，我們所要面對和處理的個案，並非是已經出現偏差行為的兒童，而是任何在生活當中出現問題的孩子！

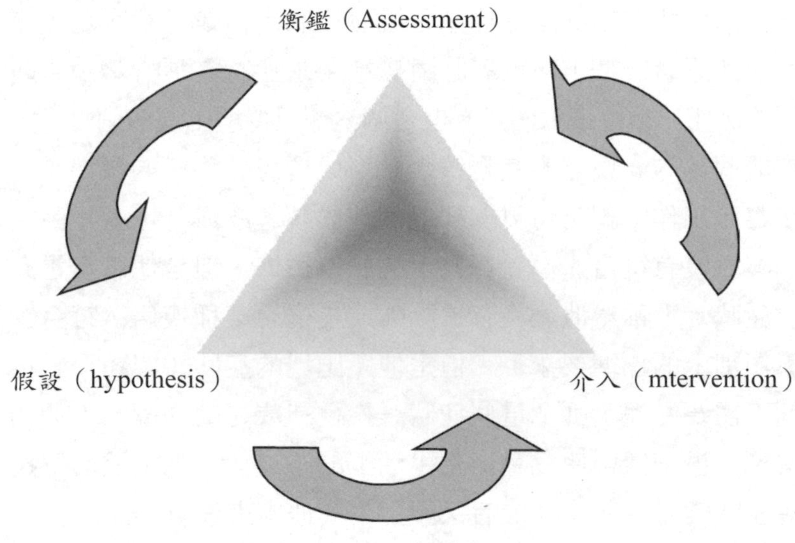

圖 9.2：臨床工作架構修正圖

既然將衡鑑之後的資料判讀定位成「假設」，則必須經由後續和個案的互動繼續蒐集新的資料檢驗「假設」，否則任何的「假設」都可能掉入治療師「一廂情願」的陷阱中而不自覺。因此，右下角的「處理」就跟著改變成「介入」。

理由是所謂的「處理」一般都指如何採取某種行動（不論是藥物治療或心理治療）達到改變的目的，而「介入」指的是任何與個案互動的過程，所以包括了再度蒐集相關資料以驗證「假設」，或者任何嘗試與個案建立良好關係的行動策略，以及任何嘗試要改變個案的方法；因此「介入」所包括的範圍比較廣泛。另一方面，「介入」的過程和內容還必須考慮到採取不同「介入」方法所要達到的目標是什麼；此一「介入」目標的設定，除了是根據當時的「假設」而定之外，也與當時遊戲治療所處的「階段」有關。簡言之，遊戲治療的過程可分成三個不同階段：起始階段、治療階段和結束階段。起始階段的目標是和個案建立良好的關係，結構化與對於個案目前狀態形成的假設；治療階段則是在完成了起始階段的任務之後，根據已經經過某種程度驗證的假設，衍生出治療個案的方向，並選擇恰當的方法展現改變個案的過程；結束階段則強調與個案說「再見」的歷程（詳細說明請參閱第十章）。換言之，要如何「介入」有賴於兩個因素的考慮，其一是目前遊戲治療所處的階段為何，其二是必須根據圖 9.2 左下角的假設推導（包括如何蒐集相關資料以驗證假設）。

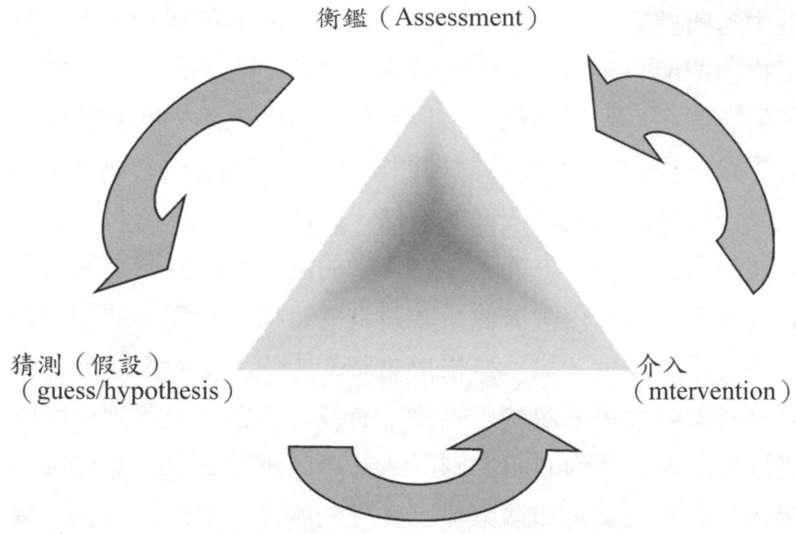

圖 9.3：臨床工作架構再修正圖

當我在遊戲治療的教學和督導過程中呈現圖 9.2 的觀念時，學生和治療師給我的回饋是不太敢形成假設，因為他們所受的訓練被要求假設的形成必須要相當嚴謹。然而，在我的實際經驗中，如果在遊戲治療時，治療師的腦海裡沒有任何關於個案的「想法」，則就失去與個案互動的指導方向；與個案互動的過程若沒有指導方向，則治療師和個案互動的過程就猶如「散槍打亂鳥」般，完全無法掌握遊戲治療的進行；更嚴重的是，治療師就沒有辦法從每次的接案經驗中不斷地成長，因為治療師無法解釋個案的各種可能變化，亦即，無法檢討為何個案會失敗，也無法思考個案為何會有正向的改變出現。

為了鼓勵所督導的治療師們勇敢的提出關於個案的假設，於是我將圖 9.2 的「假設」改成「猜測」。其實在進行心理治療的過程中，治療師的腦袋裡不可能沒有任何想法，只是我們並沒有努力地去察覺它。這些沒有被我們察覺到的想法，往往被稱之為「直覺」，於是「直覺」好的人接個案就比較容易成功，反之較易失敗，然後我們就產生「心理治療是藝術」的想法。如果心理治療真是一門藝術，那我們就不必那麼辛苦地去學習各種心理治療的理論和方法，我們只要好好的去反省自己有無「藝術慧根」就夠了。相反地，如果我們願意大膽地提出猜測，並且經由前述驗證「假設」的過程，不斷地對於所提出的猜測進行驗證，我們就會逐漸淘汰得不到支持的猜測，而留下得到支持的猜測，最後還是可以將這些得到支持的猜測，統整成一個可用來進行治療的假設。一方面，我們就能夠採取比較符合科學精神的心理治療過程（接一個個案，其實就是進行一項研究）；另一方面，也能夠藉由一再驗證的過程，提高我們覺察自己腦袋想法的機會和能力，久而久之，這個過程會逐漸變成「自動化」思考，將來接個案時很自然地就會浮現在自己的腦海中。換句話說，心理治療應該還是一種可以經由科學訓練的學問，所以是可以加以訓練和學習的。

此 「衡鑑—猜測（假設）—介入」架構值得提醒的另一件事，是「猜測（假設）」基本上是放在治療師腦海裡的心理歷程，而根據此一心理歷程所推導出來與個案互動的方向、且採取具體行動表現出與個案的互動，則已經是屬於實質的「介入」；因此理想上，治療師的具體行動是根據腦袋裡的心理歷程而來。然而，在遊戲治療中，很多治療師所採取的具體介入行動，常常不自覺地就會採取語言的方式，直接將自己腦海中的「猜測（假設）」說出來，並且還會藉此詢問個案的意見。這樣的作法有幾個地方值得提出來討論，首先這樣做究竟恰當與否，其實在判斷上，端賴當時治療師認為與個案的治療過程是屬於哪一個治療階段而定。倘若還在「起始階段」，因為關係都還沒有建立得很好，直接將自己的「猜測（假設）」說出來，即使是正確的，個案也未必會同意（如果真要替這樣的作法辯解，大概只能說治療師提出一種讓個案去思索的可能性而已）。倘若已經進入「治療階段」，這樣的作法應該要注意個案是否具備理解此「猜測（假設）」的認知能力，否則治療師說明了半天，個案仍然不知道你想要告訴他什麼。筆者還是傾向建議治療師，讓資料放在腦袋裡面運作，讓資料決定「猜測（假設）」對不對，除非符合上述「關係」與「理解」的條件，否則最好不要用語言的方式直接挑戰！

其次，筆者在前面的章節提到，遊戲治療不是不能以語言來表達自己，而是希望盡量採取「隱喻」的方式使用語言。直接向個案說明「猜測（假設）」其實是採取談話治療的作法，失去遊戲治療的意義與精神。因此，如果真的要將治療師腦海裡的「猜測（假設）」說出來，最好是等遊戲中出現「扮家家酒」的時候，以其中的角色隱喻比較妥當。

此外，筆者在教學和督導的過程中還有一項經驗值得提出來分享，那就是許多新手治療師或學生，都非常急於採用某種技巧和個案互動，希望藉由這些技巧得到衡鑑的資料，或達到改變個案目標的介入手段。也就是說，這樣的作法並未遵循「介入應該由猜測（假設）指導」的原則，變成不論治療師對個案的工作架構為何，一律都採取某種技巧和個案互動。筆者認為治療師必須調整如此的心態，先學習循著猜測（假設）所推導出來的介入「方向」，再選擇合宜的相關技巧達到介入的目標，否則治療師在與個案互動時會變得相當主動積極，而失去以個案為主導者的遊戲治療意義。

二、動態而非靜態的過程

雖然在上述的說明中，是分別提到圖 9.1、圖 9.2 和圖 9.3 的概念，不過在實際運用上，一定要注意它不是靜態而是動態的（注意圖中的箭頭符號！）。以前述「猜測」的驗證過程為例（注意：此即前述遊戲治療在起始階段時要達到的目的之一，另二是和個案建立良好關係以及結構化），在某個時間點（以 t1 示之）的「衡鑑」資料可形成治療師在 t1 時間點的「猜測」，根據此一「猜測」內容的推論和指導，進行治療師對於個案在 t1 時間點的「介入」——不論是採取和個案互動的方式，或者透過其他管道繼續蒐集相關資料（此時時間已經變化到 t2）。於是，治療師可以利用 t2 時間點的「衡鑑」資料檢驗t1 時間點的「猜測」，倘若支持t1 時間點的「猜測」，治療師就繼續保留此一「猜測」，並依此類推地繼續接受後續 t3，甚至 t4、t5 時間點所蒐集到的「衡鑑」資料的檢驗；反之，如果t1 時間點的「猜測」，並未能夠解釋t2 時間點所蒐集到的新資料，則治療師必須選擇放棄或修正t1 時間點的「猜測」，重新在t2 時間點提出「猜測」，並根據此一新的「猜測」進行後續的「介入」。整個進行個案的過程，其實就是如此反覆不斷地循環檢查，最後治療師就可以獲得一些得到驗證的「猜測」，此時就必須針對這些「猜測」進行統整的工作，形成對於個案的工作「假設」，而此一統整假設的形成，往往會和治療師所選擇的心理學理論有關（詳閱下文「該選擇何種理論架構」）。

一旦已經出現了對於個案現象的統整假設，此時的「介入」主要是希望個案經由這些介入而產生正面的改變（注意：倘若治療師已經和個案建立良好關係且完成結構化工作，此時就已經進入遊戲治療的治療階段），因為治療的目的本來就是希望讓個案產生正面的改變。改變的發生要根據前述的動態循環反覆的運作，此時「衡鑑—猜測（假設）—介入」過程在目的上還要再加上「評估」（evaluation）的概念。當假設統整出來且因著此假設所衍生出來的介入方法有效時，一方面代表此一假設的確是正確的，另一方面也得到個案產生正面改變的評估指標。一旦評估個案有正面且持續的改變之後，當然就可以走入遊戲治療的結束階段。反之，如果介入的方法無法產生有效的結果，通常我們會先假定用來指導介入的假設是正確的，因此要檢討的是治療師的介入行動（action）是否達到治療師想要表現的企圖（intention）；後者是治療師根據統整的假設所推論出來的介入方向或策略，是停留在治療師的腦海裡；前者則是治療師展現出其企圖時所採取的具體作為。例如治療師介入的企圖是支持個案，其採取的具體行動是拍拍個案的肩膀；如果個案真的因為被治療師拍拍肩膀而感受到被支持，則此行動是成功的符合治療師的企圖，反之就不是，治療師當然要重新思考何種行動才能真正達到原本的企圖。

如果治療師的行動和企圖是一致的，但是個案仍然未如預期的出現正面的改變，這可能是治療的時間還太短，所以正面改變的情形還無法出現，此時治療師繼續堅持如此的作法，假以時日，就會看見正面改變的出現。但是，也有可能這是表示治療師苦心經營的統整假設居然是錯誤的，此時再無奈也得回到起始階段重新來過（當然，這對治療師的打擊是無法言喻的）！治療師的問題在於，如何判斷是治療時間太短，因此還要繼續使用相同的介入行動等待正面改變的出現，還是對個案所形成的假設居然是錯的？雖然這涉及到治療師個人信心的問題，但如前所述，只要治療師放棄藝術似的「直覺」想法，讓自己有意識地勇敢走向「衡鑑—猜測（假設）—介入」過程，相信會有所改善。

再強調一次，「衡鑑—猜測（假設）—介入」是一個動態的循環過程，三者息息相關彼此相互牽引！從順時針的方向來看此循環，當治療師出現任何一種介入時，一定要時時提醒自己是根據何種猜測或假設而來，同時也得注意自己的介入行動，不論是繼續蒐集資料或者進行改變，是否符合基於猜測或假設而來的介入方向，也就是說，上述行動是否達到治療師想要表現的企圖。而用來指導介入的猜測或假設，治療師也要時時檢驗是否符合目前所蒐集到的衡鑑資料，並隨著與個案的互動（此即介入）所得到的新資料做出相對應的修正，完成此一循環。從逆時針的方向來看，衡鑑的進行是不斷的，因為任何一種介入都可以讓治療師得到新資料，並且必須藉著這些新資料來檢驗猜測或假設，同時指導自己推論出介入個案的方向，然後再選擇恰當的介入方法或技巧和個案互動，完成此一循環。要用靜態的文字表達這種動態的觀念其實並不容易，但願讀者能夠從實務工作中體會文字的意義。

三、該選擇何種理論架構

如前所述，理論對「衡鑑—猜測（假設）—介入」相當重要，從前面幾章的說明中，我們可以發現不同的理論都提出他們對「衡鑑—猜測（假設）—介入」的不同看法；只要我們接受他們建構理論的基本前提，大致上都還說得蠻有一回事。在「公說公有理，婆說婆有理」的情形下，到底要選擇哪一種理論呢？相信是令臨床工作者相當傷腦筋的事！

根據我處理兒童問題，以及督導治療師進行遊戲治療的實務工作經驗來看，臨床工作者最好選擇一個比較符合自己價值觀的理論，否則在治療的過程會給自己帶來很多煩惱，例如你本身就不怎麼相信 Rogers 的機體智慧是與生俱來的（參閱第七章），可是你卻又以案主中心的治療理論為架構，則你一定沒有辦法做到 Rogers 對治療師的要求，而讓自己就這樣「卡」在那裡，不知道該怎麼進行下去。

反過來說，你已經根據這個原則選擇了自認為適合自己價值觀的理論，但也要小心掉入理論的陷阱，因為相同的現象，可以用不同的理論說明。例如一樣是觀察到「嬰兒經常會將外在的東西放進嘴巴裡」這個現象，S. Freud 提出了所謂的「口腔期」（oral stage）說明此一現象，而 Piaget 則以「感覺動作期」（sensory motor stage）來說明。這表示一旦我們採用了某種理論，我們往往就會以該理論去了解現象，而忽略了理論其實只是代表提出理論的人是如何的觀察現象，這絕不等同於他已經完全注意到現象的全貌（可能只是指出現象的某一部分），也並不保證他所提出來的理論沒有任何的瑕疵。從「拆字」的俏皮觀點來看，理論都是人為的，而「人＋為」＝「偽」，偽就是假的，它只是人們為了解一個既有的現象所創造出來的知識系統，所以它並非就是現象本身。

換言之，理論的好處是提供我們一個參考架構，協助我們可以有系統的面對看起來雜亂無章的現象，不至於顯得慌張而無所適從。然而，另一方面來說，過度的依賴理論容易使我們掉入理論的陷阱，不自覺地以理論指導我們對現象進行了解，而沒有實際去真正的觀察我們最關心的現象。

這種選擇某種單一心理學理論的作法，也可以幫助治療師好好的反思自己對於所選擇理論的了解與體會，因為許多我們學過但不曾在實務工作中應用過的理論，都只是停留在我們的知性層次，所以我們也容易認為我們已經了解了這個理論，但是一旦你必須將理論轉換成遊戲治療的實際過程時，相信一定會發現許多你不曾考慮過的狀況。

新進的治療師需要踏在巨人（所學的心理學理論）的肩膀上，才比較能夠統整所驗證過的「猜測」；但是每次接一個個案其實就是在進行一項研究，因為所研究的現象就是個案本身，治療師自然也會在與個案互動的過程中，提出自己對此一單一個案的看法（其實廣義來說，就是治療師對此個案所形成的理論），累積豐富的臨床實務經驗之後，治療師也會（但不一定察覺得到）產生自己接個案時的一般性理論，因此，「衡鑑—猜測（假設）—介入」的過程其實也在幫助治療師形成且覺察到自己的理論。此一治療師經由實務工作所沉澱出來的理論，並不一定是指自己所形成的獨特看法（當然它如果是也不反對！），它也可以是經由經驗體會之後，治療師贊成所學習過的某種現存的心理學理論（例如行為治療、認知治療等）。問題在於許多治療師一旦選擇了某種理論之後，就不太敢讓自己接個案的過程中，以其他理論來檢視所衡鑑的資料。我個人的體會是，治療師可以採取各種所學的心理學理論在腦海裡運作，但是若選擇某一種心理學理論，則在介入時宜合乎該理論的主張。

有了以上關於「衡鑑—猜測（假設）—介入」的基本觀念之後，接下來跟大家分享我個人形成野戰派遊戲治療基本看法的心路歷程，一方面讓大家了解我如何進行「衡鑑—猜測（假設）—介入」，另一方面也為方便大家了解後面幾章的內容做準備。

第二節　野戰派遊戲治療的主要想法

一、對個人中心治療的疑惑與解決

剛開始踏入臨床工作時，因為對象是兒童，所以很快的就想到遊戲治療；當時 Axline（1947）所寫的《遊戲治療》一書已經有了中文的譯本（台北：張老師出版社），也就理所當然把它拿過來參考。由於過去我對 Rogers 的理論本來就十分著迷，而碰巧這本《遊戲治療》就是個人中心治療學派的經典，在一拍即合的情形下，你可以想像對一個有收費壓力的臨床工作菜鳥治療師而言，這簡直是遇到了救星。然而，好景不長。

我的工作除了要直接處理兒童的問題之外，還必須和家長討論諸如管教方法等之類的事（參閱第三章），當然我也免不了從 Rogers 的觀點提供建議。在第七章曾經提過「無條件正向尊重會不會寵壞案主」的疑惑，就是家長先提出來的，因為他們總覺得對孩子無條件正向尊重就是沒有原則，就會寵壞了孩子。家長的質疑也讓我開始進一步深入的思考，於是第七章關於 Axline「原則八」的疑惑，又開始在我的腦袋裡浮現，我沒有 Peoples 的膽量去重新建構一個理論（參閱第八章），只是想大概我沒有把 Rogers 的理論讀通，於是就重新把手邊找得到的 Rogers 理論的資料再仔細的研讀，尤其是「無條件正向尊重」的概念。

我研讀的心得在第七章已經做了說明，因此，此處採取最簡單的通俗觀點說明這些心得，簡言之就是：兒童的感覺、想法和兒童的行為必須分開來看。感覺、想法是兒童主觀世界的產物，就是兒童有機體的真實經驗，既然是屬於主觀世界的「真實」，當然就沒有對或錯之分，所以「無條件正向尊重」應該只是針對兒童的主觀世界。另一方面，我們也無法否認兒童必須生活在社會之中，而社會為了維持正常運作，也不得不提出規範來約束個人的行為，表現出來的就是「有條件正向尊重」。

有了這樣的體會，我再進一步的認為，兒童的行為其實就是在表達他真實的感覺和想法。當兒童所採用的行為違背了社會規範時，環境會因為行為的不對，連帶的也否認了兒童真實的感覺和想法，因而容易讓兒童也認為自己真實的感覺和想法是錯的，於是造成兒童出現不貫串的狀態，也導致問題的產生。反過來說，如果環境對兒童真實的感覺和想法能夠無條件的給予正向尊重，則應該將行為區隔開來，讓兒童了解他可以有真實的感覺和想法，但必須要用符合社會規範的行為來表現；在這種情形下，兒童學習到的是要尊重自己可以有真實的感覺和想法的權利，但也必須以符合社會規範的行為表現出來。

例如當兒童以攻擊的方式表現其主觀世界的生氣時，如果大人會因為攻擊行為的不符合社會規範而給予不好的結果，兒童也因此對不應該給予對錯評價的「真實」（即生氣），產生了認為是錯的評價，導致將來不敢承認自己可以有生氣權利的不貫串。如果大人能夠了解兒童有生氣的權利，但卻沒有以打人的方式來表達生氣的權利，則在處理這件事情時，他可以教導兒童這樣的觀念，即接納自己的生氣，但是學習用其他符合社會規範的行為來表達生氣。

二、行為改變技術的運用

有了這樣的心得之後，當我在治療室裡對兒童提出要求時，心裡不再有所疑惑；當我用這樣的心得和家長溝通時，幾乎所有的家長都能理解我的意思，也能努力地朝著這個方向前進。不過，接下來的問題是，如何才能更有效果和效率的幫助兒童放棄原來不符合規範的行為，學習改用其他符合社會規範的行為來表達真實的感覺和想法？行為改變技術（參閱第八章）幫了我很大的忙。

從行為改變技術的觀點，兒童經常出現不符合規範的行為的主要原因，是因為它可以讓兒童得到好的結果。因此，要達到上述的目的，首先得掌握「行為—結果—行為出現可能性」之間的關係，然後適時的重新安排行為的結果，達到改變行為出現可能性的目標（參閱第八章）。

在還沒有以前述關於 Rogers 的心得為基礎進行行為改變技術之前，許多家長都會認為行為改變技術是「不把人當人看」，是把人和動物一樣的對待，所以接受的意願很低，更遑論希望得到家長的合作；等到把前述關於 Rogers 的心得加進來之後，這樣的懷疑一掃而空，因為他們是在尊重孩子的「真實」的前提之下，學習用更有效果和效率的方法幫助孩子。

三、引入心理分析理論中的能量概念

雖然前面曾經提過，要無條件尊重兒童主觀世界的真實，但一個更有趣的問題是，為什麼兒童的主觀世界裡，會出現相當多的負面感覺和想法？如果只是強調讓兒童尊重自己可以有負面感覺和想法的權利，但是卻不去了解造成負面感覺和想法的原因，則太多的負面感覺和想法集中在一起，連大人可能都無法承擔，更何況是發生在兒童的身上呢。

從心理分析的立場來看，兒童成長的過程其實就是從「生物人」學習變成「社會人」的過程。個體出生之後只有「本我」，「本我」的特性就是比較沒有社會觀念，且附帶有心理能量的生物驅力，所以是「生物人」；隨著社會化的過程，會考慮到社會規範的「自我」和「超我」才逐漸成形，所以是「社會人」。從「生物人」要變成「社會人」，會讓兒童累積許多心理能量，因為社會化的過程對兒童來說，就是一大堆的外在要求，而這些要求會使兒童的心理能量無法順利的紓解掉，當心理能量累積多了就形成壓力；在這種壓力狀態下，兒童不出現負面的感覺和想法實在非常困難。如果兒童再碰上沒有考慮到兒童仍然處於尚未具備成熟能力的發展過程的大人，則所得到的外在要求，幾乎都是兒童當時無力完成的，在這種情況下，兒童所累積的能量必然相當多，更是容易造成負面感覺和想法的產生。在說明以紓解能量為主要概念的結構式遊戲治療時（參閱第五章），曾經指出它的缺點是積極的紓解能量，但忽略了會帶給兒童能量的環境的改善，所以在我的想法裡，如何改變兒童的環境也是治療的重點。換言之，除了在治療時段中直接處理兒童的問題之外，我也非常強調改變可能是造成兒童問題原因的環境。

另一方面，在治療時段中培養兒童符合規範的行為，並非很快就能夠完成，所以當治療師禁止兒童以不符合規範的行為去滿足基本需求時，等於阻斷了兒童最熟悉和常用的紓解能量方式，也就是說能量還留在身體裡面並沒有發洩掉。因此，如果只是禁止兒童某些不符合規範的行為，而在兒童尚未學會符合規範的行為之前，並沒有提供另一個可以紓解能量的管道，則在這段過渡的時間內，兒童可能已經累積了太多的能量，使他的問題更加惡化。所以在治療時我也考慮了這個因素，因此在治療中盡量掌握結構式遊戲治療的精神，幫助兒童在遊戲的過程中，暫時以遊戲來紓解能量。

第三節　野戰派遊戲治療的實作原則

在前面的章節中已經大致說明各種遊戲治療理論對野戰派遊戲治療的啟發，現在再融入我個人的實務經驗心得，提出筆者在執行個案時的實作原則。

一、重視與家長的同盟關係

筆者非常重視和強調與家長的合作同盟，因為家長在治療的過程其實是扮演雙重角色——「共同個案」和「共同治療師」（參閱第三章），也在「衡鑑—猜測（假設）—介入」的過程扮演重要的角色。在「共同個案」部分，許多心理學理論的確認為兒童的偏差行為或問題與家長有關，因此在衡鑑工作中家長常常是蒐集資料的主要對象；在猜測（假設）方面，治療師也會發現所猜測的結果往往與家長的管教方式、夫妻關係、婚姻狀況或對子女的期待等等有關；在介入方面，若是要驗證猜測，同樣的，家長是經常要提供相關資料的人，若是要採取某些改變兒童個案的措施，有時候家長本身的調整就足以產生兒童個案的改變。在「共同治療師」部分，治療師本身每個療次的努力，若以每周一個療次，每次五十分鐘計算，只佔兒童每周生活中的很小比例；因此，家長若可以學習或執行治療師的治療理念，就可以在家中提供更多讓個案可能產生改變的機會，因為他們也是介入者！

二、重視資料蒐集

遊戲治療的過程充滿了各種隱喻，在筆者自認與「潛意識」（參閱第四章）沒有緣分的前提下，只好另謀理解的方法，其中最重要的，就是從其他實際生活中的資料解讀個案遊戲的意義。或許讀者會問：「既然已經從生活中的其他管道蒐集到資料，為什麼還要去了解兒童遊戲的意義？」其實不是從兒童個案本身得到的資料，只是「接近客觀」而不是直接了解兒童本身的「主觀」，兒童的主觀「不能」或「不敢」用語言表達出來（參閱第二章），只能採取遊戲中的隱喻方式出現，所以治療師只好從兒童所表現出來的遊戲「逼近」他的主觀。另一方面，在改變的過程中，治療師也必須利用兒童遊戲中的隱喻，因此正確的了解兒童遊戲的意義非常重要。

為了能夠正確的解讀遊戲的意義，治療師就必須反覆地根據各種資料加以驗證，而遊戲治療中的遊戲最後常常轉變成「扮家家酒」形式（參閱第四章），且其中的主角常常是兒童生活中接觸的人物——不論是真實人物或者是卡通、漫畫裡面的人物。因此，了解兒童的次文化變成是兒童治療師非常重要的基本能力。

三、重視內容和歷程的區隔

在第七章介紹「個人中心學派」中曾經提及「內容」和「歷程」的觀念，這是筆者自己不斷在反問、反省的一個問題，因為我不希望這樣的觀念被 Rogers 綁住，以為只能用在所謂的同理心上面。我認為整個接個案的過程都可以運用這個觀念。如果用電腦做比喻，所謂的「內容」是你在螢幕或報表上看到的東西，它的運作「歷程」完全看不到。假設是印表機的報表，印出來之後你發現有錯誤，可能拿「立可白」塗一塗，再補上正確的數字或文字，就可以暫時解決問題，但是如果你不去改變指令，下一次再印時還是會出現相同的錯誤，因為指令的改變才會造成「歷程」的改變，而「歷程」的改變才會讓螢幕或報表上顯示的「內容」產生改變。其實處理個案的過程也是如此，如果治療師只是專注在個案的「內容」，那經常只是「頭痛醫頭腳痛醫腳」；只有真正抓住個案出現些「內容」的「歷程」，才可能有效的解決問題。〔注意：相信有些讀者會問：「行為治療不是只處理症狀嗎？」其實，以操作制約為例，它相當重視找出行為和行為結果之間的「隨因」（contingency）關係的行為分析過程，才能改變行為出現的頻率，而行為分析的過程就是「歷程」！〕

許多治療師常會問一個問題：「如果個案的問題行為並沒有在遊戲治療過程中出現，我們要怎麼處理？」其實個案的行為問題是他表現出來的「內容」，所以如果治療師沒有辦法把問題行為用「歷程」的角度去分析，當然要等到問題行為出現才有辦法處理。可是如果治療師可以抓到個案問題背後的「歷程」，事實上個案的那個「歷程」不是只會引發那些問題行為，在其他非問題行為的現象或者遊戲行為中也可能會出現。所以只要抓住「內容」背後的「歷程」，不一定非得在個案表現出問題行為時才能處理他的問題。

再從「衡鑑—猜測（假設）—介入」的角度切入此觀念，治療師從衡鑑過程中得到的所有資料基本上都是「內容」，每個「內容」都有它的「歷程」，所以「歷程」就是治療師在猜測的動態過程中想辦法找出來的；當猜測經過統整變成假設之後，治療師就可以根據每種「內容」的「歷程」，歸納屬於個案這個人的高層次「歷程」。這些都是「由下而上」的工作，一旦個案高層次的「歷程」出現，就可以「由上而下」的擬定各種介入的方向。說完「內容」和「歷程」的觀念後，容許筆者在此做一番告白，寫這本書只是希望和對遊戲治療有興趣的專業人士分享我的經驗和心得，我沒有要說服大家一定要按照這本書的觀念進行遊戲治療，因為每個人都有自己的臨床經驗，並因而產生相關的「歷程」，不要妄自菲薄，被這本書的「內容」所迷惑，反而忘記去整理自己的經驗和心得！實務工作做久了，真的覺得只有自己的經驗才是讓自己學習成長最重要的來源。

第四節　我對遊戲治療的思考

在前面的章節中，筆者是從心理治療的定義衍生出遊戲治療的定義，且強調真正讓兒童個案產生改變的是，採用遊戲為媒介與個案溝通背後的心理學理論（參閱第二章）；既然是各種心理學理論所主張的觀念讓兒童產生改變，則以兒童為對象的心理治療，不論是談話治療或遊戲治療，或將溝通媒介再加入「對賽」（game，參閱第一章）、舞蹈、藝術、戲劇（參閱坊間諸如「舞蹈治療」、「藝術治療」或「戲劇治療」等出版品）等等，其實它們的目標都是相同的——希望兒童出現正面的改變，它們的差異只是用來達到改變的溝通媒介不同而已。所以從這樣的觀點來看，治療師面對一個個案時，最關心的問題當然是如何改變個案；最重要的挑戰是治療師自己要熟悉各種心理學理論，甚至從臨床實務工作經驗中發展出自己的工作架構或模式，只要克服這個挑戰，相信就比較容易有成功改變個案的機會。至於用來展現改變過程的各種溝通媒介，許多治療師常常會問的問題是它們適用的對象，例如幾歲以下的兒童適合用遊戲治療，幾歲以上則應該用對賽治療比較好等等。筆者還是強調這個觀念，重要的是心理學理論所主張的觀念在改變個案，不是溝通媒介本身；因此，治療師不要被個案的年齡「綁住」！讓個案自己決定要用哪一種或哪些溝通媒介和治療師互動，而不是因為個案幾歲，治療師就自行「硬性規定」個案得用某種溝通媒介。

再從本章前面三節的說明可知，我並不是單純只使用某一種理論進行治療工作，而是至少混合了 Rogers、Skinner 和 S. Freud 的想法；簡言之，對兒童主觀世界的感覺和想法，要無條件的正向尊重和包容；對表達感覺和想法的行為，則是以不違背規範為堅持的原則；在治療過程中要適時的紓解累積在兒童身上的能量，並且將環境的改變也列入治療的方向。

許多曾經接觸過我的想法的人，看到這樣的作法很容易產生兩個懷疑，其一是如果兒童呈現出來的感覺和想法實在非常可怕，例如要把某人殺掉，難道不擔心他真的把它付諸行動嗎？也許是我的運氣好，在實務經驗當中都沒有遇到這種狀況；但是，我所以願意冒這個險，是因為我相信如果能量的概念是對的，則當兒童將這些負面的感覺和想法說出來之後，能量已經因而得到紓解，自然不可能真的去做！此外，老祖宗留下來的一副對聯寫道：「百善孝為先，原心不原跡，原跡貧家無孝子；萬惡淫為首，論跡不論心，論心世上少完人」，裡面的智慧告訴我們，即使是好人，心中也不可能不出現壞念頭，只要不將心中的壞念頭真的做出來，人人都是好人。既然如此，為什麼我們不能包容兒童偶爾出現的壞念頭呢？

另外一個懷疑是，三位大師的理論都有各自的理論前提，而從前面幾章對他們的理論的說明可知，他們對人的看法的前提都不一樣，可能同時使用而不會混淆嗎？關於這個問題的答案，我的解決方法是：回到現象！

在本章第一節，我曾經提出理論在進行「衡鑑─假設（猜測）─介入」的重要性，但是也提醒相同的現象可以用不同的理論說明，所以不要掉入理論的陷阱。基本上我認同理論必須從現象出發，一個理論的好壞，從學術方面來說是它能否提出科學效度，以及可以解釋的現象範圍有多少；但是對我這個臨床工作者而言，呈現在我面前的個案所表現的一切，才是我最關心的現象，理論只是幫助我從各種不同的角度了解這個現象，但是理論不是現象本身。（或許可以用這個故事來說明我想表達的意思。大意是古時候有一個人想買一雙鞋，於是就在家裡先在紙上面畫好自己的腳的尺寸大小。當他到城裡的鞋店正準備要買鞋子的時候，忽然發現忘記將那張已經畫好的尺寸帶來，於是就跟老闆說明，等他回家把畫好的尺寸拿來以後再買，但是等他回家拿到尺寸再回到鞋店時，鞋店卻已經打烊了！）因此，當符合科學效度的研究報告指出：「面對某種類型的問題，採取某種理論進行治療的成功率，可以達到統計臨界值是 0.0001（純粹誇張的比喻）的顯著標準。」對我來說，這樣的報告只是我在選擇介入的方向和技巧時優先考慮是否要用該理論而已，因為它還是不能保證，用它所說的方法處理我現在面臨的個案必然會成功，因為我的個案很可能就是在那個相當嚴謹的 0.0001 之中。

我並不是反對科學效度，我只是要指出對我來說，展現在我面前的活生生個案才是最重要的；既然理論都是從現象出發，為什麼我們不從這個活生生的現象得到回饋，而要拘泥於別人提出來的理論呢？讓現象對「衡鑑—假設（猜測）—介入」的過程提供第一手的回饋資料，絕對是優於根本沒有觀察到這個個案的理論的推埋。我想我就是期望自己採取這樣的觀點，也盡量讓自己符合這樣的期望，才得到將不同理論混合起來作為野戰派遊戲治療基礎的結果。

有臨床經驗的治療師可能會發現，在我這樣的觀點下，經常被用來處理成人問題的「認知治療」不見了（事實上，的確有學者提出認知治療的遊戲治療作法，請參閱《遊戲治療實務指南》第 6 章，台北：心理出版社，2001）。對認知治療而言，要改變的重點是想法而不是行為，因為此派相信想法導致行為的出現；而我卻主張要無條件接納個案的想法！堅持這個想法的理由有二，第一個也是最重要的理由是我剛剛所說的「回到現象」，我也曾經採取認知治療的作法處理過個案（現象），但是我的現象不支持（效果不好）；這當然可能是因為我對認知治療的理論或技巧不成熟所造成，我也不排除這種可能性，但我更相信我自己當時所觀察到的現象！

第二個理由要回到遊戲的定義，在第一章我已經指出遊戲治療的所謂遊戲，其實並不符合發展心理學對遊戲的看法（參閱第一章）；不過，基本上遊戲是比較鬆散，比較不那麼講究邏輯嚴謹性認知活動的過程〔或者借用 S. Freud 的觀念，遊戲是屬於「初級歷程」（primary process）〕。然而，認知治療的理念，例如 Albert Ellis 所提出來的「理情治療」（Rational Emotional Therapy），卻是要藉由嚴謹的邏輯思考過程找出個案不合理的想法（irrational ideas），然後再經由辯論的程序（又是相當重視認知的活動），達到改變個案想法的目的〔或者借用 S. Freud 的觀念，認知是屬於「次級歷程」（secondary process）〕。由此觀之，想要用以「次級歷程」為主的認知治療方式，很難藉由以「初級歷程」為主的遊戲為媒介展現出來，所以我並沒有將認知治療的遊戲治療作法納入自己的野戰派遊戲治療中。不過，這僅是我個人的實務經驗和心得，在遊戲治療的教學內容中，一樣會向學生介紹認知取向的作法，對於認知取向遊戲治療有興趣的治療師還是可以大膽的嘗試！

（本章根據《國立台北教育大學學報》2006 年第 19 卷第 1 期所刊登之〈從做中學：一個遊戲治療師之個案治療模式建構的省思〉一文補充完成；原文於 2005 年 12 月被接受刊登。）

第十章

遊戲治療過程的不同階段

在正式進入遊戲治療之前，首先必須先確認兒童的確有某些問題或偏差行為存在，否則就不必進入治療過程；然而，如何決定兒童的確有某些問題或偏差行為，看似簡單，但其實還有一些值得提出來加以討論的地方。確定了兒童的確有問題之後，才開始正式進入遊戲治療過程，本章將治療過程分成「準備階段」、「起始階段」、「治療階段」和「結束階段」等不同的階段（這是為了說明上的方便，並不表示治療階段必然可以截然劃分，或者發生在某個階段的現象就一定不會在其他階段出現），分別說明其重要的相關概念。

第一節　這個孩子正常嗎？

在實際的工作中，我很少遇到兒童自己來求助，通常都是兒童周遭的大人認為兒童有問題才帶著他來接受治療。在這種情形下，大人是採用什麼標準來判斷兒童是有問題的呢？

當大人懷疑兒童的某些現象有問題時，如果有現成的常模可以參考，則只要將該兒童年齡的常模找出來對照一下，就可以相當清楚的下一個判斷。問題是：常模在哪裡？目前除了身高和體重有很清楚的常模之外，其餘大人們所關心的諸如慢吞吞、和大人頂嘴、做事不專心等行為現象——這些現象可能都是醫療系統中《診斷與統計手冊》上所列出來的偏差行為症狀，但不一定符合界定是某種偏差行為標準——幾乎都沒有辦法找到常模；在這種情況下，大人只好以自己成長經驗所形成的價值觀念做判斷。

在前面的章節中（參閱第九章），筆者已經提出「偏差行為」和「問題」的差異，簡言之，凡是符合醫學診斷系統所列出的各種不同類型偏差行為診斷標準者，就是兒童出現了某種「偏差行為」，但是這些醫學上的診斷標準所列出的症狀，其實在生活中就已經是讓大人很頭痛的「問題」。在真實生活中，治療師所處理的兒童現象，坦白說，「問題」多於「偏差行為」；如果不去計較是否出現「偏差行為」，亦即將「偏差行為」看成是各種「問題」的組合，則治療師處理的大宗現象是各種生活中的「問題」！

要判斷兒童是否有問題，其實還有很多因素要考慮（請參考《兒童偏差行為》第一章，台北：心理出版社，2004），其中最值得注意的是，大人幾乎都是根據自己的價值觀念在判斷，問題是萬一大人的觀念有問題怎麼辦？用錯誤的價值觀念為標準去判斷兒童有沒有問題，則兒童所出現的正常現象，也可能因而被判斷成不正常。依目前的教育體制，大人的觀念非常容易「出問題」，因為除非大人自己念的是會涉及到兒童的相關科系，這些有關兒童的知識才可能滲透到自己的觀念之中，否則大人經常是以大人的角度來看兒童的世界，而不是以兒童的立場來看兒童的世界；用大人的觀念來看兒童的現象，那問題可能就多著了。

《案例一》

一年級男生，上數學課容易產生諸如頭痛、肚子痛的情形。他的老師教學經驗相當豐富，認為兒童必須從小養成良好的習慣；於是上數學課時，答案對固然很重要，但是更嚴格的要求數學式的演算過程一定要對齊。個案的答案都對，可是因為小肌肉的發展稍微慢了一些，所以幾乎沒有辦法將演算式子對得很齊；老師認為是個案不用心，經常以嚴格的處罰方式對待個案，結果……

《案例二》

幼稚園大班男生，因為被老師處罰將褲子脫掉罰站，開始出現拒絕上學的情形。原來個案有一陣子因為對性產生好奇，很喜歡摸別人的屁股，有一天，不小心摸到老師的……

《案例三》

憂心忡忡的媽媽抱怨她那三歲多的兒子可能是智障，因為在玩躲貓貓的時候，媽媽當鬼兒子去躲，媽媽喊了聲：「躲好了沒？」兒子在躲藏的地方大聲應道：「好了！」因為躲貓貓就是要讓當鬼的人找不到，而她的兒子卻出現如此的反應，不是……

《案例四》

一臉嚴肅的爸爸擔心寶貝女兒是「過動兒」，因為每次帶女兒出去散步，她總是跳來跳去不好好的走路，坐在位子上的時候，老是把椅子後面的兩隻腳翹起來，再彎曲著自己的雙腳晃來晃去，真是無時不刻的在動……

這四個案例到底是不是問題？我想如果能夠加入發展的觀點，答案就很明白了。《案例一》和《案例二》因為缺乏兒童發展的概念，把本來只是發展的過渡現象當成是問題而加以不當的處理，不是問題可能都被搞出問題了。《案例三》和《案例四》也同樣是缺乏兒童發展的概念，才造成家長的擔憂，所幸還沒有介入處理，所以還沒有出現問題；不過，因為已經給了孩子一個不是很妥當的標籤（label），如果再這樣下去恐怕也會出問題。

從以上的說明可知，兒童本身所謂的「問題」經常是來自於周遭成人的「主觀判斷」，而未必是經由客觀的標準；因此，在正式進入治療過程之前，治療師和家長都有必要彼此針對這個可能性討論一下。有些時候，治療師只要能夠提供家長一些相關的知識，使家長調整自己對子女的看法，就可以使兒童的行為現象獲得改善，根本不必進入治療的過程。

第二節　準備階段

準備階段指的是尚未正式進入遊戲治療之前，治療師必須先準備好的工作。簡言之，包括如何和家長溝通，建立契約，以及如何將遊戲室預備妥當的工作。此外，筆者也會提及想要成為一個兒童治療師的看法。

一、如何與家長溝通

要做好與家長溝通的工作，治療師必須先對家長的矛盾心態有一番認識，才能拿捏得當。對於家中可能有問題兒童，且需要送到專業機構接受諮商、輔導或心理治療的家長而言，其心情是相當複雜的。首先是必須承認自己的孩子有問題，而多數人往往一想到面子問題就踟躕不前。接下來是面對「否定自己」的心結，因為大家總認為是自己沒有把孩子教好，孩子才會出問題——雖然這可能真的是原因——所以把孩子交給別人處理，就表示自己沒有用；尤其是我們的文化，總是把孩子的狀況視為是家長最重要的責任。一旦進入治療之後，通常兒童和治療師之間的關係會很好，導致兒童會傾向於把「心事」告訴治療師，而不願意讓家長知道，於是有些家長會覺得治療師「搶走了」自己的孩子，而對治療師產生負面的情緒，就不自覺地不願意和治療師配合，可能就影響了治療的效果。

不可否認，治療師關於兒童問題的猜測或假設，多少都會將家長的影響列入考慮。然而，面對有上述心態的家長，如果治療師在與家長溝通的過程中，讓家長感覺到治療師彷彿都把兒童的問題歸之於家長的責任，則很可能就把家長給氣跑了。家長不來，個案當然也不會出現，治療師就失去了戰場；因此，要如何才能避免發生這種現象，是治療師必須努力學習的。我的經驗是一方面以面對個案的方式（參閱第九章）和家長溝通；另一方面，在分析兒童問題成因的猜測或假設時，避免用肯定的語氣指出問題的原因，盡量是舉出包括家長在內的種種可能影響因素，讓家長自己得到結論，而願意配合治療師將來工作的進行。

依據筆者和家長接觸的經驗，如果家長是社經地位或教育程度比較高者，治療師在分析兒童問題的猜測或假設時，最好是以「選擇題」的方式讓家長自行選擇可能的答案，而不要很直接地說出治療師認為的原因，例如，「根據目前的資料來看，我認為你的孩子現在的狀況可能是 *1.*……，*2.*……，*3.*……等等，不知道你覺得哪一種可能性比較能夠解釋孩子的現象？」一旦家長選擇了答案，治療師再根據其所選擇的看法繼續發揮，如此家長的接受度會比較高，也比較能夠深入的和治療師討論。反之，如果家長是社經地位或教育程度比較低者，治療師最好在溝通過程中使用比較肯定的語氣，因為這些家長的背景比較願意接受權威，如果治療師採取商量的口吻，反而會讓家長覺得治療師好像沒有什麼信心，進而懷疑治療師的能力，當然也就不願意讓孩子繼續在此接受服務！

二、家長對遊戲治療的懷疑

一旦開始進入遊戲治療的過程，關心孩子的家長在孩子回家之後，都會想從孩子那兒得到治療過程的一些訊息；而治療師剛開始的主要目標是建立關係，所以和個案玩的時間會很多，因此兒童給家長的答案往往都說：「在玩！」對於不了解遊戲治療的家長而言，他聽到的只是治療師在和兒童玩，有些家長心裡就會納悶：「我也會和孩子玩，幹嘛花錢請你來和孩子玩？玩就會治好嗎？」因此，往往家長會覺得受騙上當，一氣之下就把孩子給帶走，不願意再繼續接受治療。因此，治療師在開始和孩子進行遊戲治療之前，一定要記得讓家長了解遊戲治療是以遊戲為媒介進行改變的過程，所以表面上看起來是在和兒童遊戲，但其實是藉由這個過程使心理學的方法得以展現出來。

《案例五》

三年級男生，在學校人際關係相當不好，在家中出現許多退化的行為。因為我事前忽略了向媽媽介紹遊戲治療的過程，經過兩次遊戲治療時段之後，她聽孩子說跟我在一起都只是在玩而已，所以覺得非常生氣，一直強調她付錢是來治療不是來玩的！於是，她就把孩子帶走了，留下錯愕的我愣在那裡。

三、家長片面決定結束治療關係與契約建立

如果治療的確能夠產生效果，有些時候，家長為了經濟上的考慮，一看到孩子的問題已經有了改善，就會迫不及待地主動結束治療關係。

《案例六》

幼稚園女生，家長覺得孩子太害羞，不會表達自己的意思。經過三次治療時段，家長認為孩子已有些許的改變，於是就主動要求結束治療關係；一個月後，家長又再度將孩子帶來，希望繼續接受治療。面對這種「回鍋」的情形，常常要花更多時間，才能和兒童再建立起良好的關係。

治療師必須讓家長知道，兒童的改變過程必須以長期的觀點來評估，因為治療的效果經常是起起伏伏。短期之內，兒童可能由於多了一個人對他的關心，所以馬上會出現一些並非治療方法奏效的表面上的改變；一旦離開了治療情境，

則此效果又會消失，同時也會造成兒童和治療師之間關係的破壞。倘若家長因為兒童問題的惡化而再度讓他接受治療，很可能因為前次的經驗，妨礙治療工作的進展。

此一現象的發現也是孩子教我的（其實，不只這件事情，在整個實務經驗中，個案教我的東西比書上教的還要多！但是，後來讀更多的書籍時，發現許多外文的專業書籍都會提醒一些細節。提醒讀者要以筆者為戒，多看書才能免於從經驗中摸索學習的痛苦！）。有一個孩子來了三次之後，家長覺得已經出現令家長可以接受的改變，於是就決定不再繼續治療；過了一個月左右，家長發現孩子的情形似乎又不太好，便又帶孩子來找治療師。經過仔細的重新建立關係之後，孩子說：「我很喜歡來這裡，但是我不想再來了，我也不想再跟你玩了，因為我都不知道下個禮拜還能不能來？」由於這種情形發生的機會很多，所以在決定接受個案進行治療之前，最好先和家長訂立契約。契約的內容至少要包括費用和治療時間的期限。如果治療師願意接受筆者所強調，每周與家長電話聯絡的觀念，在契約中也可明確的載明家長可以享用的權利。

接受專業服務必須付費的觀念，雖然已經逐漸被接受，但是還是存在著一些與收費有關的迷思值得提出。早期台灣的家庭經濟水準還不是很高，所以有一些單位在提供專業服務時，都是以「慈善」的立場進行。長期不必收取費用的結果，筆者認為已經出現了副作用，首先慈善化的結果讓專業人員無法依賴專業謀生，導致專業人才的流失；而助人專業工作的性質，簡言之「薑是老的辣，愈老愈值錢」，專業人員是經驗愈豐富愈能夠有效的解決問題，無法留住人才會讓專業機構總是在招募新人、訓練新人，一旦有了比較好的專業能力之後，往往因為經濟收入不足以維持生活而離開，形成惡性循環。其次，慈善化的結果是專業機構必須依賴所謂的「志工」或「義工」進行專業工作，讓社會大眾產生助人專業工作一點都不「專業」的錯誤印象，妨礙真正專業工作在台灣的發展。基於以上理由，收取費用絕對是必要的。此外，收取費用除了可以養活治療師、留住專業人才與拓展未來專業發展上的遠景的功能之外，還會促使家長為了節省費用而更願意和治療師合作的意願（依筆者的偏見，學校輔導室是否也可考慮收費以加強家長的合作意願？否則常常是家長根本不會配合而使得學校輔導室的工作成效不彰）。

為了避免個案對於能不能定期來治療師處接受服務的疑慮，訂定治療時間的期限，以避免家長太早自行決定結束治療關係非常必要。目前醫院的健保給付已經有「療程」的方便，至少治療師應該要善加利用。至於非醫院機構的專業單位，也應該制定如此的規則。當療程快要結束時，再重新評估兒童的狀況，決定是否要繼續接受治療，安排下一個療程。安排療程的作法還有另外一個良性的副作用，亦即督促治療師定期的審視個案進行的狀況（雖然這是專業人員本分之事，但是很多治療師工作忙碌之下，常常「不小心」就把它給忘記了！）。

四、如何準備遊戲室

如果是個別遊戲治療，遊戲室所需要的空間不必太大，大約四到六坪就夠用了；如果還考慮到團體遊戲治療，則大約要到十五坪才夠。不論遊戲室的空間是多少，最重要的是空間布置原則是「讓孩子能夠在遊戲室內盡興的玩」；因此，不要讓兒童覺得在裡面會有所顧忌，例如地板最好不要有地毯，免得兒童擔心會把地毯弄髒而不敢放心的玩。牆壁周圍也不要掛太多圖畫或卡通造型的海報，一方面會讓個案擔心將這些東西弄壞，另一方面，它也會吸引個案的注意力而妨礙治療的進行。此外，玩具的擺設也不要太整齊清潔，免得兒童擔心等一下要歸回原位很麻煩，所以就乾脆少拿一些玩具，而讓治療者失去許多蒐集到更豐富資料的機會。

遊戲室內也要準備一張與兒童身高適配的桌子和兩張椅子，作為孩子想要進行諸如畫圖、黏土或扮家家酒等活動的工作檯。而遊戲治療中所出現的遊戲內容，根據前述章節中Klein的說明，不論剛開始時兒童在玩什麼遊戲，最後都會轉變成類似「扮家家酒」的形式，所以遊戲室所準備的玩具最好是沒有固定玩法的（例如撲克牌、棋類等game就不適合；但是治療師可以將這些game類的材料擺設在個案不會立即看到的地方，一旦個案不想以play 作為溝通的主要媒介，治療師就可以拿出 game，試著以 game 作為溝通的媒介和個案互動），才能讓兒童在「扮家家酒」的時候，發揮最大的想像空間。此外，遊戲室裡面還要準備時鐘，最好是同時有數字或者圖案的（動物、卡通或者其他），因為年齡比較小的個案未必看得懂時間，所以可以用圖案作為說明時間的指標。時鐘擺設的位置要考慮到心理師在遊戲室時最經常停留的位置，才比較方便治療師控制時間。

如果空間允許，遊戲室裡最好能夠有「沙盤」或「沙箱」〔前者的尺寸較小，可直接置於工作桌上，常見於「沙遊治療」（sandplay therapy）；後者的尺寸比較大，往往必須擺在地面上〕和「水」，這樣是最恰當不過的。因為沙子和水混在一起，對兒童而言是最具有吸引力的東西，也是玩「扮家家酒」時最好的舞台。但是沙子和水一起出現，勢必要處理的問題是如何排水，以及沙子可能會被水帶著排離而愈來愈少，甚至堵塞排水管等。倘若這些問題可以解決，遊戲室內真的有沙子和水，其好處是個案幾乎都會以沙盤或沙箱為活動的中心，也就是個案會以沙子為遊戲出現的主要舞台，即使稍微離開一下，也大半是去拿玩具然後就回來，對於可能一天當中要接觸許多個案的治療師而言，只要讓自己坐在沙子附近，就可以有很大的機會和個案互動，不必跟著個案在遊戲室裡面移動，可以節省許多體力。

一旦開始遊戲治療的過程，兒童自然會經常使用遊戲室；但遊戲室並非單一兒童專屬，而是大家共同使用，所以有些事情必須要注意到，以免妨礙治療的進行。對有問題的兒童而言，一般都比較缺乏和別人分享的能力，表現在治療過程中，就是不願意和其他人分享治療師。因為治療師通常都不是只有一名個案，而使用過後的遊戲室通常一眼就看得出來，所以如果在治療的初期讓兒童知道治療師有其他的個案，往往會造成很多困擾，例如兒童會好奇其他人為什麼會來這裡，希望知道治療師如何對待其他人，是不是對別人比較好等等和治療過程較無直接關係的問題。反過來說，這種和別人分享的能力的提升，也可以作為治療是否有效的良好指標。另一方面，這種比較沒有能力和別人分享的情形，可能也是個案本身獨特的問題之一，此時當然又是要將其納入「衡鑑—猜測（假設）—介入」的架構思考；此處筆者只是要強調，若讓個案知道治療師還有其他的個案，可能會不利於關係的建立。

《案例七》

四年級男生，在第二次治療時段進入遊戲室之後，在沙箱中發現了一個不是他上一次玩的玩具，於是一直問我諸如還有誰在用這間遊戲室，我是不是像對他一樣的對別人也很好等問題。大約又花了兩次治療時段，個案才不再問這些問題；不過，在往後的治療時段中，偶爾又會主動的問起。

為了避免這個問題產生，有些學者甚至建議遊戲室最好有「入口」和「出口」兩個門，以避免前後時段的個案在門口相遇；不過，在治療空間不可能很大的台灣來說，這種處理方法顯得太過「奢侈」且不太可能做到。筆者建議治療師在安排個案的時段時，盡可能個案之間要間隔至少三十分鐘以上，一方面避開個案見面的問題，另一方面治療師也必須有時間休息和做紀錄。

關於如何準備遊戲室還有一個屬於「高級進階班」（亦即從事遊戲治療的經驗比較豐富）的提醒，這是筆者的作法，大概在別的書上我也從來沒有看過這種作法，不過我覺得蠻好的。如果治療師在遊戲治療的時間結束時，並不要求個案自己收拾玩具（該不該要求個案收拾玩具，在下一章會再提到），則在下一次與個案見面時，可以試著將遊戲室擺設成接近上一次個案離開時的「樣子」。因為任何一個療次（session），就跟我們寫作文一樣有「起承轉合」，所以個案進來以後也一樣要暖身（warm up）、要醞釀，要去做一些調整準備的工作。可是，如果每個療次都要經過這樣的準備過程，那麼真的用來治療的時間相對的就會被剝奪，因此，倘若有更多的時間是用在個案可以去好好展現他自己，尤其是進入治療階段以後，相信更能夠有效地讓個案產生改變。所以我後來就靈機一動，為什麼不試試看這麼做，結果發現效果很好，個案一進來就說：「耶！跟上禮拜一樣耶，我又可以繼續玩了！」當然，也有可能個案看了一眼說：「這是上禮拜的嘛，可是我今天不要玩這個！」沒關係就讓個案自己決定，重點是如果他真的願意的話，就可以很快進入比較深入的層次，因為那是一個回憶的線索，所以個案可以很快的抓到他上禮拜離開的時候，他的狀態是什麼，於是當時的那個主題馬上就會出來。但是，還是要再強調一下，學習遊戲治療一定是踏實的先學有「效果」，有了效果再去動腦筋想怎麼樣提高「效率」，切記切記！先扎實的去學習怎麼樣做才會有效果，再來想怎麼樣提高效率，拜託一下，不要太快就急著要思考效率的問題，那會愈急愈做不好。

相信治療師看到上文的說明，第一個念頭應該是懷疑，如何才能做到如此境界呢？此處又要回到第九章提出的「衡鑑—猜測（假設）—介入」三角形！筆者不是要求治療師將遊戲室擺成跟上次離開時完全「相同」，而是相同的「樣子」；前者指的是和上次一模一樣，這對任何治療師來說都很困難！後者則是在考驗治療師是否有在接個案的過程中，好好地、踏實地進行猜測（假設）的工作。因為「樣子」強調治療師在觀察個案的遊戲過程中，已經經由猜測（假設）的運作，賦予個案遊戲內容的各種可能意義，因此只要能夠將猜測（假設）中的重要指標（亦即玩具）擺在相關的位置，就已經達到這個目標了。換句話說，倘使治療師很清楚知道自己的猜測（假設），就很容易記得各種相關玩具所擺設的位置；反之，如果治療師記不得玩具的相關位置，可能就代表著治療師並未好好地進行猜測（假設）的工作，值得詳加反省自己進行個案的過程。

如果借用下圍棋的觀念來描述，對初學者而言，因為還沒有完全掌握圍棋的概念，叫你擺一個棋譜，你一定是按照棋譜上的數字，一號、二號、三號這樣慢慢排。於是每次為了要有系統的搜尋，大都是從棋盤的左上角開始找數字號碼，所以擺完一盤需要好久。可是如果你圍棋下得好，你就會按照棋理去判斷每一步可能會下在哪裡，所以你會先找你認為的可能位置，因此就可以比較迅速的找到下一個數字號碼棋子的所在位置。或許這就是認知心理學家說的生手和熟手的差異，認知結構已經有所不同所致。

關於遊戲室的準備，除了上述比較屬於硬體方面的說明之外，還有一個更重要的準備工作——治療師在與個案接觸的每一個療次之前，都要仔細的再閱讀自己的個案紀錄！對於剛從事心理治療或諮商的人，一方面由於年紀輕記性好，一方面因為個案的數量也還沒有很多，所以常常會忽略接個案前閱讀個案紀錄的重要性；但是這是治療師一個很重要的良好習慣，如果年輕時沒有好好培養，以後可能在接個案時會因此而吃虧！為什麼筆者要強調閱讀紀錄的重要呢？因為在這個工作崗位上，如果你持續堅持下去，有一天也會「年華逝去」，你會發現記憶力已經大不如前，也會因為愈來愈資深，所以個案愈來愈多；如果接個案之前依賴的還是自己的記憶力，就會「一不小心」的出現記憶內容的「張冠李戴」，甚至發現「忘記」你本來自認為很熟悉的個案紀錄。接個案前再閱讀個案紀錄的重要性，首先是幫助治療師將相關的記憶「提取」出來，其次是讓治療師整理關於此個案的「衡鑑—猜測（假設）—介入」三角形。基於第二個理由，筆者建議治療師的個案紀錄務必要將接案時的各種資料和自己的猜測（假設）寫下來。筆者建議的紀錄格式是，將紀錄紙分成兩個部分，左邊記錄的是治療師和個案的各種互動，其中若是雙方語言的互動就直接記錄，治療師所觀察到的個案非語言訊息以括弧示之，重要的是要依照時間次序記錄之，並且屬於治療師和個案的各自部分都有分別的數字編號，以顯示其先後順序。右邊記錄的是當時或事後記錄時（最好以不同顏色的筆區分，這樣才能幫助治療師了解是何時有某種想法出現！）治療師腦海裡的「衡鑑—猜測（假設）—介入」，如此在以後的療次中才能進行猜測（假設）的驗證或修改。

五、成為兒童治療師的準備

想要學習心理學的人，有很多都是因為曾經接觸過諸如心理諮商或心理治療方面的書籍，或是曾經有接受過心理諮商或心理治療的經驗，於是很容易將心理學狹隘地誤解成等於是未來要從事助人工作的學問。等到開始正式學習心理學之後，才發現一大堆諸如統計、研究法、感覺、知覺、生理、認知等等基礎心理學知識，「好像」跟本來期望的心理諮商或心理治療不怎麼相關。其實，心理諮商和心理治療在心理學領域的性質屬於「應用心理學」，亦即將基礎的心理學知識應用在有系統的「改變」一個人。既然稱之為有系統，就不得不提醒一個事實：心理學的屬性是科學。因此，相關的科學方法當然有必要列入基本的學習內容之一（在本書前面的章節也提到，面對一個個案的過程其實就是在進行一項研究！）。

一般與心理有關的科系，除了還肩負培養師資任務的師範體制之外，其餘相關科系為了配合二○○一年通過的「心理師法」，規定應考資格必須修習過某些相關專業學分與在專業機構全職實習一年的碩士學位，大都在大學部只會開設臨床心理學導論之類的課程，將相關的專業課程放在碩士班才開設。因此，對於有心從事兒童治療師工作的人而言，除了基本的必修課程要完成之外，應該還要加強與臨床心理學、人格心理學、神經心理學、心理藥物學、發展心理學等方面有關的課程，尤其是發展心理學，因為如果連正常的兒童發展知識都一知半解，很難幫助自己未來面對在發展過程中出現狀況的兒童！

許多想要努力讓自己成為兒童治療師的人，都以為只要自己有愛心和耐心就夠了，其實這是非常虛幻的誤解。除了上述相關知識之外，還必須在學習的過程中，不斷地整理與反省自己的成長經驗。此處有兩種不同的說法，有些學者（例如 Anna Freud, 1968）主張倘若個人的童年經驗不良，最好不要從事兒童治療師的工作，因為非常有可能在接觸兒童個案時，會出現「反情感轉移」；但是也有一些學者（例如Hans Ginnot，見Schaefer & O'Conner, 1983）認為童年經驗不好的人才適合擔任兒童治療師，因為他們的童年經驗能夠相當敏銳地同理兒童的內在心理歷程。筆者認為，對於真的有不好童年經驗可是仍然想從事兒童治療師的人，如果能夠妥善整理自己的童年經驗，應該可以保持很好的同理兒童能力，也可以避免出現「反情感轉移」的現象。

除了上述之外，如果能夠增加自己與兒童接觸的經驗，也可以用來判斷自己是否合適從事兒童治療師的工作。例如筆者非常建議大學部的同學參加與兒童服務有關的社團，因為大學裡的兒童服務社團通常接觸比較多的是所謂「弱勢族群」，例如生活、成長在育幼院的兒童，有某種先天性疾病的兒童，或者所謂的虞犯兒童等，這些族群兒童與一般兒童比較之下可能「狀況較多」，但其可能出現的狀況又會比未來兒童治療師所要服務的族群「緩和」一些。如果真的每周花很多時間與社團兒童相處一年（千萬不能抱著「蘸醬油」的心態），結束之後還是真的能夠「欣賞」和「發現」兒童可愛的地方，那大概自己的人格特質還蠻適合當一個兒童治療師。對於進入研究所的同學而言，大概沒有時間和兒童相處這麼久，建議想辦法讓自己加入為以上比較特殊族群兒童舉辦的夏令營或冬令營的義工，和他們一起密集的生活幾天，也可以達到相似的效果。

如果順利，經過「七年寒窗」終於考上了心理師執照，有了執照真的就從此一帆風順嗎？姑且不論專業機構裡面的其他行政要求，開始執業之後的年輕兒童治療師要面對的第一個難關，就是家長的挑戰！經由前述與家長有關議題的說明，最「現實」的問題是商業化，亦即付錢的家長是「消費者」，他們有權利要求得到最好的服務品質，所以他們會根據學歷（愈高愈好）、經驗（愈資深愈好）、治療師的婚姻狀態（沒有結婚的人生歷練缺少一半以上?!）、治療師是否已經為人父母（不是父母親怎麼有足夠的和孩子相處的經驗，又如何能體會天下父母心呢？）和口碑（當然要有較多的成功處理個案的經驗才會有人宣傳！）等標準挑選治療師，這種類似「人為刀俎我為魚肉」的被挑選心情，如果治療師神經「不夠大條」，還真的令人受不了！（討厭的是，在面對兒童時，這個工作還必須神經比較「細膩」，很矛盾不是嗎？）這條路上「如人飲水冷暖自知」，如果想打退堂鼓，看看筆者的經驗也許可以給你多一點勇氣。

第二年做這個工作時，有個家長事先都安排好了才跟我說：「有人跟我介紹兩位有名的專家，不知道梁老師今天晚上有沒有空，可不可以一起去？」用卡通的手法呈現，真的是臉上有「五條線」！好在兩位專家都是我認識的老師，經由他們的背書，家長才算是比較願意相信我「應該」有能力。總之，跟大家分享這段陳年往事，只是要強調不是愛心和耐心就足夠了，要成為一個兒童治療師是需要經過許多的「考驗」！而想要通過這些考驗，治療師必須謹記當年諸葛亮告訴劉阿斗的話：「不宜妄自菲薄！」因為每個治療師的經驗都是重要的，端看自己是否願意花時間與精神去整理自己的經驗。

第三節　起始階段

一旦建立了治療契約，接下來的工作就是開始面對個案，進入「衡鑑—猜測（假設）—介入」的動態過程（參閱第九章）。一般而言，起始階段在時間上指的是前面「幾次」的治療時段；至於到底需要「幾次」的治療時段，則要看治療師是否認為已經達到起始期的主要目標——和個案建立了良好的投契關係，「結構化」工作是否完成，以及對個案形成了初步的假設——而定。筆者在接受博士班的訓練期間，督導所要求的這個「幾次」不太相同，但是都相同的表達出一個意念：如果超過這個「幾次」的標準，那最好考慮將個案轉介給別的治療師，因為這表示治療師和這個個案「無緣」，再做下去只是增加自己的挫折和耽誤個案而已；然而，一個經常因為超過「幾次」無法完成起始期工作目標、而必須將個案轉介出去的治療師，恐怕也得好好的思考自己是否合適擔任兒童治療師的角色。在教學和擔任督導工作時，筆者經常會被問到一個問題：完成起始期的工作到底應該要「幾次」？有一位我的督導說「八次」，另一位督導則說「四次」，所以我都告訴他們我的答案是「六次」（因為八加四除以二等於六）。雖然是開玩笑的答案，但是所要表達的意義還是要強調「目標是否達成」，以及治療師的不斷反省過程！

一、如何和兒童建立良好的關係

擁有良好的專業訓練背景，可以有效的達到治療的效果；然而，進行治療的前提是要先建立投契關係。由於對兒童個案而言，他們通常是被大人認為有問題，很少是自己認為有問題，所以在心態上總覺得自己是被迫而來，這是治療者在工作上第一個急須解決的難題。因為遊戲治療是以遊戲為治療的媒介，而遊戲也是兒童最經常出現的現象，所以治療師如果也「很會玩」，就比較容易和兒童建立良好的關係。依據筆者的經驗，和兒童一起玩有兩個層次，治療師應該要常常問自己兩個問題，首先：「孩子會玩的我都會玩了嗎？」如果孩子會玩的治療師也都會玩，那很快孩子就會認定「我們是同一國的！」；其次：「我還會一些我會玩、但是孩子不會玩的東西嗎？」如果治療師真的會一些孩子不會玩的東西，那孩子很快就會「跟著你走！」

治療師要會玩孩子們經常玩的遊戲，就必須平時多留意目前兒童流行的遊戲，例如有機會就多去兒童常去的場所，了解一下他們在玩些什麼。公園、速食店的遊樂場、學校下課時間等等，都是蒐集資料的好地方。尤其前面已經提及，孩子玩的東西不論是什麼，最後都會演變成「扮家家酒」，其內容一定會出現他們生活中常看的漫畫、卡通或電動玩具、網路遊戲裡面的角色。因此，熟悉這些內容一定有助於了解孩子的「扮家家酒」劇情，並且適時地表現你所了解的內容，很快就會和孩子打成一片（見《案例八》）；相反地，如果治療師不能熟悉孩子的世界，當然也就不容易和個案建立關係（見《案例九》）。年輕的時候，筆者都是自己玩、自己看；比較忙碌之後，還是會抽空看或玩，但是要求自己每個月都要去住家附近的漫畫和影片出租店，問問老闆最近孩子常看的是什麼，然後再借回家看。等到自己當了父親，理所當然的陪著孩子玩和看；孩子長大了就方便多了，直接請他們告訴我最快！（其中，最痛苦的經驗是背《神奇寶貝》卡通裡面各種神奇寶貝的進化名稱！）

《案例八》

男生，二年級。已經去過許多地方求助，但是媽媽說，接觸過的治療師一直沒有辦法和孩子建立良好的關係，所以不論如何威脅利誘，孩子根本就不要去。第一次見面時，他拿起一個抱枕說：「看我的雷霆達剛號！」我二話不說，拿起另一個抱枕接著說：「看我的七合變體魔王！」孩子嘴巴張得大大，眼睛撐得圓鼓鼓的說：「你那麼老了還看啊?!」就是因為我知道卡通影片「雷霆達剛號」的人物，所以我可以很快的反應，而孩子也變得喜歡跟我玩。

《案例九》

四年級，男生，是筆者督導的個案。個案「扮家家酒」時說：「我是拿叉焰（這是卡通影片《通靈王》裡面的人物）。」治療師不懂就問個案，個案解釋了一會兒又繼續玩。接著又出現一個大魔王，治療師還是問個案，個案這次索性不回答，甚至跟治療師說：「反正你也不懂。」就自顧自的玩起來，把治療師冷落在一旁。

除了會玩孩子們玩的遊戲之外，如果治療師還會玩一些孩子不會玩的遊戲，那很快就能夠獲得兒童的喜愛和信任，所以治療師平時也要訓練自己「玩」的能力。其中說故事的能力特別對學齡前的孩子有吸引力（參閱第六章），此外，治療師也可以想一想自己小時候，還沒有許多電動玩具或網路遊戲之前，曾經玩過的一些小童玩，例如摺紙、利用自己的肢體等，都是可以吸引孩子的遊戲內容，因為這些都是現代的孩子很少接觸的遊戲。

治療師的遊戲能力是基本要求，但是在和孩子玩的時候，還有一些要提醒的事宜。首先是在和兒童玩的時候還是會出現語言的溝通，此時要注意自己的「遣詞用字」，不要太過於艱深而讓個案聽不懂，尤其是初學者常常會以為自己的「遣詞用字」已經很簡單了，但是卻忘記那是從成人的角度判定的！其次，治療師還要留心兒童所用的詞彙，以免造成彼此的誤解，甚至被兒童嘲弄了都不知道而造成關係的難以建立。例如兒童誇讚你是「英雄」、是「美女」，或者你很「可愛」，但其實他是在損你，因為你是「英國的狗熊」，是「美國的妓女」，是「可憐的沒人愛」；反過來說，他好像在欺負你的說你是「智障」，一旦你抗議，他就會說他是在讚美你「智慧有保障」。兒童所用的詞彙通常也有流行的壽命限制，治療師不可不察，例如最近常聽到的是「聰明——沖洗馬桶第一名」，「總統——總務處的垃圾桶」。孩子通常也很喜歡捉弄人，尤其是對方如果很好「騙」的時候，如果治療師也能夠流暢犀利的使用他們的詞彙，孩子就會知道你是「住在巷子裡面——內行的！」，一方面可以更迅速的建立關係，另一方面也可以避免治療師聽不懂兒童的意思，而不斷地遭遇到如《案例十》的情況。

《案例十》

男生，五年級，是我督導的個案。治療師問我為什麼個案喜歡看著她說：「你好，美女！」我問治療師：「你怎麼回應？」治療師說就謝謝個案的讚美，但是講完以後，治療師覺得個案總是流露出「詭異」的表情！我建議治療師下次不要說謝謝，改說：「你好，英雄！」果然個案就再也不會開這種玩笑了。

再來，治療師在說話時應該要小心自己的口頭禪，或是不自覺的習慣，例如最常見的是「對不對」、「好不好」。依筆者推想，這些語句大都是治療師看兒童電視節目時不自覺的「閾下學習」（subliminal learning）；電視節目通常都會排練，導播為了炒熱現場和節目播出時的氣氛，事先一定會交代現場參加的小朋友要和主持人合作，所以主持人說：「好不好？」小朋友一定齊聲大喊：「好！」主持人說：「今天來參加快不快樂？」小朋友一定齊聲大喊：「快樂！」然而，治療師面對的是有狀況而且又未必是自己想要來的兒童，他們可不會如此的合作。更重要的是，這些不好的說話方式，都是屬於「問句」，我認為治療師一旦接受「提供個案一個接納包容的環境」的觀點，則當治療師使用問句時，就代表治療師真的是要詢問個案，並尊重個案的回答，而上述的問句，常常是治療師已經有既定的要求與陳述，卻又很累贅地在句子後面加了這些不自覺的「好不好」。當個案的答案未必同意治療師本來的想法時，治療師又會不自覺的以非語言的姿勢表情表達不滿，於是個案就會感受到治療師「其實」是問假的，所謂「接納包容」都是不值得相信的；倘若落到這種結果，治療師大概無法成功的處理這個個案了。因此，提醒治療師，若是既定的要求、敘述或表白，就應該養成直接用直述句、肯定句的習慣，一旦使用問句，就必須真誠的接受個案的回答，不論它是否合乎本來的希望！

最後，兒童並不是小大人，治療師也不再是兒童，兒童和成人在發展方面的差異，相信治療師都已經從教科書上學到很多。即使知識上明白，許多治療師還是不自覺地會忽略，為了保險起見，筆者建議（對自己的學生則是「要求」！）治療師除了要在理論上知道兒童的內在世界之外，最好還能夠以兒童眼睛的高度來體會他所看到的世界，亦即要常常趴下來、跪下來，讓治療師的眼睛高度與個案相同；因為當雙方所看到的景象一樣時，至少可以避免因為視覺所產生的誤會，同時也藉由這樣的動作反覆提醒自己兒童和成人的差異。例如對一個趴下來的兒童來說，桌子就是四隻腳，所以他看到四隻腳的椅子而說它是桌子時並沒有錯；然而，對一個站著的大人來說，可能會因為這個說法而覺得奇怪，甚至對兒童產生錯誤的判斷（例如是不是智商有問題）。因為要求治療師的身體姿勢要放低，所以還必須進一步提醒女性治療師：「避免身體『穿幫』！」尤其是面對即將步入青春期的高年級以上的男生個案時。否則這些男生面對「穿幫鏡頭」，馬上就會產生「無盡的遐想」，根本就無法將注意力放在自己的內心世界（見《案例十一》），不但妨礙改變的產生，甚至還會讓個案的狀況更惡化！

《案例十一》

這是一個五年級的男生告訴我的「秘密」，他描述以前在某個女性治療師那兒進行遊戲治療，可是一直都沒有出現好的改變就離開了。他說他知道他沒有「變好」的原因是：「每次她一蹲下來玩的時候，我的眼睛就會看見那兩顆奶奶，然後我的『下面』就會硬起來，根本就不知道剛剛發生什麼事情，或者她講了什麼話！」

以上所說明的都是治療師和個案建立關係的努力方向和提醒，接下來的問題是治療師如何判斷和個案的關係到底好還是不好？首先是在和個案互動時，想辦法和個案有身體的接觸以感受其放鬆的狀態；一般來說，身體放鬆通常是關係逐漸良好的象徵。但是，這種作法要小心「性騷擾」的嫌疑，尤其是男性治療師與女生個案身體接觸時，最好的碰觸點是肩膀（肩膀是否太僵硬？太僵硬表示個案尚未放鬆，關係也還沒有建立得很好）。因此，筆者多年來練就一種「功夫」，就是用手背碰一下個案的肩膀就趕緊離開；女性治療師大概比較不必擔心「性騷擾」的問題，不過社會變遷得太快，還是要小心為妙！以個案的身體放鬆程度判斷關係是否建立的另一個好處，是治療師可以根據自己需要花多少時間和個案建立關係的經驗，間接地評估個案是否曾經有過不好的身體接觸經驗（例如被性侵害），因為倘使個案真的曾經有過不好的身體接觸經驗，依照目前台灣的文化尺度，許多家長還是不願意坦然的讓治療師知道，會讓治療師的資料蒐集得不夠完整，可能有礙未來治療的進行（見《案例十二》）。

《案例十二》

女生，五年級。筆者目前大致上有把握在前面兩個療次之後，就可以和個案建立不錯的關係。但是這個個案到了第四個療次還是無法放鬆身體，筆者有點擔心是個案有過不好的身體接觸經驗，於是在和媽媽電話聯絡時提出疑問。媽媽先是很訝異！然後就哭泣著說：「你怎麼知道？這麼丟人的事情，而且又擔心會影響到女兒將來的婚姻，我都不敢講！」

其次，治療師可以從遊戲的主題變化去檢驗關係是否建立，如果個案遊戲的主題數目愈來愈少，就表示治療關係有所進展；反之，若是主題還是不斷變化與跳躍，且不深入，那可能意味著治療關係並不成熟（有關「主題」的議題請參考第十一章）。第三，從個案願意透露給治療師知道的內容來判斷，愈是深入表示關係愈好；或者如果有一天，個案的家長會跟你吃醋，說孩子的想法都不願意告訴他們，只要跟治療師講的時候，那某種程度也可反映治療師跟個案的關係已經建立。

二、結構化

過去筆者並沒有特別強調結構化這個概念，因為筆者認為這是治療師的基本觀念，不可能不會，不過在督導的過程中發現還是有很多治療師不太清楚。可是，做這個工作愈久，我會愈發現說，那是一種治療師與個案之間的默契，是互動當中只有彼此了解的默契。許多中文或外文的書籍上總是會說，結構化就是比較具體的諸如時間、地點或規則等治療進行時的基本要求（參閱第十一章），而且幾乎都是採取語言表達的，很少或很難明確地用文字表達出治療師和個案之間的默契。以遊戲治療的實際經驗來看結構化，如果你的個案在前幾次的互動裡，得到一個結論是：「我進到裡面以後，我坐在這裡等，等著這個大人帶著我走。」那治療師就會很麻煩，因為每次做治療都要煩惱今天要幹嘛；可是如果在過程中個案知道他不管怎麼做，治療師都會在後面跟著走，並且適時地讓個案了解走的方向（亦即規則的呈現），則個案會覺得跟你在一起很自由但又不失原則，治療師就很輕鬆。譬如我在遊戲治療的過程中，總是讓個案帶著走，讓個案感覺他最大，但是也能體會出什麼可以做什麼不能做；這就是在第一章 Freud 所謂遊戲過程最重要的精神，還是在讓兒童個案有「我能感」（mastering feeling）。

這種治療師和個案之間的默契是逐漸累積的，是雙方在互動過程中的「體驗」，而不是治療師不斷地用口語表達諸如「你放心，我一定會保守你的秘密」、「不要緊張，慢慢來」、「在這裡你可以很自由」等等，個案就可以接受的。口語的表達僅止於讓個案「了解」，但是從「了解」到體會出治療師的「真心真意」還有一段距離，必須要從許多細微的互動中（例如上述關係建立中的種種細節）才能產生。但願治療師在看完本書第九、十和十一這三章之後，能夠回過頭來思考此處筆者想要傳達的「默契」意義。

三、猜測與假設的完成

與兒童個案接觸之後，治療師便源源不絕地讀取許多資料，針對這些資料進行猜測與假設的工作，就是在執行第九章說明的「衡鑑—猜測（假設）—介入」動態三角形過程的左下角——猜測（假設），除了如同第九章的說明，可以採取某種心理學的理論來幫助治療師進行猜測和統整假設之外，筆者最主要的作法是從危險因子（risk factors）的角度進行猜測和統整假設。亦即危險因子的了解有助於治療師提高猜測正確的機會，以及做出正確介入（在起始階段以蒐集後續資料較多）的判斷。危險因子是從統計上相關的觀念而來：當某些變項與個體出現某種偏差行為有相關的顯著意義時，這些變項就稱之為危險因子。一般來說，不同的偏差行為類型會有不同的危險因子，因此，筆者整理自己的實務經驗，提出從發展觀點所發現的一些危險因子。如圖 10.1 所示，中間的六角形代表發展的六個不同層面，分別是「身體」、「語言」、「認知」、「社會」、「情緒」和「道德」；外面的長方形四個角表示與個體發展有關的環境層面，分別是「父母」、「同儕」、「學校」和「大眾傳播」。發展的層面與環境的層面一樣是動態的，彼此相互發酵之後，最後變成中央的橢圓形——「性格」。每個層面可能的危險因子，因為在筆者其他著作中已經詳細說明，此處只列出摘要式的重點，有興趣的讀者請參閱梁培勇等人所著《兒童偏差行為》第三章（台北：心理出版社，2004）。

1. 身體方面的危險因子大致包括了體型（與眾不同）、外貌（美麗、英俊）、先天性疾病和青春期。
2. 語言方面的危險因子可以從「語音」、「語義」、「語法」和「語用」等方向思考孩子的語言現象。
3. 認知方面的危險因子最簡單的觀念就是學業成績。
4. 社會方面的危險因子要考慮兒童依戀對象的變動，以及主要照顧者的管教方式差異。
5. 情緒方面的危險因子主要是「磨娘精」（difficult）型的氣質類型。
6. 道德方面的危險因子強調判斷事情對錯的標準與別人有差異。

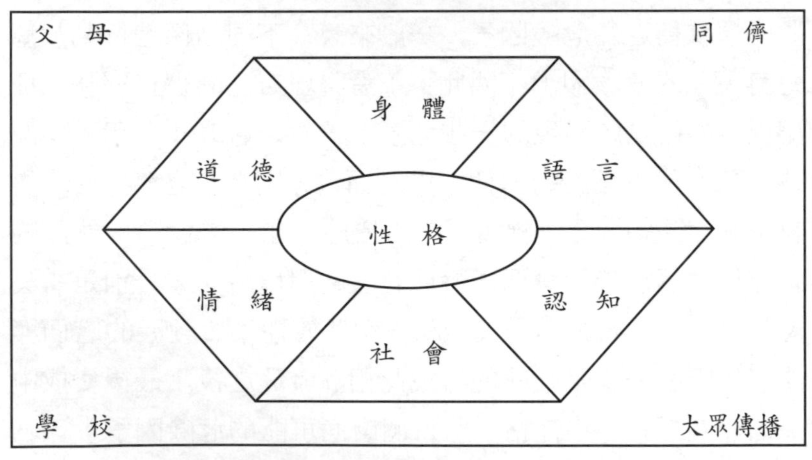

圖 10.1：發展概念示意圖

從上述的說明可知，筆者在進行猜測（假設）的工作時，並不是單純的從臨床心理學的理論出發，而是融合了我所了解的心理學知識，尤其是發展心理學和發展心理病理學，以及更重要的臨床實務經驗！現象（個案）就在我眼前，回到現象是進行此工作時的不斷自我提醒，因為我都是以做研究的態度進行個案！

第四節　治療階段

當治療師完成了起始階段的任務之後，接下來當然要開始使用心理學的方法來改變個案，在前面的章節中，筆者已經陸續介紹了幾種相關的心理學理論；理想上應提出一個完整的個案，仔細說明治療師如何進行改變的過程。但是因為這樣的作法涉及倫理問題，所以筆者考慮再三，還是覺得無法將個案的背景資料掩飾得很好，因此很遺憾地未能以此寫法表達第九章所強調的「衡鑑—猜測（假設）—介入」。職是之故，如何將各種心理學的理論運用在遊戲治療中，有待想成為兒童治療師的讀者各自努力（可參考《遊戲治療實務指南》，台北：心理出版社，2001）。團體治療大師 Yalom（1985）提出團體治療為什麼會有效果的十一項「治療因子」（therapeutic factors，參閱第十二章），就像 Yalom 一樣，

Schaefer（1993）也提出所謂的遊戲「治療力量」（therapeutic power），包括克服阻抗（overcoming resistance）、溝通（communication）、我能感（mastery）與發展能力（competence）、創造性思考（creative thinking）與問題解決、宣泄（catharsis）、精神發洩（abreaction）、角色扮演（role play）、幻想／視覺化（fantasy/visualization，指兒童可以藉由遊戲的過程將自己內在的幻想具體化）、隱喻式教導（metaphoric teaching）、形成依戀（attachment formation）、促進關係（relationship enhancement）、正向情緒（positive emotion，指遊戲過程可以讓兒童體驗到快樂等正向情緒的感覺）、克服發展恐懼（mastering developmental fears，指發展過程中很正常的過渡型的害怕內容，例如學齡前的兒童都很容易怕黑，參閱《兒童偏差行為》第七章，台北：心理出版社，2004）和對賽遊戲（game play，指對賽遊戲本身需要比較高層次的認知能力、自我控制能力以及合作能力）等十四項；這些「治療力量」中，有些在其他章節都已經說明，只是並沒有冠上 Schaefer 使用的名詞，此處筆者僅選擇性且簡要地以個人或督導的實際案例說明其中幾項。

一、克服阻抗

如同前面章節曾經提及，兒童個案往往都是非自願的個案，大都是被大人強迫帶來的，所以要先克服這種阻抗的心態，才有可能和兒童個案形成同盟關係，並且進入到後續的治療過程產生改變。遊戲治療的好處就是不一定要開口講話，因此即使是非出自自己的意願來到遊戲室，在不會被要求開口說話的狀態下，就不會有被強迫的感覺，心情就比較放鬆，而且又有許多可以讓他玩的玩具，所以一般來說，遊戲治療比較能夠降低個案的阻抗現象。

《案例十三》

國中一年級，男生。跟他關係建立得很好之後，他告訴我這麼一段話：「我剛開始去某某醫院，那個醫生呀，哼！因為他問我，我都不講話，那個醫生跟我講什麼你知道嗎？他說不講話就要打針唷。我不想被打針所以就開口說話，你知道嗎！我發現那個醫生一直寫一直寫我說出來的話，我覺得很好玩，所以我就開始掰，開始掰了好多故事。看他抄得這樣子實在好爽！」我說：「哇！謝謝你沒有這樣耍我！而且願意跟我聊好多事情。」他笑著說：「因為我來了這裡，你都沒有問我一大堆、也不逼我去做什麼，而且有這麼多可以玩的東西。」

二、溝通

遊戲治療的出現與兒童個案的語言有「不能」和「不敢」有關（參閱第二章），所以他們會以遊戲的方式表現出來，如果能夠遇見一個了解其遊戲內容的治療師，就可以藉著遊戲的過程和個案溝通，並進一步達到改變的目的。除了本章《案例十四》之外，也可參考第四章《案例三》。

《案例十四》

二年級，女生。治療師從資料中可以了解媽媽因為工作的關係，每天幾乎都早出晚歸，個案在遊戲室裡面畫了一張圖，內容是滿天的星星之下，一個穿著華麗的女性拿者手提包站在門口開門回家；進到孩子的房間發現孩子都睡了。

三、我能感與發展能力及創造性思考與問題解決

遊戲的世界與真實世界是脫離的，許多在真實世界發生、且對兒童而言相當不利的生活經驗，往往會剝奪或損害兒童的成長與發展，一旦這種負面的影響沉澱成兒童的人格內容，自然會對於兒童未來產生不可磨滅的結果。遊戲的世界可以將這些真實世界的經驗「象徵化」，然後轉換成兒童可以自行主宰掌控的遊戲過程而增加其「我能感」，並因而緩和真實世界的不良經驗對自己的負面影響。另一方面，兒童也可以在遊戲世界中進行各種可能的「嘗試」，藉由這些嘗試，學會如何調整、修正以增加成功的可能性；因為自信心是成就感的累積，這種成功的經驗正是讓兒童發展出各種能力的

自信心來源。除了本章《案例十五》之外，也可參考第十一章《案例二十六》。

《案例十五》

男生，四年級，主要的問題是退縮、害羞，且相當缺乏自信心。由於在遊戲治療的過程，個案可以隨自己的意思安排想要做的、玩的事情，治療師也充分的配合個案想要進行的方式，個案逐漸累積出在遊戲室裡的我能感。相對地，家長給予治療師的回饋是個案在生活中變得比較主動，願意邀請同學朋友到家裡來玩，也會策劃班上的同樂會活動等等與本來現象不同的改變。

四、宣泄與精神發洩

在第五章所介紹的「結構式遊戲治療」已經說明了宣泄的概念及實作的方法（《案例十六》和《案例十七》，以及第四章《案例四》），精神發洩的概念與宣泄類似，但是更強調所宣泄的是由創傷引起的內在情緒（《案例十八》以及第四章《案例六》）。除了精神發洩之外，Terr（1983）也提出與創傷有關的遊戲現象稱為「創傷後遊戲」（posttraumatic play），認為其有以下特徵：強迫性的不斷重複發生類似遊戲內容（採用塗鴉、談話、打字，以及聲音的複製品作為重複遊戲的表現方式）、遊戲與創傷事件之間有潛意識的連結、遊戲的內容只有簡單的防衛字義用語出現、無法緩解焦慮的情緒、廣布在不同的年齡範圍中、此種遊戲形式發展出來之前會有不同的延遲時間（意指不一定在創傷後立即出現）、對於未受創傷的兒童具有權力（power，意指遊戲內容中受到創傷的兒童角色比較具有支配其他角色的現象）、遊戲內容會有危險性，以及能夠藉由治療性介入而追溯出早期的創傷。值得提醒的是，Terr 認為「創傷後遊戲」是兒童處理創傷時必然會出現的過程，也就是說，要判斷兒童遭遇創傷之後是否已經啟動自己的力量處理創傷，治療師就必須注意個案是否出現「創傷後遊戲」。但是，一旦個案出現「創傷後遊戲」，治療師的介入時機非常重要；太早，會妨礙個案以自己的力量處理創傷經驗的機會，太晚，會讓個案因而沉溺於「創傷後遊戲」中而無法脫離創傷的夢魘！（參考《嚴重心理創傷的遊戲治療》錄影帶與手冊，台北：心理出版社，2002）

《案例十六》

四年級，男生，筆者的督導在遊戲室裡面操作錄影機。個案對於操作錄影機的督導產生不太好的威脅感（參閱第十一章「二十二、錄音和錄影」），於是在遊戲的過程中經常拿起相同的一個玩偶（外貌類似督導），一邊用手打玩偶，一邊眼睛還偷偷的看督導，嘴巴還念念有詞的說：「打死你！臭老頭！害我都不能好好玩！」

《案例十七》

三年級，男生，母親的管教非常嚴厲，也經常體罰孩子。在「扮家家酒」的劇情中出現想將母親殺死的內容（讀者可先想想你會如何回應）。治療師問：「你要怎麼殺？」個案利用劇情編了許多殺死媽媽的方法。治療師將劇情轉向第二天一大早：「天亮了，肚子好餓，可惜媽媽已經被我們殺死了，沒人弄早餐給我們吃！」個案看了治療師一眼：「你很笨耶，剛剛的是假的啦！」

《案例十八》

這是筆者督導的個案，幼稚園大班，女生，有手足因為意外死亡，父母也因此處於悲傷調適過程而忽略了個案的情緒創傷。個案在「扮家家酒」的劇情中，會一直出現小學生才會有的考試、教材內容和父母親要求成績表現等等的情節。藉著遊戲中的這些象徵性過程，個案正在哀悼和處理與往生手足之間的關係。

第五節　結束階段

理論上，如果治療師可以提出客觀的證據，支持個案已經發生了正向的改變，治療師就可以通知個案，進行結束治療關係的心理準備工作。如果個案是成人，通常一旦治療師和個案雙方同意結束治療，下一次就可以不用再約時間了。然而，如果個案是兒童，就必須注意到如同和個案建立關係需要花費一些時間一樣，和兒童個案說再見也一樣是需要時間處理的，因此必須也將如何和個案說再見列入治療師的治療計劃當中，此稱之為「成熟的結案」。另一方面，在實務工作上，即使尚未符合治療師的結案標準，兒童個案或個案的家長也會從他自己的立場提出結案的要求（此即「不成熟的結案」）。以下將說明結束期中關於「成熟的結案」和「不成熟的結案」值得注意的一些事項。

一、結束期的參考指標

在整個「衡鑑—猜測（假設）—介入」的動態過程中，治療師其實也在進行動態的評估工作，作為治療是否有效或者是否應該修正治療方向的依據。換言之，治療過程和評估治療的效果是一體的兩面，或者更嚴格的說，只要「衡鑑—猜測（假設）—介入」一直在治療師的腦海裡持續運作，評估治療效果的過程也自然蘊含在此過程之中。因此，也可以說，評估指標的建立本來就會在「衡鑑—猜測（假設）—介入」過程中自然的浮現出來。也就是說，唯有治療師發現他對於個案問題的猜測（假設）得到不斷的驗證，並且採取正確的介入方向和方法，才有可能讓個案產生所希望的改變。此一是否能夠結束個案的參考指標，可以從三個方面來進行，首先是治療師本身在每個療次中與個案的互動所產生的主觀感受；就我個人而言，總覺得許多客觀的資料固然重要，但是就是因為客觀，也妨礙了治療師真誠的去感受那些無法採用客觀形式出現的體驗；換言之，若能夠活生生的和一個人互動，為什麼還要拋棄這些真實的感覺而屈就於死板板的客觀工具呢（想想第九章提過的「買鞋」故事）？

其次可以藉由心理測驗來評估，當然是要符合客觀科學要求的程序——前提是該心理測驗必須具備值得信賴的信度和效度。此時要注意的是這些客觀的測驗工具大致都是「紙筆測驗」，一旦在治療過程中重複施測（為了評估治療是否有效，通常都會發生重複測量的情形），不得不小心諸如記憶、心向（mental set）等影響個案作答的因素；此外，安排心理測驗通常還要另外約時間實施，有時候也會造成家長的不便，但更重要的理由是，若施測者也是執行遊戲治療的治療師自己，則因為進行心理測驗和遊戲治療時，治療師在執行過程的態度往往不同（前者比較一板一眼，後者比較有彈性），有可能會造成個案和治療師之間的關係有所混淆。基於這樣的考慮，筆者通常會採取投射測驗，尤其是畫人測驗（Human Figure Drawing, 簡稱 HFD, Koppitz, 1968）；雖然投射測驗相對之下比較被認為是不客觀，但是因為 HFD 在遊戲治療過程中有其方便性（因為施測時間很短）和類似性（因為個案在遊戲中常常會畫圖），以及投射測驗本身的曖昧性，所以不易讓個案出現上述影響作答的現象，筆者通常會讓個案每個月做一次HFD，如此就能夠從個案在HFD上面的變化作為評估的指標。

前面兩種作法都是治療師自己進行的，但是對個案周遭的家長和老師而言，不論是心理測驗的結果，或是治療師主觀的互動經驗，都並不一定和他們在生活上與個案的接觸經驗有關。因此，他們最關心的是實際與個案相處時，個案是否讓他們感受到進步，才是最能夠說服他們的證據。換言之，對治療師而言，除了專業上所做的心理測驗和主觀互動可以作為評估的指標之外，也可以考慮家長和老師對個案的主觀判斷。然而，因為治療的費用是家長負責的，所以有時候家長會因為經濟方面的考慮，而誇大了個案的進步，所以有可能讓治療師做出錯誤的決定；而對老師而言，如果個案的進展仍然不足以減少個案所造成的教學上的困擾，則老師的評估還是會認為不適合結案，也就是說，老師的評估標準比較嚴謹，所以我比較相信老師的判斷。通常是家長和老師的評估都是支持可以結案時，我才會主動提出結束此個案的意見。總而言之，當個案的變化達到治療師預期的方向，且家長和老師也做出滿意個案改變程度的主觀判斷，治療師就必須考慮到結束的時機；因為這種符合預期的改變結果發生而結束個案的治療，就稱之為「成熟的結案」。

二、成熟的結案

倘若治療師決定要結案，但是卻未進行「結束」的工作，就有可能發生個案「故意」退化的現象（參考《案例十九》）。理想的「成熟的結案」應該包括四次治療時段，其目的當然是幫助個案和心理師說「再見」。通常前面兩次的工作內容，是治療師和個案共同回顧過去治療過程中所發生的種種遊戲過程，選擇一些個案覺得最有意義或懷念的遊戲過程，然後在後面兩次一起再「走過」一遍。在這個過程中，治療師也要同理個案捨不得和治療師分開的心情，同時也讓個案明確的了解以後和治療師聯繫的方法（最好是工作地點的地址或電話）。有些治療師可能會擔心如果讓個案知道自己的聯絡方式，會不會以後常常來找治療師，而增加治療師未來的工作負擔。其實，根據筆者的經驗，一般來說，如果真的是「成熟的結案」，個案在結束之後的第一周，是最有可能打電話或親自來看治療師的時期；大概一個月之後，個案就會逐漸的淡忘掉治療師。之後，年紀大一點的個案，可能偶爾逢年過節才會寄張卡片來；年紀比較小的個案，可能連走在路上相遇，都根本已經忘記了曾經和治療師「共同努力」的日子。因為對「成熟的結案」的個案而言，「路是無限的寬廣」，他要面對的是未來不是過去，治療師不過是曾經出現在他生命過程的一小段漣漪而已！反過來說，如果個案仍然持續要和治療師聯絡，則很可能治療師當時決定要結束個案是錯誤的；此時亡羊補牢再重新建立治療契約，或許還可以彌補，但最好還是事前考慮清楚比較好。當然，治療師如何從這個錯誤的經驗中，學習到避免以後再犯這個錯誤，是想要做好這個工作的最基本要求。

《案例十九》

個案經過半年、每周一次治療時段之後，從家長和老師處所得到的資料顯示，個案原本要改善的問題已經達到可以結束的程度，我也開始幫忙個案做好結束的心理準備。可是，個案在下一次的治療時段中，又開始出現這些本來已經改善的行為。例如碰到挫折時，又以過去常出現的哭鬧或發脾氣的方式因應，而不是採取他在治療過程中已經學習到的問題解決方式處理，然後要求我能夠繼續再和他像現在一樣的每周見一次面。

我的處理方式大致是同理個案依依不捨的心情，也讓個案了解我非常希望以後他有時間，可以回到這個地方看看我；另一方面，我也會請家長向個案承諾，只要個案提出想要回來看我的要求，家長一定會帶他來。

三、不成熟的結案

相對於「成熟的結案」，「不成熟的結案」指的是個案其實還不適合結束，但是卻因為某些因素不得不結束。這些因素概括而言可以分成治療師的因素和個案的因素。前者主要是因為治療師本身工作的變化（例如離職、搬家、進修等等），使得治療師無法再持續處理個案；此時治療師應該要安排新治療師接手。此一安排過程原則上也要四次的重疊，前兩次以舊的治療師為主，新的治療師為輔，目標是放在協助新的治療師和個案認識和建立關係，並且了解原本的「結構化」內容。後面兩次則是反過來，以新的治療師為主，舊的治療師為輔，目標放在協助新的治療師順利的接手。此外，舊的治療師也應該將所有相關的個案紀錄移交給新的治療師，並且和新的治療師詳細討論有關的「衡鑑—猜測（假設）—介入」過程，協助新人盡快進入「狀況」。

此處必須提醒扮演新的治療師角色的人：「你勢必會被個案以及個案的家長拿來和舊的治療師加以比較，甚至個案會重新挑戰原本的『結構化』內容」。簡言之，家長和原來舊的治療師之間的「聯盟」關係會變成比較的基準，而和個案之間的關係比和新個案建立關係還要困難，因為和新個案建立關係是從「無」到「有」，而和這種個案建立關係則是從「負」到「正」，亦即要先打破個案與舊的治療師之間的連結之後，才能重新建立新的關係。

因為個案的因素造成的結束，有很大的可能性是家長對於治療過程的不滿意，但是家長提出來的結束理由絕對不會如此赤裸裸的表達，通常的理由包括：搬家、孩子要參加新的活動而時間衝突、家裡的經濟出現危機、大人太忙碌無法接送孩子來治療地點等等。因此，究竟家長所說的這些理由是真是假（假就是不滿意治療結果的藉口！），有賴治療師本身的判斷。倘若家長的理由真的是藉口，則不論治療師如何說明個案不適合結束，大致上家長仍然聽不進去還是會堅持結束；不過治療師基於倫理的立場，還是要向家長說明你認為不適合結束的理由。依據筆者的經驗，治療師提出來的理由最好不要抽象似地「打高空」，盡是一些理論上的說法。如果能夠詳細的列出與個案互動中所發生的事件，並且從這些事件中衍生出治療師的論點，比較能夠激發家長重新思考是否要結束的決定。值得提醒的是，一旦出現找藉口而要求結束，治療師還是要虛心的反省自己處理這個個案的過程是否有需要改進的地方；其中一個常見的可能性，是治療師在和家長溝通時，讓家長得到某種不正確的訊息，例如治療師不自覺地承諾個案「應該」多少時間之內就可以有所改善，家長以為經由遊戲治療可以讓孩子的功課更進步，以及家長以為孩子交給治療師就沒有自己的事情了等等。

如果家長所提出來的理由是真的（例如搬家到外縣市），通常家長也會非常焦急的詢問，搬家以後的地點是否有其他的治療師可以繼續處理孩子的狀況；治療師此時當然應該協助家長了解未來搬家後繼續接受其他治療師服務的資訊。倫理上，治療師還應該在個案找到新的治療師之後，將原本自己所有的與個案有關的資料一併轉交給新的治療師；不過，在現實層面上，這樣做的治療師並不多見！

第十一章

遊戲治療的困境與錯誤

在遊戲治療的不同階段一定都會遇見各種不同的「狀況」，依照筆者的經驗，有些狀況在起始階段比較常見，有些則常見於治療階段，有些則在每個階段都可能出現，但是因為每個治療師的經驗都是獨一無二且相當寶貴的，所以筆者並未在本章依照不同階段將這些狀況分類說明。同樣的，每個治療師遇見這些狀況時也都會有自己的處理手法，好壞都不一定，端看在處理狀況的過程中，是否在不妨礙治療師所設定的當時目標之下可以圓滿解決。本章主要的目的是提出筆者在督導以及自己接個案過程中比較常見的一些狀況，然後和讀者分享我自己處理這些狀況的心得，所以本章並沒有分成不同的節次。讀者在閱讀時切記要時時考慮到三個重點，其一是在不同的治療階段會有不同的處理方式，所以讀者可以自行推想各種不同階段的處理方式；其二是要掌握「歷程」和「內容」的區隔，治療師遇見的狀況都是「內容」，一定要問自己此「內容」背後的「歷程」是什麼，才能理解筆者想要傳達的理念；其三是如何處理才算是正確的並沒有標準答案，因為許多狀況都必須在很短的時間內決定如何處理，因此，只要處理的結果不會妨礙到當時所設定的目標，且能夠讓治療師與個案互動的主題延續下去，就是可以被接受的回應方式，在事後治療師自己反省檢討時，才可能有充裕的時間回顧當時如果改用某種方式處理可能會更好。對已經開始從事遊戲治療的治療師，筆者建議不要太快看本章的說明，先想想如果是你，你會怎麼處理？

一、不願意進入遊戲室（分離焦慮）

如果個案進入遊戲室後，很快地發現裡面有許多玩具並且拿起玩具出現遊戲行為，相信每一位治療師都會感覺鬆了一口氣，自然也不會覺得遇見什麼狀況。但是，並非每次遇見的個案都會出現如此令治療師「滿意」的情形。有時候，如果個案明顯的就是出現與「分離焦慮」（separation anxiety）有關的現象（參閱《兒童偏差行為》第八章，台北：心理出版社，2004），此時，我都是直接就採取行為學派的方式處理（見《案例一》），理由是從操作制約（operant conditioning）的角度來看，表現分離焦慮的行為現象都是為了希望依戀對象能夠出現，所以依戀對象明顯的就是「強化物」，所以要對這些「過多」（excess）的行為進行「消弱」（extinction），然後同時提供替代行為，並強化這些替代行為。

《案例一》

1. 請家長（假設是媽媽）和個案一起進入遊戲室，不論個案

走到哪裡，都要求媽媽一直跟著陪在個案身邊。

2. 等到個案較穩定之後，請媽媽坐在遊戲室內遠離門口的一個角落，不再跟著個案移動，但個案看得到媽媽。
3. 與 2 同，但請媽媽坐到接近門口的角落。
4. 與 3 同，但是請媽媽坐到室外，因為門是打開的，所以個案仍然看得見媽媽。
5. 是最困難的一個步驟，同 4 但將門給關上，個案看不到媽媽；此時個案開始哭著要出去找媽媽，我用雙手將個案抱住，個案的哭聲變得更大，也使出力氣想要掙脫我的約束，我很堅定地告訴個案：「你不用力，我就不用力。」個案經過一番嘗試之後，發現不論他如何的努力掙脫都沒有效果，於是就不再用力，我也隨著個案的合作而減少抱住他的力氣。個案雖然已經不再用力，但是想要出去找媽媽的意圖，以及哭泣的現象仍然存在，於是我跟個案說：「哭哭沒有媽媽，不哭哭才有媽媽。」可是個案似乎沒有辦法做到。從行為塑造（shaping）的觀點來看，要求個案不哭可能是此時他做不到的行為，於是我將標準降低：「這麼大聲哭沒有媽媽，哭小聲一點才有媽媽。」個案做到了，我馬上將門打開讓個案看到媽媽一下下，然後又把門關起來。門一關，個案又開始再度哭了起來，我再一次的重述剛才說的話，很快地個案又降低哭聲的音量，於是又能夠看到媽媽。
6. 當個案穩定了之後，我又將標準提高一些：「哭哭沒有媽媽，不哭哭才有媽媽。」經過一段類似 5 的過程，個案又達到了這個標準。於是，再將標準提高：「你說要媽媽，我就帶你去找媽媽。」依此類推，我逐漸將標準升高，並且將時間也納入考慮，例如每看完一次媽媽，必須再等幾分鐘才能再去看，同時在等待這幾分鐘的時候，我會想辦法用遊戲吸引個案，透過遊戲一方面和個案建立關係，一方面則讓個案了解到，沒有和媽媽在一起的時間，其實還有許多其他的事情可以做。但是，我還是非常守信用的在時間到的時候，都主動帶著個案去找媽媽，最後個案可以在整整五十分鐘的治療時間內不要求找媽媽。

（以上的作法要提醒讀者的是，整個過程並非全部發生在一個療次之內，而是持續四個療次才出現最後的效果；另一方面，剛開始的療次一定是治療師最難熬過的，但是切記要堅持，否則個案的哭鬧行為等於是又再次得到間歇性強化！）

二、不願意進入遊戲室（陌生情境）

如果個案並不是「分離焦慮」，很有可能是因為個性比較內向，或者是初次到達一個陌生的情境，遇見一個陌生的治療師，所以個案在治療師邀請一起進入遊戲室之後，並不會很合作地順利進入遊戲室。此時，筆者最常使用的方法就是「什麼都不做」，因為這是一個很好的進行親子如何互動的「自然觀察機會」。有些家長會採取「利誘」的手段，例如告訴孩子等一下結束出來以後，會帶他去速食店吃東西，或者去逛百貨公司等等。有些家長則馬上出現「威脅」的處理方式，例如大聲斥責，甚至擺明了就要馬上離開現場不再理孩子。有些家長則開始和孩子「講道理」，例如：「我們不是在家裡說好了，今天要來這裡，你怎麼可以反悔！」「趕快進去，要不然就沒有禮貌喲，媽媽在家裡是怎麼教你的？」通常筆者在觀察一會兒之後（時間很難說明，因為每個個案和家長的互動都不盡相同，不過，筆者大致上不會超過五分鐘），就會出面介入，主要的原則是邀請家長一起進入遊戲室。

一般來說，倘若個案真的是因為陌生或者內向害羞，邀請家長一起進入遊戲室，可以很快讓個案也進入遊戲室，等到個案發現遊戲室裡面有玩具，而且主動地開始玩玩具之後，治療師就可以以平穩的口氣請家長離開，大致上個案也不會有太大的反對行動。此處，要提醒治療師的是，請家長離開的理由不要心存「欺騙」，例如請家長出去辦一些相關的行政手續，或是家長說要去上廁所等，然後家長一出去就不回遊戲室了。這種欺騙的手法往往會使下次個案更不願意相信家長和治療師，導致以後若出現類似狀況會更難處理。

三、進入後不玩、不說話

如果治療師邀請個案進入遊戲室，而且個案也很合作的接受邀請，我都會先簡單的做一個介紹，大致上的意思是：「這裡是遊戲室，裡面有很多玩具，在這裡你可以慢慢做你想做的事情。」然後，筆者就會退在一旁，選擇一個可以看見個案和時鐘的位置坐下來等待。不要急著做出冗長的自我介紹，也不要講一堆遊戲室裡面的規則，或者交代一些諸如守密等倫理守則，因為個案緊張的心情已經耗費他太多的能量，未必可以將治療師說的話聽進去，再說治療師還有接下來的數十分鐘可以使用，沒有必要一定要在剛進入遊戲室的時候全部做完。此外，治療師跟個案說話時不要太過緊張，因為個案他也會緊張，治療師緊張更容易引發個案的緊張。

如果個案聽完治療師簡短的說明之後還是沒有出現任何動作，就讓他用自己的步調（或是在遊戲室裡閒晃，或是拿起玩具看一看再放回去），去探索自己進入遊戲室之後的心理世界，緩和他自己的緊張。通常我會給個案三至五分鐘去探索，如果他還是沒有任何動作該怎麼辦呢？遊戲治療最大的好處就是不一定要雙方相互說話才可以產生互動，還可以利用遊戲的手法和個案互動！所以個案不玩，我就自己去拿玩具來玩，但是絕對不是自己太過投入的玩，治療師還是要仔細觀察個案的反應，例如，看看個案有沒有在「瞄」你（通常都會！）。我最常用的手法是拿兩部玩具小汽車，像打撞球比賽決定誰先開球一樣撞牆壁，看看哪部汽車比較接近牆壁；當兩部汽車的位置很接近時，我就「拜託」個案來當「裁判」，幫我決定哪部車子贏。如果個案還是不為所動，治療師只好繼續想辦法，例如將車子推向牆壁時，「不小心」車子跑到個案的地方；如果個案拿起車子推向治療師，治療師也就再把車子推回去，不要太客氣的說對不起或謝謝，因為個案可能其實還是有些尷尬，你開口跟他說話，可能他會不好意思就不再和你有互動了，而我用這一招還沒有失效過！當然，萬一讀者使用這招沒有效果，還是自己隨機應變想辦法和個案出現互動。

我在書上看過另一個辦法（Bow, 1993），作者也強調這個辦法萬無一失。他在遊戲室準備了一個箱子，箱子裡面準備一個玩偶，個案都不見動靜時，他就搬出那個箱子，對著箱子說：「喂！裡面的，今天有一個新來的小朋友喔！啊？你說什麼？你說只要他跟你說他的名字，你就出來跟他做朋友喔！好，我去跟他講。」治療師就去跟孩子說：「箱子裡的人說，只要你說你叫什麼名字他就出來跟你玩喔！」若孩子依然沒有反應，治療師就再去跟手偶講話：「喔！你說只要他笑一笑，就可以喔！好好，我去跟他講喔！」治療師就再跟孩子說：「你過去對他笑一下，他就出來跟你玩喔！」若依然沒用，治療師就再過去跟玩偶說：「什麼？只要走過來就好喔，好，我去跟他講喔！」再去跟孩子說：「只要走過去一點就好喔！他就出來跟你玩喔！」一切都要看個案的反應，治療師適時地自己編造台詞，反正就是想辦法激發個案的好奇心，最終達到和個案互動的目的就是了！

四、批評遊戲室的設備和玩具種類

有些個案在第一個療次時會很合作地和治療師進入遊戲室，但是進去以後又不像大多數的個案般，看到遊戲室裡面的玩具就莫名興奮的大玩特玩，反而一副很老成持重的「樣子」，一邊巡視遊戲室裡面的設備玩具，一邊偶爾拿玩具嘴巴念念有詞的批評玩具落伍、玩具不靈活、玩具上面有傷痕，或者玩具沒有我家的多和好等等，此時治療師該怎麼辦？筆者利用這個機會再度說明第九章曾提及的「內容」和「歷程」。

上述的現象都是治療師觀察到的個案進入遊戲室之後的「內容」，治療師必須先思考這些「內容」背後的「歷程」是什麼？試想這是個案第一次來到遊戲室，他是否心裡很緊張？有別於前述「不願意進入遊戲室」的個案，採取黏著家長不願意進入遊戲室的方式表達他的緊張不安，這類個案是以這些批評性的「內容」處理自己緊張焦慮的方式而已嗎？倘若如此，治療師要做的只是初步的淺層次同理即可（見《案例二》），理由是此時的關係才剛開始要努力建立，深層次的同理反而可能會「嚇到」個案（見《案例三》，參閱第七章）。簡言之，讓個案用自己的方式和步調去處理自己的心情，其實不會太難處理的！

如果治療師以「內容」作為判斷出現反應的依據，其後果是治療師大概會和個案陷入表面互動的循環，因為回答一個批評問題，馬上就會出現第二個、第三個等等；最後，治療師往往會發現個案對玩具的批評大致都可以「成立」。既然玩具設備的確有瑕疵，做出答應個案要更換玩具設備的結論當然也不會突兀（見《案例四》）！反過來說，治療師在接個案之前，也應該養成檢查遊戲室玩具設備的習慣，以免妨礙個案遊戲的氣氛和心情。然而，即使是每次都更新玩具設備，遇到內心緊張不安的個案，他們還是會以各種不同的表現「內容」來展現他們的「歷程」，所以最重要的觀念還是要讓自己學習「內容」和「歷程」的觀念。

《案例二》

男生，三年級。看見遊戲室裡的一顆小球，拿在手上捏一捏，眼神沒有跟治療師接觸但是自言自語的說：「沒有氣了怎麼玩？」治療師說：「好可惜，跟你想的不一樣！」個案又繼續探索各種玩具，當與治療師有眼神接觸時，我都保持微笑的看著他。不久，他拿著玩具兵對著我說：「我們家的比較大，這裡的都好小！」我笑笑的說：「你覺得這裡和家裡不一樣！」再過一會兒，個案選擇黏土就自己玩起來了。

《案例三》

男生，二年級，是筆者督導的個案。遊戲裡面的小布袋戲台有點不穩，個案搖了一下說：「這怎麼玩？都快倒掉了！」治療師說：「你是不是有點緊張？」個案抬頭看了治療師一眼，不理睬的背對治療師坐了下來，然後就動也不動地好久。治療師杵在一旁也不知道該怎麼辦！

《案例四》

男生，二年級，是筆者督導的個案。他一進去遊戲室就「巡邏」，然後拿起一盒彩色筆打開盒蓋，將每一支彩色筆都打開，拿起筆畫在手上，接著就說：「好爛！都沒有水了也不換掉，放在這裡幹嘛？」治療師回答：「不好意思，下次會注意！」個案又拿起一輛玩具挖土機，簡單操作一下又說：「這個也不靈活了，也該換掉。」治療師心裡想：「怎麼辦，總不能個案批評過的都要換新的吧！」這是治療師的疑問，你會怎麼回答個案呢？

五、遊戲室規則何時呈現

筆者曾經督導過一位治療師，他一進遊戲室就一板一眼的開始講規則我跟他講一個觀念，遊戲室裡面有多少規則都沒有關係，重要的是有了規則之後，萬一個案違背了規則怎麼辦？尤其是在重視和個案建立良好關係的起始階段，因為擔心若處理就可能會破壞到彼此的關係而不處理，那訂規則要幹嘛？另一方面，倘若完全不去處理，那這個規則也一樣沒有意義。我跟孩子相處的一個很重要原則，就是我不輕易開口要求孩子，但只要有所要求就一定強調要執行到底！所以追根究柢治療師應該要先問自己，我的遊戲室規則是什麼？我為什麼要訂這些規則？是否不同的個案都要遵守相同的規則，還是要有彈性地視個案狀況而定？若治療師覺得有道理的規則就繼續用，但若是沒有道理的規則，為什麼不把它拿掉呢？

基本上，規則訂得愈多，個案違背規則的機會就愈多，治療師面對該如何處理的機會就愈大；規則太多個案會不想玩。譬如說：很多遊戲室都會有一條「要收拾玩具」的規則（參見本章後文「要不要收拾玩具」）；其實，遊戲治療的一個很重要精神，是在遊戲室的過程裡要讓孩子盡興的去表現自己，如果他想到等一下要收玩具，他就會懶得再去拿更多的玩具來玩，就有可能局限自己的玩法。但是贊成要收玩具的人說，因為外在的環境規範之一都是要求小孩子要收玩具，所以遊戲室不能跟現實有矛盾產生。我個人認為只要治療師講得出理由，並且有很好的配套措施，都可以去堅持自己的主張；我的重點是，我自己在進行遊戲治療時並不要求孩子收拾玩具，理由是前面所說的會限制孩子的表現。要求孩子收拾玩具，尤其是在強調建立關係的起始期階段，萬一孩子真的不收拾怎麼辦？所以一定要有配套措施，如果沒有後續處理的配套，那我認為還不如沒有這條規則。因此我覺得為了避免讓治療師處在很尷尬又不曉得該怎麼辦的情況之下，我寧願選擇「個人中心學派」的制定規則概念，亦即規則少（不得出現攻擊行為，不得破壞遊戲室內的器材，不得將遊戲室內的玩具帶走，以及要準時開始和結束治療時段），且也不會事先宣布。等到孩子出現違背規則的行為之後，才會用「指出」（acknowledge）、「告知」（communicate）和「目標」（target）三部曲處理之（參閱第七章）。

《案例五》

三年級，男生。在沙箱玩沙子的時候，一直要把沙子撥到沙箱外面來，我請他如果要丟沙子就丟到旁邊的牆壁上，因為遊戲室的規則之一就是沙子只能在沙箱內玩耍。個案很生氣，還是繼續丟到外面來，於是我就從他的後面抱住他，個案一邊想要掙脫，一邊也出手打我；我採取類似前述《案例一》中第 5 個步驟的方法，讓個案逐漸穩定下來。接著我告訴他：「我知道你對我很生氣，我也同意你有生氣的權利，不過我不同意你用打我的方式表現你的生氣。」然後我拿了一個玩偶放在沙箱裡，跟個案說：「如果你對我不滿意，我不同意你打我，你可以把這個玩偶當成是我，隨你怎麼整它都沒有關係！」

六、要不要陪孩子玩

在遊戲治療的過程中，關於治療師究竟該不該和個案一起玩的問題，各種治療的派別看法不一，例如 Klein 認為遊戲是兒童潛意識表現的舞台，所以治療師不能和孩子一起玩，因為你不能「跑到」個案的潛意識裡面攪和；公平遊戲治療則認為和個案一起玩很重要，因為這樣才能展現所謂的「公平」精神。我個人的作法是如果個案自己玩得很順利，我就在旁邊仔細觀察（蒐集資料），不會去干擾遊戲的進行，但是若個案要求我和他玩我就會陪著玩，因為起始階段的目標之一是和個案建立良好的關係，個案都開口邀請治療師一起玩了，治療師若不答應，豈不是在破壞關係嗎？但是如何和個案一起玩，則會根據「衡鑑—猜測（假設）—介入」，以及目前究竟是處於哪一個治療階段而有不同的玩法。

在起始階段的時候，因為主要的目標之一是蒐集資料以進行猜測（假設）的工作，所以我採取「被動」的和個案玩的方式比較多，亦即讓個案指導我應該要怎麼玩，例如在「扮家家酒」的遊戲中，我會依照個案的指示去扮演我所演的角色，希望透過個案的導演過程，能夠蒐集到更多關於個案的資料（見《案例六》），以利後續猜測工作的進行。由於「猜測」必須經由後續資料的驗證，所以一旦產生某些對個案現象的猜測，且可以經由直接和個案遊戲的過程蒐集後續的驗證資料時，我就會依照「猜測」推論而得的「介入」方向，「主動」引導個案往該方向玩（見《案例七》）。

《案例六》

個案正在堆積木，我主要在旁邊觀察他這個過程，並且在他開口要我幫忙他的時候——拿某塊積木給他，幫他將積木扶正等——盡量符合他的要求去做。後來，個案開始將積木「擬人化」玩起「扮家家酒」來，此時個案要求我演其中的弟弟角色，只要是弟弟該說話的時候，我就會問個案現在弟弟要說些什麼？等個案告訴我之後，我再照著演一遍。

《案例七》

父母親已經分居的小學生，是筆者督導的個案。個案跟著父親生活，但是兩個人的關係非常不好。個案在「扮家家酒」時，出現裡面的父親角色帶著孩子到一個有很多女人的地方唱歌，治療師趁勢以其中的劇情問：「這個孩子在裡面做什麼？」等等，想要以遊戲的隱喻有方向性地讓孩子盡情表達。

到了治療階段的時候，因為主要的目標是希望個案達到改變的目的，所以我採取「主動」引導個案玩的方式比較多，但是「介入」的方向已經是根據統整過的假設而來，所以驗證「猜測」的意義比較少（但並非沒有！參閱第九章），例如使用結構式遊戲治療的概念（參閱第五章），讓個案藉由遊戲的過程達到發洩能量的目的；使用MST的作法（參閱第六章），或者在「扮家家酒」的過程中，加入使個案產生正向改變的訊息。

值得提醒的是，雖然治療師會「主動」引導遊戲的方向，但是絕對不是治療師本身設定或安排要玩什麼遊戲，而是順著個案玩出來的內容（還記得 Klein 說玩到最後幾乎都變成「扮家家酒」嗎？參閱第四章），利用個案遊戲中的「隱喻」出現「介入」的可能性。基本上，還是相當強調讓個案帶領治療師，讓個案主宰遊戲的過程這個理念。其次，「主動」和「被動」的玩不是二分法，而是相當有彈性卻又必須依照治療師清楚的理念進行的過程。

七、治療師要裝輸嗎？

既然要陪個案一起玩，如果所玩的東西又具有輸贏的成分（例如丟球到某個目標、猜拳、下棋、大富翁或其他可能個案所訂出來的遊戲規則），許多治療師心裡面都有一個疑問：「要贏個案還是輸他？」這個問題的前提是治療師相當熟悉此遊戲的技巧，如果治療師自己都不太會玩，就遑論要不要假裝輸給個案的問題了！倘使治療師熟悉此遊戲的技巧，此時就要回到「衡鑑—猜測（假設）—介入」的工作架構思考。

在起始階段因為治療師考慮到關係的建立，希望個案以後願意繼續來遊戲室，或者為了蒐集相關的資料（例如：個案的問題之一是過度重視輸贏導致人際關係受到影響，治療師想要了解個案輸或贏之後的表現），而判斷適時地「輸」個案有助於這些目標的達成，當然就要刻意假裝輸給個案。一旦進入治療階段，治療師已經完成對於個案問題的假設之一是缺乏信心，且認為介入的方向之一，是讓個案在遊戲過程中獲得較多的成就感（因為成就感的累積就是自信心的來源！），治療師當然要在遊戲過程中想辦法讓個案贏（見《案例八》）！反過來說，如果治療師對於個案問題的假設是挫折忍受力太低，則介入的方向是在遊戲過程中讓個案逐漸感覺到挫折的經驗，並加以處理協助其接受，則治療師就要想辦法在遊戲中贏過個案（見《案例九》）！

若治療師熟悉遊戲技巧，通常只要不是屬於「運氣」成分居多的遊戲（例如猜拳），則治療師只要盡全力大概都會贏（除非遇見的個案是這種遊戲的「天才」！），比較要提醒的是，如果治療師在假裝要輸的時候，因為「假裝」的技巧不是很好，可能會適得其反，個案會覺得你沒有盡全力是在「看不起」他！導致後續治療過程的困難（見《案例十》）。

類似《案例九》的個案通常還會在遊戲比賽中為了贏而修改規則或作弊，若是修改規則，遊戲的定義之一本來就是大家同意修改規則就可以改變規則（參閱第一章），所以我大致上會同意修改，因為只要我的技巧比較好還是會贏他。

但是如果是作弊，治療師一方面要將此現象納入「衡鑑—猜測（假設）—介入」思考，另一方面也要想辦法應對，我的應對原則是盡量先以輕鬆、遊戲的態度表達抗議，若是有把握與個案的關係良好（其實都已經進入治療階段了，治療師本來就應該和個案的關係已經很好！），則會以不跟他繼續玩下去作為此不良行為的處罰（見《案例十一》）。

《案例八》

六年級，男生，身世背景相當複雜，使得個案因為自我認同方面的困難而明顯的缺乏自信心。我和個案下象棋，我已經看出個案的策略，且再走兩步棋我就輸了。我假裝很努力的在沉思如何進攻，並且很「臭屁」的警告對方快要輸了；輪到個案下出關鍵棋時，我很誇張的大叫一聲：「啊！沒有看到！」個案笑得非常開心，很快就邀我再繼續下一盤棋。

《案例九》

二年級，男生，問題之一是在學校和同學玩的時候，只要是個案輸的結果出現，他一定大發脾氣而且不斷纏住對方要一直玩到他贏為止，弄得大家看到個案出現都趕緊「閃人」。他發明一種玩法，能夠將球反彈進入事先擺好的一個桶子裡面就得一分，然後五分比勝負。我都故意讓他一路領先，等到關鍵球出現的時候我就變得「神準」。個案一輸就發脾氣，治療師趁此機會一方面接納他的情緒，一方面也提出其他表達挫折的方法。

《案例十》

這不是個案，是家長告訴我的故事。他的三年級孩子去學某種球類運動，教練為了提高學生學習的興趣，有時候會故意放水讓學生贏。他的孩子學了一陣子之後，媽媽自己認為學得還不錯，可是孩子忽然跟她說不想再學了，因為教練都看不起他，還故意讓他贏！

《案例十一》

個案同《案例九》。個案在桶子前面放了一個障礙物，桶子擺在障礙物後面的中間部位，當丟球的人在前面丟的時候，沒有丟球的人就要在障礙物後面撿球，於是個案就利用他丟完最後一球準備輪到我去前面丟球而要換位置的時候，偷偷將桶子移動離開中間部位的地方（當然我就不容易將球丟進桶子裡面！）。我察覺到個案的詭計之後，就學他也偷偷移動桶子的位置，個案發現了就跟我抗議，我就順勢提出這是學他的，個案沒話可說，只好「顧左右而言他」。後來他又偷偷將桶子翻過來，因為球打到桶子的底部會發出跟球進去桶子裡不一樣的聲音（很「拙劣」的作弊手法，不是嗎？），所以我馬上就「抓包」，不願意繼續跟他玩下去。個案一直道歉拜託，我才回來跟他再玩。

八、帶玩具回家

在起始階段，因為結構化的工作正在進行且尚未完成，所以會有很多個案，尤其是年齡比較小的學齡前兒童，在時間結束之後，捨不得把玩具留在遊戲室而想要帶走。由於起始階段的重點之一是建立關係，倘若治療師藉由此機會而提出遊戲室的規則，恐怕又會掉入上述「遊戲室規則何時呈現」所提到的泥淖裡面。筆者認為結構化並非只依賴接個案的治療師本身單獨完成，而是單位同仁之間的共同努力，所以我的處理方式是讓孩子知道，遊戲室裡的玩具是辦公室某位同仁管理的，所以他必須要徵求負責同仁的同意。當個案拿著玩具出去問負責同仁時，得到的答案當然是相當具有同理心的「不可以帶走」，所以遊戲室裡面的治療師一定是「好人」，「壞人」讓別的同仁去扮演！

《案例十二》

個案要將遊戲室的玩具帶回家，我沒有表示反對但提醒他：「這些玩具不是我的，你最好去辦公室問一下某人，看他同不同意。」當然，他得到的將是不同意的答案。

有些時候個案是「偷偷」把玩具放在口袋帶走。既然是「偷偷」就是治療師沒有察覺到，當然也無從處理；但是如果個案「偷偷」的行為被發現，治療師在起始階段時，千萬不要大驚小怪的把事情弄大，別忘了起始階段是要建立關係！因為一旦事情弄大勢必要處理，而且偷竊的現象在台灣本地的文化中相當受到重視，大人們都擔心「細漢偷挽瓠、大漢偷牽牛」，所以處理過程很可能會將家長也扯進來，然後治療師就變成「幫兇」，要建立關係就很困難了！此時治療師最恰當的處理方式，應該是將此事件看成是個案想把玩具帶回家的單純狀態，然後用上述的觀念處理之。然而，治療師的腦海裡當然要將此現象放在「衡鑑—猜測（假設）—介入」的運作過程，換言之，治療師絕對不是不處理，而是治療師要先針對偷竊現象的內在心路歷程形成猜測（假設）之後，再慢慢的視機會處理。

九、時間到不願意離開

治療時段的時間結束但是個案卻想要再玩而不願離開，是執行結構化過程常見的情況之一；要求個案在治療時段中準時開始和結束，是我相當堅持的結構化規則，理由之一是時間本身也是促使個案將內在「歷程」更有效率地表現出來的壓力。通常在涉及更深入的「歷程」時，個案會有猶豫不決的情形，倘若沒有時間的限制，則個案可能會慢慢拖，等到治療時段快要結束時才匆忙的出現，此時治療師如果加以處理，則勢必會使治療時段延長，有些個案或家長往往會有

「賺到」的感覺而得到強化，很容易就學會以後繼續拖拖拉拉而「賺到」。其二，時間一拖長，一方面治療師容易疲累而影響到自己的敏感度，一方面治療師並非只有一個個案，很容易讓個案有機會遇到治療師的下一個個案，而出現不斷詢問治療師與其他個案在一起做什麼的問題（參閱第十章「如何準備遊戲室」部分）。一旦能夠讓個案明白時間限制的規則，進入治療階段之後，個案可以學習到如果太晚出現他原本想要呈現的「歷程」，就必須等到下一次治療時段才能和治療師產生關於此「歷程」的互動，可以使個案盡早出現希望呈現出來的「歷程」。

在時間的控制方面，如果個案的年齡比較小，最好在時間快要結束之前的十分鐘就提醒個案，然後五分鐘、三分鐘等等。但是如果是年齡比較大的高年級個案，就不要太過頻繁的提醒時間，免得個案覺得治療師聒噪，也剝奪掉個案學習時間安排和管理的機會。倘若時間到了個案仍然不願意離開，其處理方法和上述「帶玩具回家」相似，亦即治療師扮演的仍是「好人」，讓其他同仁演「壞人」，但是治療師還是要自己先離開遊戲室。

《案例十三》

治療時段的時間已經到了，可是個案表示還想留下來玩，不願意離開遊戲室。我告訴他：「因為我等一下還有別的事，你想玩就自己玩，我不能陪你玩了。」五分鐘後，我的同事就會進到遊戲室跟個案說：「對不起！我現在必須要用這間房間了，請你離開，對不起！」

十、下次要帶朋友、同學或手足來玩

有些個案自己在遊戲室裡面玩得很投入，並且還會想和某些人分享一起來遊戲室玩，譬如說下一次要帶弟弟來、下一次要帶我的朋友來等等，這是在起始階段的時候容易看到的情形。遇見這樣的狀況，治療師一方面腦海裡當然要思索為什麼（例如個案想帶來的人跟個案之間的關係如何，又是要帶入「衡鑑—猜測（假設）—介入」！），另一方面當然是該怎麼應對這樣的要求。

筆者當然是表示歡迎之意，尤其這種現象也是容易發生在要建立關係的起始階段；但是通常我還會利用這個機會，趁勢表達我也很關心和在乎跟他在一起的時間（見《案例十四》），想要和個案不被打擾的在一起。這個方式用過很多次，到目前為止，只有一個個案帶他弟弟來，然後他弟弟只來一次，下次就不來了，因為他在外面等太久覺得很無聊。

《案例十四》

個案希望下次帶弟弟一起進來遊戲室玩，我告訴他：「你當然可以帶弟弟來，歡迎歡迎，不過我很珍惜我們兩個在一起的時間耶，所以你帶他來的時候，他要先在遊戲室外面等我們唷，等我們兩個玩完了，我們三個再一起玩！」

十一、帶自己的玩具來

有些個案基於本身覺得遊戲室裡面的玩具太少、太舊或者某些原因（這個「某些原因」當然又是治療師必須納入「衡鑑—猜測（假設）—介入」的歷程中思考！），想要帶自己的玩具到遊戲室玩，此時究竟可以怎麼處理呢？筆者認為如果是個別遊戲治療，且個案帶來的玩具不是「對賽遊戲」（game，參閱第一章），通常我都會同意個案帶來，但是也積極地去思考個案想帶玩具來的意義是什麼（見《案例十五》）。如果是屬於團體遊戲治療的個案成員，就必須小心個案將玩具帶入團體之後會以玩具是「我的」為武器，企圖藉此操弄團體成員的互動，例如要配合個案的想法，個案才會將玩具借給他玩。因此，如果有成員要帶自己的玩具進入團體，我通常會在團體開始前告訴帶玩具來的成員：「假如這個玩具帶進去團體裡面，那玩具就是公家的，大家都有權利玩它。你可以想一想要不要這樣，如果你不要，就把玩具先放在外面，等團體結束以後再還給你。」

《案例十五》

女生，三年級，單親。在某個療次結束時告訴我：「下次我要帶陪我睡覺的狗狗（布偶玩具）來玩。」等她下次帶來玩的時候，發現那是父母離婚以後，擁有探視權的家長送她的，個案也藉由此玩具表達出許多父母離婚過程的心境。

十二、要不要收拾玩具

治療時段結束之後，通常遊戲室會變得亂七八糟，此時究竟該不該讓個案收拾善後也是眾說紛紜，例如公平遊戲治療期強調遊戲室是外在真實世界的縮影，所以遊戲室的規則必須與實際生活相同；個人中心學派則不要求個案收拾遊戲室，其理由我個人相當贊同：「和成人進行談話治療時，治療師並沒有要求個案要把說過的話收回去，為什麼反而要求兒童將他用來表達自己的媒介收拾乾淨呢？」我個人比較贊成遊戲治療時間到了之後，治療師不必「刻意強調」要收拾遊戲室（也就是如果個案自己要收拾也不反對），亦即這不在我的遊戲室規則之內。理由之一是上述個人中心學派的幽默比喻；其二是我一再強調遊戲治療的精神是讓個案盡可能的在遊戲中展現自己，而想到等一下要收拾玩具會讓個案無法盡興的玩（參閱本章「遊戲室的規則何時呈現」及第十章）；其三是不收拾玩具才有可能在下一個療次，將遊戲室布置成個案離開時的樣子，而提高改變的效率（參閱第十章）。

最後一個理由是治療師可以藉由這個機會，觀察到個案是否會主動收拾玩具的訊息，作為將來評估個案是否有進步的指標。因為當兒童有某些行為問題或情緒困擾時，通常不太能夠出現關心別人的舉動，如果他主動表現出來，往往代表父母親的管教方式是相當嚴格且較缺乏彈性的。如果治療師將收拾善後列入規則，很容易讓個案覺得治療師和他一般所遇見的大人沒什麼兩樣，因而妨礙投契關係的建立。如果治療師順其自然，通常個案也都很自然的不理會，不會刻意因為想要討好治療師而「假裝」自己很樂意收拾善後，較能符合「無條件正向尊重和包容個案的主觀世界」的要求，有助於雙方關係的建立。

《案例十六》

三年級，男生，第一次治療時段。時間到了之後，個案主動開始收拾起玩具，我沒有稱讚他也沒有和他一起收拾，只是告訴他：「你現在正在收玩具。」個案笑了笑說：「媽媽說要當個好孩子，才能夠得到別人的喜愛。」第二次治療時段個案仍然主動收拾玩具，我還是只在旁邊觀察，不鼓勵也沒有說不必收。到了第三次治療時段，時間到了之後，個案也拍拍屁股轉頭就出去了。差不多到了第十二次治療時段左右，個案又開始主動的收拾玩具，我就問他：「今天怎麼又在收玩具了？」個案答道：「我以前沒有收，可是我都看到你一個人很辛苦的在收玩具，我想如果我幫你收掉一些，你比較不會那麼辛苦。」

十三、測試行為

如果治療師同意筆者的意見，一旦個案進入了遊戲室，也自然要表現出無條件接納包容的態度（參閱第九章）。由於對個案來說，這種態度往往和他平時生活中所接觸到的大人迥然不同，再加上兒童個案主動求助的意願本來就不高，所以個案會對治療師的態度產生懷疑，於是很容易出現一些測試行為（testing behavior），亦即表現一些在生活中不被大人允許的行為（例如問或做一些一般生活中不被允許的事情，常見的是與性有關的現象或髒話！《見案例十七》），目的是要檢核一下治療師是否真的如他所感受到的是無條件接納和包容。從「歷程」和「內容」的角度來看，如果治療師針對個案的「內容」做出和他周遭大人相同的反應——通常都是責備之類的負面反應；或者雖然和他周遭大人的反應不同，但是仍然是屬於針對「內容」的反應，則很容易掉入陷阱。因為治療師如果出現後者的反應，個案會表現出更多樣化，但其實是代表相同「歷程」的其他測試「內容」（見《案例十八》）；如果是出現前者的反應，則很明顯的治療師和個案周遭的大人是一丘之貉。換句話說，這兩種針對「內容」的反應都不容易通過個案的檢核，亦即不但沒有真正解決掉個案的懷疑，甚至還會加深這個懷疑，使雙方的關係仍然停留在表面層次無法突破。反過來說，如果治療師能夠針對個案的「歷程」做反應，則個案的測試行為會逐漸消失，雙方的關係就能夠很快地有所進展。

以接個案的過程來看，當個案出現測試行為時，治療師一方面要慶幸，因為這代表個案真的感受到治療師所要傳達出來的「無條件接納和包容」，所以到目前為止治療師表現得還不錯；但是另一方面也要小心應對，否則會讓個案認為你只是「假惺惺」，目的是要讓個案不設防的「大鳴大放」，之後也許就要跟他「清算鬥爭」，對於關係的建立和維持非常的不利，甚至可以大膽的說，這個個案應該要轉介給其他治療師了！

《案例十七》

三年級，男生，第一次治療時段。個案不太敢正視我，也不怎麼理睬我，獨自在沙坑玩沙；我在旁邊陪著他，看著他玩沙。過沒多久，個案突然將手中的沙子往旁邊的牆壁上丟，一邊丟，一邊眼睛偷偷地瞄著我，一副「我看你會怎麼辦」的樣子。我沒有說話，只是笑笑的看看他，然後也從沙坑裡撈起一把沙，輕輕地丟到在我面前的牆壁上。個案先露出驚訝的表情，隨即對著我笑了笑，並且開口對我講話……

《案例十八》

五年級，男生，第一次治療時段。個案先逛了一下遊戲室，然後很正經八百的走到我前面問我：「喂！X你娘是什麼意思？」我真的是嚇了一跳，愣了一會兒之後，也很正經的回答道：「那是罵人的話，是很不禮貌的。」個案笑了笑，又再問：「那月經是什麼？」我又是正經的回答了這個問題，於是個案就接連問了好多和性有關的問題，兩個人就這樣繞來繞去……

對於這樣的現象，治療師的假設也可以是個案對性的好奇，但是整個過程個案給我的感覺絕非好奇，因為在這個過程中，個案不時流露出「詭異」的笑容；所以，我想此《案例十八》真是典型的錯誤示範——忽略了「歷程」只重視「內容」。

十四、破壞或玩壞遊戲室玩具

基本上筆者認為遊戲室以及裡面的玩具，都應該是讓孩子自由使用的，因為怕弄髒、怕壞掉、怕弄亂等等問題而限制孩子的玩法，當然就會限制到其玩法的各種變化（參閱第十章）；尤其如果只是單純從經濟面去考量而限制個案使用玩具的方法，就更加沒有這個必要；但是如果是從遊戲室裡應該設立具備治療意義的規則，或保護人身安全的角度（例如沙箱裡頭的沙不能弄出來），此一規則雖然也可以說會限制玩法，但同時可以避免拿沙來攻擊人的行為。讓個案在遊戲室裡面盡情的玩玩具，自然有可能出現刻意破壞或不小心玩壞玩具的情形，此時該如何處理？還是與治療師所採取的理論取向有關。

依據 Klein 學派的觀念，任何一個玩具都有它的象徵性意義，個案把某個玩具玩壞或刻意破壞，通常代表個案正在利用遊戲情境中的玩具代表生活中的真實人物；換句話說，個案是在攻擊這個真實人物。所以當個案因此而破壞玩具時，當然不會去責備個案，只是單純的將被破壞的玩具放在遊戲室裡，也不會要個案負責任賠償；當此個案的治療時間結束了，治療師會把被他破壞的玩具收起來，等下次這個個案的療次時再擺出來。如果治療真的成功的話，則個案跟這個被破壞玩具所代表的那個真實人物的關係就會真正有所改善。「改善」就會使得這個個案回過頭來修復這個被他破壞過的玩具（參閱第四章）。然而，許多治療師大概很難接受Klein學派的作法，比較能接受的應該是「公平遊戲治療」的觀念（參閱第八章）。

筆者的處理方式是，如果個案是不小心玩壞的，那就不當一回事，另外補充一個新玩具即可；但是如果個案是刻意破壞玩具，那我還是會要求個案必須象徵性的負起破壞的責任，例如拿膠帶重新黏好，不會補充新的同類玩具等等。對於後者的情形之所以如此處理，是因為家長的觀念，畢竟我們的文化觀念還不太能接受刻意的破壞攻擊。不過，對治療師而言，更重要的還是要回到「歷程」思考其意義，才能恰當的處理這種狀況。

十五、問治療師私人的問題

有時候，個案會直接問治療師一些比較屬於治療師本身的私人問題，例如治療師住在哪裡、跟治療師聯絡的電話或電子信箱、治療師結婚沒、有沒有孩子、有幾個等等，這種情況的處理還是要回到「內容」和「歷程」思考。單純就「內容」來看，有些問題即使是直接回答，「看起來」對治療師也不會有什麼影響，尤其是和如何聯絡有關的問題，因為只要給他辦公室的聯絡方式即可；但是出現這種類型的問題，最重要的還是治療師對於個案「歷程」的猜測是什麼，再來決定應該如何回應比較妥當，否則很容易在彼此的互動過程中，個案會朝著諸如「那我什麼時候可以去你家玩？」「你會不會打你的小孩？」「你怎麼決定要結婚？（高年級女生尤其愛問！）」等等方向前進，愈來愈逼近治療師本身的現象，而轉移了遊戲治療主要是以個案為主的焦點。

如果從「歷程」的角度思考，跟聯絡方式有關的問題，若是在起始階段，可能表示個案對治療師產生好感，希望有更多的時間和治療師在一起，若是在治療階段，可能是個案很想要治療師幫他處理一些生活中的狀況，或者個案明顯的感受到治療師對他的重要性（見《案例十九》）。不管是哪一種，筆者認為捉住「歷程」才能夠將互動的主角再轉換成個案，而不是停留在治療師身上；反之，如果焦點放在「內容」，則互動的重心會一直與治療師的私人現象有關。

《案例十九》

女生，二年級，父母因為感情問題處於分居狀態。有一次個案抱怨以前父母親吵架的事情，治療師專注地傾聽並偶爾附和個案的感覺，她忽然就跳出一個問題：「你有沒有小孩？當你的小孩一定很好！」治療師回答：「你很希望爸爸媽媽對你很好！」

十六、要求治療師送禮物給個案

個案在遊戲治療過程中，有時候會以諸如「下禮拜是我的生日，你可不可以送我禮物？」的方式，要求治療師送禮物。關於類似的要求，重點並非在治療師到底能不能送，而是個案向你要禮物的背後「歷程」是什麼？如果治療師依據「內容」（要求送禮物）做反應，通常最後的結果都是回到個案堅持必須得到禮物，那治療師就是讓自己陷在裡面了。遇見這樣的狀況，我的處理方式和一部電影《春風化雨》（Dead Poetic Society，也有直譯成「死詩人社團」，Robin Williams 主演）的內容有關。劇中有一個青少年的家裡非常有錢，有一次他生日，家裡幫他寄來一份生日禮物，他剛好和另一位主角在某一個地方聊天，他沒有打開那份生日禮物，主角就問他為什麼不打開，他說：「我不需要打開，因為每年都一樣！」這個場景讓我感受很深，因為生活中有很多孩子的狀況也是如此，他們的家長好像也是每年都會送一樣的生日禮物。我的重點不是說禮物，而是感慨家長跟孩子接觸的時候，不太會去欣賞孩子的變化，不太會欣賞孩子的進步，總之，都不是很了解孩子！

所以當個案要求我要送禮物給他時，我大概都會告訴他這個電影場景，然後讓他猜一猜故事裡面的那個青少年會是什麼樣的感覺，重新將焦點轉回到個案的身上再互動，並希望藉此找出「要求送禮物」背後的「歷程」。假如治療師經過了解之後，例如個案成長過程很孤單、缺乏陪伴、沒人理等等，且治療師在個案心中的地位又愈來愈重要，亦即經過評估之後，治療師覺得送禮物對個案會有所助益，當然還是可以送禮物給個案。但是我的經驗是一旦幫助個案回到自己「歷程」的探索，通常個案也不會堅持一定要治療師送禮物。

十七、個案送東西給治療師

個案有時候會送東西給治療師，這些東西可能包括個案花錢買的禮物或者自己做的作品（在家、學校或遊戲室）。如果個案是在治療進入結束階段之後送東西，有很大的可能是家長花錢買的，但是示意個案送給治療師，此時就看治療師服務的單位對這種事情有無行政規定，再決定是否要收下禮物。如果沒有什麼特殊的規定，筆者通常是非常「喜悅」

的收下來，然後和同事們一起分享。倘若是在起始階段和治療階段個案送治療師東西，還是一樣要回到「歷程」和「內容」思考其意義，這個部分就留給讀者自行練習「歷程」和「內容」。

筆者要提醒的是，個案送東西給我，尤其是他自己的作品，那當然是非常高興的雙手收下，但是，切記！收下就是治療師負擔的開始，除了分析其「歷程」之外，治療師一定要保管好，不然等個案想到時會跟治療師要（當然，此時也要思考其「歷程」的意義！），如果弄丟了，治療師可能就會遭遇到許多麻煩！至於要如何收拾這些麻煩，會和個案送東西給你時的「歷程」有關。所以筆者每次接個案的時候，個案的東西我一定會把它擺在一個很「寶貴」（意思是不會被清潔人員當成垃圾丟掉的地方！以免……）的地方，等這個個案結案的時候再拿去丟掉（否則辦公室就要塞爆了！）。

十八、遲到

個案遲到也是做遊戲治療常常會碰到的狀況，麻煩的是，成人個案遲到他自己要負責，治療師處理的是個案本身；但是兒童通常不是自己來回接受遊戲治療的地方，而是家長或其他大人接送比較多，因此兒童遲到不是兒童自己要負責，通常是接送他的大人要負責。若是個案第一次遲到，筆者此處要強調一個重點是，遲到之後，治療師到底是要做滿原來約定的時間還是準時結束（譬如原來個案安排的時間是三點到四點，個案三點半才來，是四點下課還是四點半下課？），這也是個案教給我的寶貴經驗之一（見《案例二十》）。為什麼呢？因為如果個案不知道是何時要結束，他就會假設是四點結束，然後他就會在那邊很懊惱、很後悔、很憂鬱，也會玩得很不愉快；通常個案遲到時自己會不安，擔心治療師會因此而不喜歡他，所以治療師一定要讓個案了解遲到並不是他的問題。

筆者的作法是，通常個案第一次遲到，我會做滿本來約定的時間，也就是該幾分鐘我就做幾分鐘，但是我會讓家長知道下一次再遲到我就準時結束，不會延長，因為這跟小孩無關，跟大人有關。第二次再碰到遲到，我就會跟個案說：「對不起，我們今天要準時結束。」個案通常會很有情緒的說出類似的話：「又不是我故意的，我媽媽……」接下來治療師會包容接納個案的感覺想法，但是時間到了之後，我會請家長進來，三個人一起談一談遲到的問題（主要是針對家長），倘若所約定的時間真的不方便，那可以重新商量一個適合的時間，希望家長能夠配合，因為治療師必須要讓家長知道個案是我們共同來幫助的，家長不能因為自己的時間安排不妥當而讓孩子受到負面影響！

《案例二十》

男生，五年級，是我第一次遇見的遲到個案。個案進到遊戲室之後滿臉惶恐，雖然治療師「慈祥」的和他互動，但是可以感覺他的緊張不安、心不在焉，更重要的是，整個遊戲的過程，個案不斷地用眼角餘光偷瞄時鐘。等到原本要下課的時間到了，但是治療師卻沒有下課時，個案才整個人「放鬆」下來，恢復到以前和治療師互動的狀況。

十九、個案帶吃的東西進遊戲室

個案要帶東西進遊戲室裡面吃可不可以？這個問題要先問治療師自己究竟是採取何種理論架構進行遊戲治療；比較心理動力取向的理論認為，個案帶東西進來吃都有他一定的意義存在，通常是感覺不到愛的孩子，就會特別愛帶東西進來吃，因為食物的象徵性意義是「愛」。但是比較不是這種理論取向的治療師通常會反對，因為吃東西耗時間會耽誤治療的過程。倘若治療師採取行為治療取向，把食物當成治療的工具之一（強化物），那當然在治療的過程很自然的就需要用到食物，不過此時食物是治療師準備的，而且個案通常都是屬於「廣泛性發展遲緩」或「智能障礙」的比較多。因此，治療師同不同意上述的說法就留給自己去思考。

對筆者來說，比較會注意到的一個問題是個案的生活規律，譬如幼稚園的個案，學校本來就是會安排點心時間，而個案安排的時段恰巧就是點心時間的時段，治療師必須考慮到個案的腸胃可能已經被制約了。原則上，筆者會讓個案知道遊戲治療的過程當中不吃東西，所以會問他要吃完了再進去玩，還是放外面等我們玩完了再出來吃？

二十、要求治療師替他向父母或老師表達意見或解決問題

心理治療是希望幫助個案產生正向的改變，使個案能夠發揮自己的能力解決他所遇到的困難。然而，由於個案本身所具有的一些不好的行為特性，很容易使他在生活中出現比一般兒童較多的困境；再加上個案對治療師的信賴度逐漸增加，所以在治療過程中，個案經常會拜託治療師直接替他提出他對家長或老師的某些要求，或者直接替他解決他和家長與老師之間的問題。此時的治療師如果真的如個案所願幫忙他，那就違背「教他捕魚的方法而非捕魚給他」的原則，如果不幫他，又有點擔心是否因此而影響與個案之間的關係。因此，遇到這種狀況時，一般的標準作法大致是和個案一起討論如何解決問題的方法，並且透過角色扮演的方式，讓個案體會各種可能方法的結果是什麼，然後鼓勵個案自己去解決問題，再經由所得結果的回饋，檢討各種方法的成效。

但是這樣的作法可能會有一個問題，亦即如果個案和治療師角色扮演的結果在遊戲室裡面都很順利，但是到了真實生活中卻不能如此順利時，會產生什麼後果呢？這種感覺是相當負面的，如果經常出現這種經驗，或許個案會產生「習

得無助感」（learned helplessness）。為了避免這種可能性，我和個案在遊戲室裡面演練完畢之後，通常都會在最快的時間內和個案要面對的那個大人聯絡，提醒大人：「不是要求你同意個案的想法，但是至少要鼓勵個案勇敢地站出來面對問題！」也就是治療師除了角色扮演之外，還要思考如何提高個案實際執行時的成功率！

《案例二十一》

二年級，女生，人際關係方面非常退縮，時常會有同學欺負她。有一次，個案很傷心的告訴我同學搶走她的橡皮擦不還她，她沒有橡皮擦可用，但是又不敢跟家裡要錢再買一個，因為被爸爸知道了又要被罵一頓，所以她希望我能夠跟爸爸說明這件事。我很明確地讓個案知道不可能替她去跟爸爸談，但是我很願意和她一起解決這個問題。簡言之，我示範了一段和爸爸講話的過程，然後鼓勵個案照著做一遍，並且根據她的表現提供回饋之後再修正。更重要的是，我會在個案實際去執行之前，先通知爸爸有這麼一件事，請爸爸盡量給個案好的結果，增強個案對自己的信心。

《案例二十二》

男生，五年級，是團體成員。他有一次偷書沒有被逮到，所以就在團體中很得意又很秘密的到處宣揚。我知道以後，就以上述角色扮演的方式鼓勵他練習如何拿書還給書店老闆，並且跟他約好某個星期六中午十二點陪他去書店。而在星期五晚上我就已經先到那家書店跟老闆拜託，請老闆肯定個案的勇氣。第二天，那老闆先是很威嚴的罵個案兩句，然後又很「配合」的讚美個案勇於認錯的精神！

二十一、家訪和校訪的進行

進行兒童心理治療的過程中，往往會涉及到與家長或學校老師的接觸，因為保密是治療師很重要的倫理，所以在與家長或老師會談時，有其標準的程序必須遵守。通常標準的進行方式是：與家長或老師進行會談之前，治療師必須先向兒童個案報備，並且治療師要事先整理到目前為止與兒童個案互動的主要內容，然後讓兒童個案決定哪些內容可以讓家長或老師知道。當與家長或老師會談時，治療師就必須遵守此一約束，選擇性地讓家長或老師明白兒童個案同意讓他們知道的內容，其餘兒童個案不同意說明的內容當然也就必須保密。與家長或老師會談之後，治療師也要在和兒童個案再次見面時，讓兒童了解與家長或老師見面時所進行的過程和內容。

然而，依據筆者個人的經驗，凡是與個案的改變過程有關的任何環境變項，當然也包括個案的父母和老師，只要有必要，亦即這些變項可能是兒童產生改變的阻礙時，治療師也必須想辦法處理這些阻礙因素（參閱第九章）。因此，兒童治療師也必須將家長或老師視為可能要加以改變的對象，而不是僅局限於兒童本身。不幸的是，對於家長而言，他們雖然同意讓孩子接受治療，但未必代表他們會完全接受治療師的建議，尤其是治療師所提供的有關兒童的資料，並未讓家長感覺非常嚴重時，家長通常會口頭答應治療師，會遵照治療師的建議改變自己對待孩子的方式，但是未必真的這樣做；可是如果治療師提供給家長的資料的確讓家長覺得很嚴重，家長改變的可能性就會比較高（見《案例二十三》）。此時，往往就會有一個很大的矛盾出現，因為這些比較嚴重的資料，往往也都是兒童的「秘密」，所以兒童在表達他的「秘密」時，通常也會一直強調不可以讓家長知道，所以一旦透露給家長知道，治療師也就違背了應該有的倫理。

《案例二十三》

二年級，男生，父母離婚跟著爸爸住。個案的爸爸相信體罰，也嚴厲的採取體罰，我跟個案的父親說：「不要再打了！都打這麼久了，孩子的問題仍然存在，應該更換其他的方法比較好。」他在和我溝通時一直點頭答應，但是還是照「三餐打」，有時還外加「消夜」。有一次個案告訴我：「等我六年級時就要打爸爸。」（考考讀者，你會怎麼處理？）當我跟他爸爸講這個訊息時，他爸爸沉默良久終於說：「好吧！不打了！」之後，才真正的願意和治療師一起摸索出適合的父子互動方式。

如前所述，筆者其實每周都固定和家長用電話聯絡（參閱第三章），但是未必會讓兒童個案知道，此一固定接觸的理由，主要是為了蒐集更多的兒童平日的資料，以及與家長建立更良好的「聯盟」關係（參閱第九章）。但是如此的作法又往往違背所謂的倫理守則。因此，筆者的作法實在是一種很大的冒險！每當與家長聯絡時，筆者一定一再提醒家長要做筆記，且不可讓孩子知道我們的聯絡。為了避免家長一時不注意的「洩密」影響治療師與個案的關係，筆者也會定期採取上述的「標準作業」方式，告訴個案要和他的家長見面（其實並沒有），主要就是在做「解密」的工作，避免家長一不小心洩密的可能性。

也許是為解決自己心中的不安，每當我採取「標準作業」方式的時候，除了簡單說明和家長聯絡的內容和過程之外，總是會「故意」告訴個案，家長也有告訴我一些「秘密」，但是如同我答應個案不能洩漏他的秘密一樣，我也答應家長不會告訴個案！不過個案通常會很好奇的猜家長告訴我什麼（當然，邏輯上個案猜的都是「真的」發生過的事情！），於是我又蒐集到一些本來不知道的資料（見《案例二十四》），這是在戰戰兢兢刻意「作假」的無奈作法下，意想不到的「好處」。所幸就這樣如履薄冰走了二十年，還沒有一個家長違背我和他們之間的約定，因為他們知道如果講了，我就不能再治療他的小孩了。我也知道這樣不好，可是我想不出其他好的辦法，所以我現在還是這麼做。然而，若從「歷程」和「內容」的角度來分析自己的心境，從道德的立場來看，如此作法的「內容」或許像是欺騙個案，但是筆者的「歷程」則很像撲克牌中亦正亦邪的「小丑牌」角色，能使治療氣氛產生意想不到的變化；也正印證了〈小丑〉這首歌的歌詞「這是多少歲月的累積」之後的決定！

《案例二十四》

三年級，男生。假裝和家長見面後第一次和個案見面，簡單說明和家長「見面」的經過之後……

治療師：「……媽媽還告訴我一些你不曾告訴我的東西。」

個　案：「真的啊！是什麼？是什麼？」

治療師：「對不起！我已經答應媽媽不能讓你知道。」

個　案：「沒關係啦！你偷偷跟我講，我不會跟媽媽講啦！」

治療師：「不行！就像我答應你不能講的就不能講，我也答應媽媽不能讓你知道，就是不能讓你知道！」

個　案：「是不是跟你說我睡覺會放屁？」

治療師：「不是！」

個　案：「是不是跟你說我上個禮拜在學校和人家打架？」

治療師：「不是！」

個案又繼續猜了很多答案，治療師也順勢和個案討論這些訊息。

二十二、錄音和錄影

個案所以會產生問題，父母親多少都要負一些責任，因此在個案的心目中，也都或多或少會對父母親有一些不願意說出口的不滿。在治療的過程中，治療師往往也都要處理到個案心中的這個癥結，也因此必須蒐集到個案與父母親之間關係的資料；對個案來說，等於是治療師在挖掘一些他心中的秘密。可是，在個案接受治療的過程中，他會發現治療師總是會和家長之間有所聯繫，所以個案很容易擔心「治療師會不會把我告訴他的話轉告給父母親知道」（參閱第三章），於是破壞了治療師和個案之間的關係，使個案經常在緊要關頭時猶豫不決——到底該不該表現出對父母親的不滿——而成為影響治療效果的一大障礙。即使在一般接個案的情況下，個案都會有上述的擔憂，更何況如果再加上治療師在治療過程中進行錄音或錄影，那個案的心裡可能會更不好受了（見《案例二十五》！因此，在治療的過程盡可能不要錄音或錄影。然而，從培訓和督導的觀點來看，沒有錄音或錄影的事後呈現接個案過程，就很難實際讓治療師從做中學，實在是一件兩難的狀況。

《案例二十五》

三年級，男生，整個治療過程都全程錄影，雖然我已經反覆強調過這些錄影帶絕對不會讓父母親看到，但是個案仍然擔心父母親會看到錄影帶。有一次，個案正在以「扮家家酒」的形式演出家裡的衝突情況，其中的兒子角色正準備要說出一些對父母的抱怨，突然個案將頭轉到錄影機方向，很大聲的說：「好險！我沒有說出來，要不然被錄了起來，被媽媽看到我就完蛋了！」

如果為了教學或者督導不得不錄音或錄影，首先要從法律的角度進行，也就是個案的法定監護人必須要同意；若已經取得監護人的同意，為了避免影響治療進行中個案的表現，再加上現在錄音筆的發明和進步，治療師可以考慮不告知個案就直接進行錄音；當然這樣做的風險是萬一被個案發現，很可能就此影響彼此已經形成的良好關係，而妨礙後續工作的進行。為了保險起見，治療師還是要徵得個案的同意，但是千萬不要以為個案同意之後，就可以完全免除前述可能產生的擔憂狀態，因為即便是成人在事先就答應，也都還是會受到影響（見《案例二十六》）。

《案例二十六》

這是一個大學生個案，治療師已經事先徵求個案同意錄音，個案也很爽快的就答應了。有一次，個案談到一個他認為很重要的訊息內容，才剛開始說沒多久，就要求治療師先把錄音機關掉，等這段內容結束後再重新開機。

當個案同意治療師錄音或錄影時，治療師一定要先解決個案可能對錄音或錄影器材的好奇心理（因為這些器材雖然很可能個案的家裡都已經有了，但是許多家長都因擔心孩子年紀太小會弄壞，所以一般都不願意讓孩子碰），不要急著和個案進入專業狀態，例如讓個案摸摸或簡單操作一下機器，甚至於先錄一段之後播出來讓個案聽或看。等到個案逐漸滿足好奇和比較不會對於器材在意的時候，治療師和個案再正式進入治療過程。

二十三、幻想、真實與說謊

由於「衡鑑—猜測（假設）—介入」是一個不斷進行的動態過程，倘若治療師對所蒐集的資料有不正確的看法，當然會出現錯誤的猜測（假設）和介入方向而不利治療的進行。當個案和治療師已經建立起投契關係之後，個案會在遊戲治療的過程中，透過遊戲或者直接以語言的形式，表達他的內在世界，問題是個案所出現的訊息，往往會將幻想與真實混淆在一起，甚至於還要考慮是否是說謊——而這是經常會出現的情況。

《案例二十七》

二年級，女生。父母親已經分居，個案跟著媽媽住，爸爸大約兩周和個案見面一次。有一次，個案非常興奮地告訴我前天和爸爸去動物園的事情；她非常仔細的從頭到尾描述給我聽，例如在哪個地方爸爸買什麼東西請她吃，在哪裡爸爸又說了些什麼話等等。我就這麼相信了她所說的話。

隔天，媽媽打電話來說，爸爸原本和個案約好要帶她去動物園，可是臨時有要事要處理所以沒有實現此約會。聽完之後，真是差點沒昏倒！

應該如何避免這樣的錯誤呢？開玩笑的說法是被個案「騙」幾次就會了。除了讓自己小心的檢核蒐集到的資料之外，我也只有盡量在「做中學」（learning by doing），從經驗當中摸索出一些心得；簡言之，用感官去體會個案的表情和動作之外，還要用「心」去整理這些經驗。不過，值得一提的是，千萬不要將這種情形解釋成是個案在說謊！因為這樣的假設很容易使家長緊張，同時也並不一定符合現象。

當我發現個案提供出來的資料前後有矛盾時，我不會直接用嚴厲的口吻說他在說謊，而只是輕描淡寫的指出好像前後不一致。如果個案只是一時因為希望沒有達成，而將此希望「投射」出來，他也會發現原來治療師是如此的包容和了解他的心情。不管是哪一種原因，對於以後的治療過程都會產生正面的影響。而倘使個案真的有說謊的問題，則必然有他背後的原因──通常都是為了得到別人正向的尊重或者避免處罰（這是父母親管教子女的一個很弔詭的地方，我們的文化非常重視誠實，每當父母擔心孩子說謊時，常常用的方式是跟孩子說：「說實話打五下，如果被我發現你講謊話就加倍處罰！」試想，說實話一定會被打，那還不如賭賭看，說不定不會被打！），因此，說謊的個案自己都會非常的小心，因為他們也知道說了一個謊之後，後續要有更多的謊言來圓前面的謊，所以如果治療師以「防賊」一樣的心態與說謊的個案互動（跟他平常遇見的大人一樣！），則個案必然也會很「努力」的提醒自己要記得跟治療師說過什麼話；反之，只要治療師真的秉持無條件正向尊重個案的感覺和想法，亦即接受他所做所說的一切，而且對於所得到的矛盾訊息都只是很輕鬆的提出澄清，則個案便會逐漸的發現，在我的面前說真話要比說謊話輕鬆多了（當然也有可能個案覺得我很好騙！）。

《案例二十八》

男生，五年級，問題之一是會說謊。在跟他的互動中，我都很相信他告訴我的東西，當我發現他所說的前後矛盾時，我也只是指出其中的差異，並且希望他讓我知道我是哪裡聽錯了。經過幾個療次之後，個案忽然對我說：「我發現我講謊話你也不會對我怎麼樣，我決定以後都跟你講實話！」

二十四、沉默的意義

談話治療的溝通媒介是語言，因此當個案出現不講話的沉默情形時，等於失去溝通的管道，所以很容易造成治療師的恐慌。簡言之，個案出現沉默所代表的意義有二，其一是正面的意義，因為個案正在思考剛才和治療師之間的對話所衍生出來的感覺和想法；此時治療師必須給個案時間去整理，不要急著打破沉默——這是經常發生的情況，因為有時治療師本身也無法忍受沉默——往往在個案主動打破沉默之後，可以發現個案已經有一些頓悟和進步。

沉默的另一個意義則是負面的，因為它代表個案對於治療過程——投契關係、對治療師能力的懷疑等等——的不滿意。在這種情況下，因為談話治療的個案通常是具有自主能力的成人，所以往往個案會主動結束治療的契約關係，而且是以不透露任何訊息的方式悄悄離開。

因為遊戲治療不是完全依賴語言為溝通媒介，不說話的時候還可以有遊戲進行，所以不會有上述的語言方面的沉默出現；不過，在我的經驗中，遊戲治療一樣會有類似談話治療中的沉默意義的現象出現——個案已經可以在和治療師互動的過程中集中在某些主題上，但是卻又再度出現不斷的玩不同的遊戲，或者玩遊戲時不怎麼投入，心不在焉等類似起始階段的遊戲現象。如果是上述的負面意義，因為被強迫而來的兒童個案無法自己決定不來，所以在勉為其難的參與情況下，治療師將會發現對於該個案很難產生治療效果。解決的方式除了轉介之外，大概只有避免它發生了！（如果可以建立起良好的督導制度，應該可以避免這種問題的產生。）

如果是沉默的正面意義，則只要治療師能夠給個案時間，讓他有機會用自己的步調和節奏整理自己，他一樣會出現像上述成人般的表現。

《案例二十九》

個案已經進入了治療階段，第十五個療次。個案拿了一些玩偶到沙箱，摸摸這個玩偶，偶爾拿沙子撥在玩偶上面，然後又換另一個玩偶，再重複剛才的動作；不久之後，站了起來，在遊戲室裡晃來晃去。整個過程，眼睛經常會瞄我一下，當我眼睛看到他的眼睛時，就趕緊避開我的視線。我沒有催促他，就等在一旁陪著他。十分鐘過後，可以感覺個案好像是鼓起勇氣的看著我，然後說：「我要告訴你一個秘密……」

二十五、修養

用這個標題有點奇怪，但我只是想要表達兩個值得治療師注意的事情。首先，在遊戲治療的過程中，如果治療師從一般大人的角度來看個案玩的遊戲，幾乎很容易預期到個案在遊戲過程可能會出現的一些紕漏；此時，如果治療師耐」不住，指出這些紕漏，則很可能就讓個案失去了一習的機會，或者治療師自己也失去一次蒐集資料的機會。

《案例三十》

遊戲室中有一大堆用廢棄的木料所做成的積木，個案說他要蓋一座游泳池，也很專心的蓋了起來。當時我心裡就想到，這些積木疊起來一定會有很多縫，水會從這些縫裡面流出來，可是就忍住不說。游泳池蓋好了，個案很高興的提了一桶水，高高的倒了下去；我所預測的情形根本沒有發生，因為水已經把整座游泳池給沖垮了！個案一看到變成這樣子，突然好像失魂似的大聲叫：「媽媽！不要打我！我不是故意的！」重複了大約十五秒鐘，我慢慢的在旁邊喊著他的名字，才逐漸回過神來。

我告訴他：「沒有關係，這不是在家裡，我們去拿一些抹布擦乾就好了。」個案也照著做，收拾完畢之後，他又說還要再試一次。花了一點時間，終於又蓋好了一座游泳池。個案說：「我知道怎樣才不會讓游泳池垮掉。」這一次，他彎下腰來，輕輕的把水倒進去。這一回真的沒有被水沖掉，個案非常有成就感的在旁邊拍手叫好；可是，我所預期的事情發生了，水慢慢地從縫隙中流了出來。個案不像剛才那樣的慌張大叫，而是非常冷靜地說：「我有一個辦法，可以拿膠帶把這些縫黏起來，水就不會流出來了。」他做了，他成功了！

因為我的「忍耐」，我看到了媽媽在家裡對待個案的方式；因為我的「忍耐」，我也感受到個案解決問題的能力和機智；因為我的「忍耐」，個案得到他很需要的成就感！

「修養」的另一個意思，是治療師要以個案的福祉為第一優先考慮！在治療的過程中，治療師經常會碰到「勾起」自己弱點的情況——「心理分析」學派的語言稱為「反情感轉移」（counter-transference），即治療師將自己的情緒投射到個案身上而不自覺，對治療會產生負面的影響——若治療師無法察覺和擺脫這種處境，一方面很容易失去最足以發生治療效果的契機，另一方面可能對個案造成傷害！

《案例三十一》

五年級，男生。從小父親就認為要嚴格管教，只要個案犯錯一定是打，甚至還會把他吊起來打；當個案和別人發生爭執的時候，爸爸不問誰對誰錯，一定先打個案一頓。基於如此的成長背景，個案的問題是缺乏自信，和父親的關係非常糟糕，也造成個案對於環境非常不信任，人際關係也很糟；因此，改善個案和父親的關係是我的治療重點之一，可是，如何讓個案對我產生更多的信任，是當時必須解決的障礙。

有一次，我和個案騎機車到某所大學去玩。機車停車場靠校園這一邊，是用縫隙很大的欄杆圍成的界限，所以很多人都直接鑽進縫隙進入停車場。當我們準備去拿機車回家時，恰巧有一個身材很魁梧的大學生鑽了過去，個案大笑一聲說：「哈哈！狗才鑽狗洞！」那個大學生很快的直接跳過欄杆，衝到我們的面前，指著個案一直罵。個案的臉色非常不好，握著我的手一直發抖，身體也躲到我的後面來。

其實，當時我自己真的非常緊張和害怕；可是基於對個案所做的假設，我認為我必須出來保護個案，所以就站出來，用微微顫抖的聲音，抬起頭來對著大學生說：「他說你是狗是他不對，但是你不走門而用鑽的方式進去，好像也不怎麼有水準嘛！」大概大學生看到旁邊有一個大人（雖然身材矮小，好歹也算是大人），就悻悻然轉過身，嘴裡念念有詞的走了，我也才慢慢止住自己發抖的雙腳，腦袋空空，也不知是如何走到停車場騎上機車的。騎了一陣子機車之後，個案突然很用力的抱緊我，說：「梁老師！你當我爸爸好不好？」從此之後，我和個案之間的關係只能用突飛猛進來形容……

《案例三十一》的事件發生之後，也讓我自己反省了很久。其實，實務工作本來就是會遇到很多和自己有關的現象，如果真的有心要走上這一行，這些可能讓治療師出現「反情感轉移」的「危機」，也正是讓治療師更加了解自己，提升自己「修養」的「轉機」；不過，這將是一段漫長的心路歷程，如人飲水，冷暖自己體會吧！

二十六、主題

要定義所謂的「主題」不是一件容易的事情，但是在筆者的經驗中它又是很重要的現象，所以暫時就先將「主題」界定為「扮家家酒」的劇情內容，個案所選擇的玩具內容，以及治療師和個案出現對話時的「話題」。因此，主題的改變指諸如「扮家家酒」的劇情變換，更換所選擇的玩具內容，以及治療師或個案改變了「話題」。主題的重要性包括判斷與個案之間關係的好壞（參閱第十章）、評估治療師與個案的互動是否恰當，以及是否出現了 Erikson 所謂的「遊戲中止」（play disruption）現象（Erikson, 1963）。

以一般簡單的算術概念來看，如果治療師每次處理的時間是五十分鐘，則主題的數量愈少，每個主題進行的平均時間就愈長；主題進行的時間愈長，就比較有可能進行得更深入。相反地，倘若主題的數量愈多，則平均每個主題進行的時間就愈少，也就比較不可能深入下去，得到重要且深入訊息的機會就愈小。在遊戲治療的起始階段，因為治療師與個案之間還在建立關係，所以通常個案還不願意坦露太多心事，因此其遊戲的主題數量就會比較多，亦即常常會出現主題改變的現象；等到治療師與個案的關係有所進展時，個案才比較有可能讓其遊戲的主題深入，也就比較少改變主題。換言之，治療師可以依照個案遊戲時所表現出來的主題數量，判斷與個案之間的關係是否已經建立良好，只要個案所出現的主題有比較少的趨勢，大致來說，表示治療師與個案之間的關係正在逐漸進步當中。依照筆者的經驗（「注意力缺失／過動症」除外），在遊戲治療的起始階段，尤其是第一次，每次進行的主題數量平均大概有十五至二十個，可是進入治療階段之後，大概平均只會出現五個主題，甚至有時候還可以減少到一或兩個主題而已！即使是「注意力缺失／過動症」的個案，雖然其主題數量普遍比其他種類問題的個案多，但是也一樣會隨著治療師與個案之間關係的逐漸建立而減少。反過來說，如果個案遊戲的主題數量一直降不下來，可能是治療師和個案的關係一直沒有突破，也可能要注意個案是否有「注意力缺失／過動」的問題存在。

在和治療師進行督導工作時，治療師們都相當關心自己的反應是否恰當，以及是否有其他更好的互動方式。此一問題的答案很難回答，因為與個案的互動都是在「電光石火」的瞬間，治療師必須迅速決定要採取何種方式與內容回應個案，不可能讓時間暫停再慢慢思考。因此，如果治療師的回應可以維持住個案所呈現的主題，其實就可以算是「可接受」的反應，反之，如果治療師的回應打斷了原來個案所展現的主題，就是「不恰當」的回應。這也是筆者非常強調要學習遊戲治療，一定要花時間謄寫逐字稿的理由，唯有透過這種細部的分析，才可能讓治療師有反省和學習的機會。至於是不是「最好」的回應，就有待治療師不斷地努力，尤其是治療師是否確實做到筆者一再強調的「衡鑑—猜測（假設）—介入」的動態工作架構，以及透過與督導的事後檢討，研商出如果再遇到類似的狀況，還可以出現的其他回應。

有時候治療師回應之後造成個案原本進行的主題中斷，且改變成與原來主題不相關的其他主題；此現象也許是上述治療師回應不當所致，但是有時候主題的中斷並非是治療師回應的方向或方式不對，而是因為個案出現了「遊戲中止」現象。所謂的「遊戲中止」是指個案玩遊戲的過程突然停止不再繼續，筆者認為Erikson的原意並非個案突然不玩，而是指遊戲主題的突然中止。Erikson認為此一現象的出現，表示兒童在與治療師的互動過程中，突然「察覺」遊戲所代表的意義太過深入自己的內心深處，而造成兒童感覺受到威脅才停止遊戲，其意義有二：其一是該遊戲意義（或筆者所稱的主題）對兒童而言相當關鍵，但是兒童還沒有準備好要面對；另一是兒童認為此時此刻與治療師的關係還沒有完全達到實質的信賴程度。因此，倘若在遊戲治療過程中出現「遊戲中止」現象，治療師必須確實找出其可能的意義（有賴於治療師對此個案的「衡鑑—猜測（假設）—介入」歷程），然後檢討自己與個案的關係。若是因為關係還不夠好，則要加強自己與個案的關係，一旦關係變得更好，將來遇到恰當的時機，個案還是會出現這個主題，屆時再掌握機會處理之；若是關係已經不錯，則表示是個案本身尚未準備好面對此主題，切記在此次的個案時段所剩下的時間內，治療師不要再主動往此主題方向切入，因為如此作法可能會將個案逼入更不願意去面對的境界，但是在往後的治療時段，治療師要在個案遊戲過程中適時地再度切入此一主題。

如果特別將主題界定成治療師和個案出現對話的「話題」，則在實際工作中還會經常出現一個現象，那就是個案在說話時，在一個敘述句中包括了兩個（或以上）主題，此時治療師究竟應該接哪一個主題與個案互動呢？例如個案「扮家家酒」的劇情是有客人到家裡來玩，主人正忙著布置場地和準備餐點，然後客人陸續來到，個案說：「喂！老鼠你怎麼這麼沒有禮貌，主人都還沒有說開動，你怎麼自己就先吃東西！假裝現在時間到了，可是狐狸先生還沒有來，因為他在路上出車禍了！」這句話中有兩個主題，第一個是客人不尊重主人沒有禮貌，第二個是有人出車禍；治療師在那個剎那該針對哪個主題回應呢？

如果沒有交代個案的其他相關資料，也就是治療師的「衡鑑—猜測（假設）—介入」，實在很難回答選擇哪一個回應比較恰當。現在再加一個資料：此個案的主要問題之一是人際關係不良。此時大概許多治療師都會說選擇第一個主題比較好，因為這個主題跟人際關係比較有關。倘若前述資料取消，改成這個個案是大災難之後的遺孤，治療師大概會覺得選第二個主題比較好。由此可見，治療師應該要根據自己對於個案的工作架構來決定選擇哪個主題。然而，筆者在督導經驗中發現，治療師在這種情況下容易有「新近效果」（recency effect），亦即選擇的是後面出現的主題，而不是根據自己的工作架構。另一方面，若治療師判斷兩個主題都很重要，那就要隨著當時的情境脈絡彈性選擇，但是要記得再回頭處理另一個主題。

二十七、同時擔任親子或手足的治療師

筆者在前面的章節中強調一個觀念「父母是共同個案」（參閱第三章），亦即父母也是治療師要改變的對象。此處要特別強調的是治療師是以「親職教育」的觀念進行父母的改變，而不是在與父母親溝通時，發現父母其實本身已經有自己的心理偏差行為（例如憂鬱症、焦慮症等等），結果治療師自己也變成是父母親的治療師，亦即同時變成是兒童個案和父母個案的治療師。如此的作法並不恰當，理由是治療師在面對兒童時，因為兒童知道你也在跟父母定期見面，所以他會愈來愈不放心你會不會將他告訴你的話讓父母知道，非常不利於治療的進行；反之，治療師在和父母進行心理治療時，一旦遇到需要「面質」父母的時候，他們很快的會將話題轉移到孩子身上來逃避面質！孩子會變成父母不願意勇敢的面對自己的「擋箭牌」！因此，理想上是將兒童定位成治療師的主要服務對象，若是父母親本身需要做諮商或心理治療，應該安排另外一位治療師。

如果父母親真的需要安排其他的治療師協助，就要明確

的讓家長知道此一安排的重要性，例如筆者的說法是：「你的孩子是我優先考慮處理的對象，而從我考慮你小孩的過程中，我發現你的現象影響你的小孩很多。為了孩子好，你需要做一些改變，可是從這幾次這樣談下來（親職教育的過程），我認為你也需要找專業人員幫忙；倘若你不願意，那小孩可能就必須要結案，因為我再怎麼努力幫忙你的小孩，因為你的無法配合，可能都是沒用的！」

此外，有時候家長是先帶一個孩子來，經過治療師的親職教育「薰陶」之後，家長可能也擔心另外的孩子也需要治療師幫忙，而要求治療師同時處理手足。如同上述，這樣的安排一樣是不恰當的，因為如果手足都是同一個治療師，那平時在家中容易出現的「手足相忌」（sibling rivalry）現象，也會在各自的治療過程中出現，例如常常會問治療師對誰比較好，手足在遊戲室裡面最喜歡玩什麼等等，反而讓各自的問題更加複雜化。然而，在臨床經驗中，家長有一個孩子被治療師處理得不錯，對家長而言是最大的「信心」來源，所以這種情形很容易出現。為了不要斷掉治療師的「財路」，我想還是要遵守「不要同時處理手足」的原則，但若是一個已經結案，再繼續接另外一個手足就放寬一點，不過治療師要注意後來的這個手足，可能還是會有「手足相忌」的情形出現。

二十八、中斷又出現的個案

這種情形可以從不同角度來考慮，首先是治療師應該要檢討是否以前結案的過程出了問題（參閱第十章），並從其中幫助自己學習。不過，一般來說很少見，因為要是出現了這個狀況，家長大概對治療師也不再信賴就不會帶來了。其次，也是最常見的，是治療師服務的單位特性所致，例如學校的治療師，即使個案仍然不適合結案，還是會因為寒暑假而中斷，等開學後再繼續，所以中斷的時間比較長；或者有時候個案生病、考試、出國等等（通常中斷時間比較短）。原則上，因為上述這些原因發生的中斷，不管中斷時治療過程是屬於哪一個階段，治療師還是要將個案再回來的時候先定位成「起始階段」，亦即治療師要將原本已經有的「衡鑑—猜測（假設）—介入」架構再檢查一下，尤其是要留意在中斷期間個案是否有發生什麼事情，可否用原來的架構繼續運作？為了幫助這個工作可以進行得更順利，筆者通常會利用電話定期和個案聯絡表示關心（出國除外）。

為了避免因為服務單位的特性所造成的中斷，學校治療師其實可以在一開始就設定要進行短期遊戲治療（參閱《遊戲實務指南》第十章，台北：心理出版社，2001）。

二十九、Do something vs. Do nothing

雖然遊戲治療的過程區分成起始階段、治療階段和結束階段，而且每個階段都有其不同的目標和任務，治療師應該很扎實的一步一步走才是正途。但是，許多治療師或許是收取治療費用的壓力，或許是邏輯上「想要改變個案必須要做些什麼才能達成」的合理推論，常常在起始階段就急著要做些什麼來改變個案。然而，依照筆者督導的經驗，倘若起始期的任務尚未完成，治療師就急躁地想要做些什麼改變個案，反而會讓後續的治療過程遭遇到更大的阻礙（參閱第十章）！新手治療師最好能夠覺察自己接個案時的「歷程」，才能免於背負上述的壓力，並且時時提醒自己，遊戲治療的過程尤其是在起始階段，不是治療師非得「做」或「說」些什麼才叫作「接個案」，有時候，什麼都不做不說，只是單純的用表情、姿勢等等，就能表達出我們對個案的關心與建立關係的期待，因為最重要的是跟著個案的步調前進，而不是將個案拉過來隨著治療師的步驟起舞！

不過，筆者特別要指出一項常見的錯誤，許多治療師急著做些什麼的理由，並非是如以上所說的壓力或合理推論，而是治療師本身在處理自己接個案時的不確定感和緊張，尤其是遇到本章所說明的各種狀況時！當治療師不知所措的時候往往就會「話多」，話一多就很容易出現「玩和說平行」

的現象。如前面章節所說，遊戲治療的過程並非治療師和個案之間絕不能出現談話的互動方式，因為談話本身也是遊戲過程的一部分；基本的態度是以遊戲為主，以談話為輔的溝通過程，所以遊戲和談話應該是彼此有關聯的。然而，許多治療師常見的錯誤卻是談話的內容與遊戲的內容「平行」，亦即個案玩他自己的遊戲過程，治療師在一旁不斷地說一些與遊戲內容無關的話（我在督導時，總覺得此時治療師真的是在「碎碎念」），例如個案在玩積木，治療師在旁邊問：「你幾歲？最近是不是考試啦？」個案正融入「扮家家酒」的劇情中，治療師卻說：「最近比較冷要多穿衣服！」治療師的語言內容跟個案玩的東西根本不搭軋，語言跟個案的遊戲完全沒有交集。打個比方，當你專心在做一件事情，旁邊有人在碎碎念，你一定會覺得這個人很煩耶！所以我在督導的時候，常常跟治療師講，最好能夠碰到「選擇性緘默症」的個案，才能真正體會什麼是遊戲治療！

雖然筆者已經有二十年的遊戲治療經驗，還是常常會遇到各種前所未有的狀況，心裡也一樣會緊張，結論是：「如果不知道該怎麼辦，就什麼都不辦！」我的意思是如果我不知道該如何處理，問題一定是出在我對現在遇到的「內容」，還沒有形成對其「歷程」的猜測（假設）！所以就告訴自己，既然沒有猜測（假設），當然也不知如何介入才是恰當，那就好好的從這個經驗中學習。建議剛踏入遊戲治療的治療師們，緊張時「嘴巴閉起來，眼睛睜大一點！」

本章雖然列出了二十九項在遊戲治療中常見的困境，但是一定還沒有窮盡，也與國外學者（Gabel, Oster, & Pfeffer, 1988）所列出來的困境未盡相同，因為每個個案都是獨一無二的個體，再加上社會變遷的脈絡變化，兒童本身的問題內容也日新月異，這個工作本身就是一個不斷的挑戰。因此要再度提醒的是，如何處理遊戲治療中的各種狀況才是最恰當的，其實沒有標準答案，因為不同理論取向的看法不盡相同。筆者在實際經驗中體會出一個簡單且可以暫時免於理論取向束縛的判斷準則：只要治療師的回應能夠和個案的互動順暢的持續下去，就是一個「可以被接受」的作法。至於是否是最好的或最恰當的作法，往往要在個案結束之後，經由治療師一再地反省推敲，才能提出「可能」的答案！

其次要強調的是，本章在前述中提出的諸如「接個案時的不同階段」、「內容」和「歷程」等觀念，尤其是要從內容中猜測出其歷程的重要性，筆者深信心理治療的工作是可以從理性的角度加以訓練的，而不是一般所謂的直覺；因為直覺的意義對筆者來說其實就是「自動化思考」，而要能夠讓臨床經驗的心得很迅速地變成自動化思考，治療師就必須要在經驗中不斷地強迫自己（不是依賴督導，雖然督導很重要！）檢討與改進。畢竟督導的工作都是「事後諸葛亮」，重要的是治療師自己的努力和學習所做出來的立即判斷。過去在接受柯永河教授的督導時，他時常叮嚀我：「獅子搏兔也是全力以赴」；當一個治療師，不論個案的問題是什麼，總是要以個案的福祉為最重要的考慮，遇見任何狀況，總是要在經驗中不斷的學習，才能在此工作上堅持下去！

（本章根據《中華心理衛生學刊》2006年第19卷第3期所刊登之〈遊戲治療起始期困境〉一文補充完成；原文於2005年11月被接受刊登。）

第十二章

以團體形式進行個別治療

除了用個別的形式進行遊戲治療之外，遊戲治療也一樣有團體治療的形式，許多學者也提出團體遊戲治療的一些概念和作法。然而，本章所採用的標題是「以團體形式進行個別治療」，而非「團體遊戲治療」；所以本章將先說明其理由，然後再提出我個人在這方面的經驗，以及所遇見的困難與解決方式，和大家分享。

第一節　影響團體治療效果的因素

在團體治療中頗負盛名的大師 I. D. Yalom 一九八五年的著作：*The Theory and Practice of Group Psychotherapy*（台北：桂冠圖書公司已有翻譯本），是我開始使用團體治療的啟蒙書，他一共提出十一項團體治療所以能夠發揮治療效果的影響因素（curative factors），茲分述於下：

1. **希望的灌輸**（instillation of hope）：主動參加個別治療的人，基本上都會因為自己長期存在的問題而感到困擾和沒有希望；當自己感覺在治療中沒有進展的時候，更容易加深這種沒有希望的負面感受而降低求助的動機，也會造成更不容易產生治療效果的惡性循環。可是，相對於個別治療，團體治療因為參加的人數較多，因此每個成員在團體

中得到治療效果的時間也不同，所以雖然自己還沒有感受到有明顯的進展，但是看到其他成員表現出來的進步，也會帶給自己更大的希望，而不至於降低求助的動機。

2. **問題的普遍性**（universality）：有行為問題或情緒困擾的人，通常都會有自怨自艾的情形，總覺得自己是世界上最不幸的人而懷憂喪志，缺乏積極向上的動力。團體治療的好處就是把一堆自怨自艾的人們聚在一起，讓他們發現世界上不是只有他自己有問題，還有其他跟他一樣的人存在，而不至於失去努力改善自己的動機。

3. **獲得多樣化的訊息**（imparting of information）：改變發生的前提是獲得新的訊息。在個別治療中，個案只能從治療師處得到訊息，而在人數較多的團體治療中，除了治療師之外，還能從其他成員處得到更多的訊息，所謂「三個臭皮匠勝過一個諸葛亮」，訊息愈多，產生改變的可能性也愈大。

4. **提供助人的機會**（altruism）：有行為問題或情緒困擾的人，通常在生活中也很少有得到成就感的機會，缺乏成就感也容易惡性循環的自暴自棄。在團體治療中，治療師會鼓勵成員發表意見，當成員發現自己的意見居然能被其他成員採納，並能對其他成員產生幫助時，也等於是讓自己重新獲得成就感，就能夠打破對自己只有負面評價的惡性循環，重新對自己產生正面的看法。

5. **原生家庭經驗的修正性再現**（the corrective recapitulation

of the primary family group）：許多人的問題都和他過去生長的家庭經驗有關，如果能夠有機會再度經歷過去的不良經驗，則等於有機會重新面對和處理這些過去沒有處理好的經驗。在團體治療中，治療師彷彿是在扮演父母的角色，每個成員則都在扮演手足的角色。在這種情形下，團體運作的過程中，很自然會出現讓成員感覺到是過去經驗的再現；不同的是，現在的父母是治療師，他可以運用專業的方法幫助成員，使成員在團體中重新處理過去的經驗，而達到治療的效果。

6. **社交技巧的發展**（development of socializing techniques）
7. **模仿行為**（imitative behavior）
8. **人際之間的學習**（interpersonal learning）：

*6. 7. 8.*三個因素所要表明的概念非常類似；簡言之，參加團體治療的成員，其學歷和經歷等各種背景都不盡相同，「三人行必有我師」，每個成員都有值得其他成員學習的地方。透過治療師的指引和提醒，成員都有機會在彼此的人際互動過程中，藉由模仿、討論和分享等不同的形式，學習到社交技巧和問題解決等對自己有幫助的各種能力。

9. **團體凝聚力**（group cohesiveness）：凝聚力指成員對團體所產生的歸屬感和向心力。在凝聚力之下，成員們會彼此關心相互勉勵，使其他產生治療效果的因素，得以有更能夠發揮的舞台。就如同在個別治療中，強調投契關係的建立是使個案產生改變的前提一樣；在團體治療中，如果治

療師沒有辦法使團體成員產生凝聚力，則幾乎可以斷言會得到失敗的結果。

10. **情緒紓解**（catharsis）：從心理分析的能量觀點來看，帶有能量的情緒經驗是促使個體產生困擾的主要原因（參閱第五章），如果能夠有人願意傾聽自己的內在情緒與感受，是紓解這些情緒能量的良好管道之一。團體治療的好處，就是治療師一方面會鼓勵成員說出自己的內在心路歷程，一方面也會要求成員去傾聽別人說話，所以每個成員都有得到紓解情緒的機會。
11. **「存在」的體驗**（existential）：許多有行為問題或情緒困擾的人，通常也會失去生活的意義，連帶著也開始質疑自己「存在」的價值，而處於一種虛無縹緲無所適從的情況，很容易刻意將自己和外界隔離開來。愈是不和外界接觸，愈不容易擺脫這種「存在」的問題，等於是陷入另一個讓自己更糟糕的惡性循環。團體治療的過程，等於是「強迫」每個成員和別人接觸，藉著前述各種治療因素的作用，可以幫助成員重新找回自己生活的意義，找回自己的「存在」。

以上是 Yalom 所提出來的概念，非常吸引我，我也就照著這些概念去試試看。

第二節　兒童團體的限制

Yalom 認為使團體治療產生效果的最重要影響因素是凝聚力，如果沒有凝聚力，則使團體治療產生效果的其他影響因素都無法發揮最大的功能。當團體中出現「次團體」（subgroup），且治療師處理不當時，對團體凝聚力的破壞最嚴重，因為這樣會使得團體四分五裂，而由兒童所組成的團體的最大特點就是次團體，尤其是小學低年級和幼稚園的兒童；隨著年級的升高，這種次團體的情形會稍微減緩。

造成這種現象的原因，主要是兒童所處發展階段的限制所致。因為雖然同儕對兒童的重要性逐漸增加，但是對於仍然處於「後果期」道德發展階段（即在判斷事情對或錯的時候，並非根據客觀的標準，而是以事情的結果對自己是否有利益來決定）的低年級兒童和幼兒而言，在團體中最重視的還是和自己物質性或肉體性有關的結果，而不是團體本身的和諧性，所以經常可以看到他們在團體中為了維護自己的利益而鉤心鬥角。通常他們所用的方式，都是依據利害關係而拉攏團體中的成員，於是就形成了各種次團體。如果這種次團體的現象很穩定，或許還可以利用次團體所關心的利害關係，將之轉化成對整個團體有益的動力；問題是這些次團體本身也不夠穩定，往往會隨著團體進行的過程而有所變動。例如張三想玩李四正在玩的玩具，李四不肯借張三，於是張三就會去慫恿王五不要和李四「好」；等一下變成王五想玩張三手上的玩具，但是張三也不肯借王五，於是原本張三和王五的「結盟」很快的就破裂，反而變成王五和李四是「同一國」。

造成次團體的另外一個原因，是團體進行活動的空間是遊戲室；看到一大堆玩具而不會被吸引住的兒童，至少我還沒有看過。面對這麼多好玩的東西，每個成員都會很快的因為所選擇玩具的相似性而形成次團體，然後隨著遊戲的變化，每個次團體也隨之解散和重組；所謂的團體只是在同一個空間中，幾個不穩定的次團體聚在一起而已，凝聚力？門都沒有！

從以上的角度來看，遊戲治療其實很不適合以團體治療的形式執行。不過，一方面我還是認為遊戲是兒童最主要的溝通媒介；另一方面是對一個要收取費用的助人專業機構而言，參加團體治療的成員所負擔的費用可以壓低，但在同一時間可以收取到更多的費用，並且還能夠同時幫助更多的人。在這種「執著自己的理念」還要兼顧「現實」的情況下，我只得繼續以團體遊戲治療的方式提供服務；也所幸是如此，我才能發現自己的一個嚴重錯誤——忽略了讓 Yalom 提出這些概念的現象，是他以成人為主要對象的團體治療經驗，而我自己又太相信大師的權威，要把它用到兒童身上，恐怕還有一段距離。於是我還是以大師的概念為藍圖，但也讓自己「回到現象」，希望藉由整理自己的經驗，使自己的團體帶得更順手。

就 Yalom 所提出來的影響團體治療的十一項因素來看，第 11 項「存在的體驗」可能是比較深奧的緣故，在我的經驗中很難體會到兒童會有這方面的問題。兒童很少會認為自己有問題而主動求助的現象，也使第 1 項「希望的灌輸」和第 2 項「問題的普遍性」難以發生作用。第 9 項「團體凝聚力」的問題，則已經在前述的說明中指出，雖然 Yalom 認為凝聚力是使其他因素發生作用的基礎；不過，在我的經驗中，即使「凝聚力」是一個問題，還是一樣可以感受到第 3 項「獲得多樣化的訊息」、第 4 項「提供助人的機會」、第 5 項「原生家庭經驗的修正性再現」、第 6 項「社交技巧的發展」、第 7 項「模仿行為」、第 8 項「人際之間的學習」和第 10 項「情緒紓解」等七個因素的影響力。不過，因為無法產生凝聚力的問題，我已經將「團體治療」改成「以團體形式進行個別治療」；換句話說，我還是以個別治療的精神達到改變兒童的目的（參閱第九章），我將在下一節和大家分享我的經驗。

第三節　以團體形式進行個別治療

必須先提醒的是，目前有很多機構都有進行所謂的團體，而這些團體未必都是真正在遊戲室裡面進行，且通常都是採取「結構式團體」的形式（見後文說明）進行，所以並非是團體遊戲治療。此處說明的是兒童團體遊戲治療，可能會和目前常見的團體不同，不過，有些經驗和心得相信一樣可以對這種類型有所助益。本節首先說明組成兒童遊戲團體的考慮因素，並且盡量以我個人帶領團體遊戲治療的一些心得舉出案例，說明提出這些考慮因素的理由。

一、選擇參加成員

並不是每一個個案都適合參加團體治療，Anna Freud 認為，如果兒童的問題是源自最原始的人際關係不穩定（即親子關係，尤其是母子關係），則不適合參加團體治療，因為他會一直黏在治療師旁邊，使治療師無法進行該做的工作。Ginott 認為尚未出現「社會饑渴」（social hunger）的兒童不適合參加團體，因為他根本就不在乎別人對他的看法，無法利用同儕的壓力讓他產生改變的動機。我個人相當同意這兩位學者的看法；在進行團體遊戲治療時所選擇的成員，通常都是在同儕之間的人際關係方面有問題的個案，所得到的效果比較顯著。

Anna Freud 和 Ginott 的看法，也可以提醒治療師從診斷類別來區分個案是否適合參加團體治療。例如屬於「分離焦慮症」（separation anxiety disorder）的個案，其問題本質是一離開主要照顧者就出現緊張、焦慮和哭鬧的情形，除非主要照顧者願意一起參加團體，否則個案根本無法單獨參與團體，治療師只好花時間處理此個案，自然無法兼顧到團體其他的成員。又如《案例一》的自閉症，問題本質就是在社會互動方面有明顯的缺陷，讓他參加團體也只是造成治療師更多的困擾而已。此外，出現「社交恐懼症」（social phobia）現象的孩子，因為太過於在乎他人對自己的評價或看法，進入團體可能也會讓孩子無法適應得很好，所以也必須先經過個別治療，達到某種程度的改善之後，再參加團體治療學習一些社交技巧，比較妥當。

《案例一》

四年級，男生，診斷為高功能自閉症。因為自閉症，很明顯的缺乏前述之「社會饑渴」，所以採用個別治療方式進行。經過一段時間的個別治療之後，我所服務的機構舉辦兒童夏令營，我想利用這個機會檢查個案當時的人際互動情況，於是就讓個案也參加三天兩夜的梯隊。整個活動的過程，個案雖然可以像一般兒童般的參與活動，但是只要有衝突發生，個案仍然非常依賴我，一直要求我替他解決問題，使我在夏令營期間無法注意到其他參加成員的情況，幾乎都是在處理個案的狀況。

二、成員人數、性別和年齡

因為是以團體形式進行個別治療，所以在團體進行的過程中，治療師等於是要同時對好幾個個案做「衡鑑—猜測（假設）—介入」的工作。在這種情況下，治療師在同一時間內要注意的現象相當豐富，如果團體的成員人數太多，治療師一定會疲於奔命；因此，究竟團體成員人數應該多少才適合，我認為有幾個因素是治療師要考慮的。首先是治療師本身的治療經驗，若是依照筆者的主張「以團體的形式進行個別治療」，則個別治療經驗愈豐富者，其團體成員人數當然要比沒有或較少經驗的治療師多。其次，設定的團體成員年齡也是重要的考慮因素，如果是設定在學齡前兒童，則成員人數在三到五人，對於治療師較為恰當；若是低年級學齡兒童，可以考慮八到十人；中高年級的人數還可以更多一些。第三，團體是一位還是兩位（或以上）治療師帶領，一個人帶領當然人數會比兩個人（或以上）帶領來得少。另一方面，如果成員能夠比較集中在遊戲室的某個地方一起玩遊戲，會比較方便治療師工作的進行——但是治療師不能強迫成員一起玩；

因此，可以透過性別和年齡來增加成員「玩在一起」的可能性。

一般來說，學齡前的兒童性別角色的分化上不明顯，低年級以前的兒童比較沒有性別上的顧忌，所以有些學者認為團體治療可以讓男女生混在一起；到了中高年級，因為逐漸步入青春期，所以大多數的學者認為男女生要分開比較好。不過，若是依照筆者的經驗，因為遊戲室裡面的玩具種類很多，而且男女生喜歡玩的玩具不盡相同——女生很容易聚在一起玩「扮家家酒」，男生則幾乎就拿起玩具刀槍打來打去——所以會讓團體成員變成兩個次團體，治療師當然也就無法兩面兼顧。基於這個理由，我比較贊成不論年齡為何，團體成員的性別最好是相同的。

同樣的道理，不同年齡的兒童喜歡玩的東西也不一樣，如果年齡差距太大，也會使治療師沒有辦法照顧到每一個成員。另一方面，對兒童而言，年齡差距所造成的能力表現方面的差異，會隨著此差距的變大而加大。不同能力的兒童就比較不容易玩在一起，也是會造成治療師工作上的不方便，因此，團體成員的年齡也不宜差距太大。由學齡前的兒童所組成的團體，年齡差距最好不要超過六個月；學齡兒童的團體，則最好按照低、中和高年級來劃分。

《案例二》

六名幼稚園大班兒童組成的團體，男女生各半。在遊戲室中，幾乎每次都是分成男女生兩邊玩遊戲，女生大概一開始都將玩具帶到沙坑玩「扮家家酒」，男生則拿著玩具刀槍四處遊走，最後還是停留在沙坑附近。一方面使我在團體進行過程中分身乏術，無法同時兼顧這兩群成員，另一方面，每次都在處理雙方對於沙坑的使用權，無法達到我想要強調的在團體中進行個別治療的目的。

三、團體成員的適度互動

由於在團體治療中，治療師的工作往往要利用成員間的互動為媒介來進行，因此成員間互動的頻率最好是「恰到好處」，使治療師對所觀察到的互動情形，都能夠適時的提供最有助於每個成員發生改變的訊息，達到最好的治療效果。因此，治療師在開始組成團體時，必須考慮到將來成員互動的情形。

一般所謂團體的「同質性」和「異質性」，指的是成員的背景資料是否類似，而最主要的考慮是成員的問題。具有相似問題的成員所組成的「同質性」團體，其優點是大家的問題接近，所以在生活中所遭遇到的困擾也很類似，比較可以彼此分享內在的感覺和想法，在治療過程中能夠相互提攜和扶持，而產生較好的治療效果。不過，也因為他們是同質性的問題，所以彼此的思考模式和解決問題的方法雷同的可能性也很大，造成成員無法提出比較具有創造性的訊息，因而相當依賴治療師所提供的訊息才能產生改變。「異質性」團體的優缺點則正好相反，成員的問題都不太相似，因此彼此之間比較難以體會別人的「問題」為什麼是「問題」，也不容易感同身受的做一些比較具有同理心的反應。從正面的角度來看，異質性成員比較能夠提供其他人解決問題，或者思考方面的不同立場，所以比較不會太過於依賴治療師本身的資源。從互動的立場來看，不論是「同質性」或「異質性」團體，成員都能夠產生互動，但是互動的內容會有差異。「同質性」團體的互動偏重於感覺方面的分享，比較不能提供解決問題方面的訊息；「異質性」團體的互動則較少出現感覺方面的分享，不過可以有更多樣的訊息出現。

由於我個人認為團體最好是由人際關係方面有問題的個案組成，因此在問題的大類別方面，基本上都是同質性的問題——不過，雖然一樣是人際關係的問題，但產生人際關係不良的原因卻不盡相同，有些是太過於害羞或退縮（即一般所謂的「內向型問題」），有些則是攻擊性太強、過動、衝動靜不下來（即一般所謂的「外向型問題」），所以在人際關係不良的原因向度上，仍然是屬於異質性的問題——因此我在組成團體時，考慮的因素偏重於「內向型問題」和「外向型問題」。前者在團體中會比較安靜，通常不會自己推動遊戲的進行，而只是一個人靜靜的玩；後者則是在團體中比較活潑，會主動提出遊戲的方式和內容。

如果在團體中的都是「內向型問題」的成員，則該團體不容易「動」起來，成員之間的互動會明顯降低，使治療師不易在團體中發揮應有的功能。反過來說，如果團體成員都是「外向型問題」」的兒童，則該團體會變得非常的「活動」，成員之間的互動太過頻繁，治療師還沒有處理完上一個互動時，下一個互動已經馬上接著出現，治療師疲於奔命的結果，當然會妨礙治療效果的產生。基於這樣的考慮，通常我會安排三分之一的「外向型問題」成員，三分之二的「內向型問題」成員，讓少數的「外向」成員發動所有成員彼此互動的機會，讓多數的「內向」成員扮演「煞車」的角色；另一方面，這兩種不同類型的成員也可以發揮相互學習的效果，讓「內向型問題」的有機會學到積極主動，「外向型問題」的有機會學到自我控制。

《案例三》

這不是我自己的經驗，而是曾經和別人討論過的案例，是一個完全由「注意力缺失／過動」兒童組成的團體。整個過程就看到一群孩子跑來跑去，治療師簡直束手無策，不知如何是好。

四、結構式或非結構式

團體治療一般也可分成「結構式」團體和「非結構式」團體進行。前者指治療師根據團體想要達成的目的，在團體開始進行之前，就事先安排好每次團體治療時段所要進行的活動內容（通常都是八到十次）；後者則是治療師根據團體自然發展出來的流程，當機立斷適時地提出——或是經由某種活動或是經由對話——治療師所認為的最恰當訊息，達到改變成員的目的。

從治療師的立場來看，帶領「結構式」團體比較輕鬆容易，因為治療師可以預期成員在結構式活動中可能出現的反應，事先就準備好因應的方法。相對之下，「非結構式」團體因為很難事先做準備，所以治療師在帶領過程中比較感覺到困難。不過，從參加成員的立場而言，「結構式」團體所安排的活動，並不一定和自己的問題有直接的關係，因此容易缺乏參加團體活動的動機，而減少了團體治療所希望產生的效果。反過來說，「非結構式」團體就比較能隨時根據每個成員的表現，讓治療師適時的提出最恰當的訊息，維持甚至促進成員參與團體的動機和表現，但是也因而可能在每次的團體中，只是針對少數特定成員的情形處理，很難兼顧到所有成員的需求。

就我個人的經驗而言，一群兒童進到遊戲室之後，因為遊戲室裡面的玩具太具有吸引力，所以幾乎很快就各自玩了起來。在這種狀況下，如果治療師為了維持結構式活動的順利進行，則勢必會採取比較命令的方式維持秩序，對兒童來說，就不容易感受到無條件正向尊重，而妨礙了治療師和成員間關係的建立。基於這個緣故，我幾乎都是採用「非結構式」團體進行治療；倘若我想要採取「結構式」團體的形式進行（通常是學齡兒童），我會將此團體所要進行的結構式活動的決定權，保留給成員們一起參與意見，避免由我一個人決定，例如在每次團體時間快要結束時，我會將成員聚集在一起，共同決定下一次團體要玩什麼遊戲或活動。主要的理由，是因為我強調的是「在團體中進行個別治療」，只要團體成員能夠有產生互動的機會，不必在乎互動的內容是什麼。

在遊戲室進行結構式團體的困難如《案例四》，所以目前坊間常見的結構式團體大都不是在遊戲室內進行，而是選擇一個裡面不會有玩具的空間（例如教室）實施。然而，根據筆者的觀察，這些結構式團體仍然擺脫不了成人團體的作法，例如結構式團體的目標放在自我成長、自我肯定訓練，或社交技巧訓練等等；然後再參考成人團體中常見的一些活動（以第一次團體的結構式內容為例，參考《案例五》），通常目標設定在成員之間的彼此介紹和認識。不管事先所設計的活動是什麼，其實參加的兒童成員還是一樣無法完全參與得很好。理由包括兒童成員未必是自願性參加的，所以合作的意願未必很高，亦即兒童不會像成人一般安靜地聽別人的自我介紹，並且專心地等待輪到自己時的自我介紹。再者，兒童在表達自己時通常都會緊張，所以還沒有輪到他時，他可能正在「分心」地想自己要如何做自我介紹，當然無法「專心」地聽別人的介紹；當自己介紹完了以後，緊張情緒的放鬆會讓兒童開始和周遭的成員，或者他原本就認識的成員進行「檯面下」的互動，例如逗別人、傳紙條或者小聲講話等等，整個團體變成無法在領導員的預期和控制之下！

《案例四》

同《案例三》，治療師事先設計了一些結構式活動。每個成員一看到玩具，心都飛走了！治療師雖勉強成員進行活動，但成員很容易在過程中因為玩具而分心，無法達成預期的目標。

《案例五》

團體領導員發下一些海報紙和彩色筆，告訴成員等一下要進行自我介紹，希望成員在海報紙上先畫好一些足以代表自己的動物並且寫出理由。成員們在吵鬧聲中斷斷續續地完成此一作業之後，領導員讓大家輪流發表。接下來的情形是：有些成員聲音太小其他人抱怨聽不見，有些成員根本講不出來，介紹完自己後，有些成員開始不安分地離開座位。領導員愣在當場，不知如何收拾善後！

雖然結構式團體可能存在這些問題，筆者仍然認為這是目前小學輔導室應該思考的重點。小學的主要目標是教育，雖然說教育部不斷推動所謂「教、訓、輔」三合一，但是事實上在師資的培育過程還是以教學為主要的考量，相關諮商輔導的課程並不足以讓未來的教師們有能力去處理真正有偏差行為（指符合醫療系統診斷的問題現象，參閱《兒童偏差行為》，台北：心理出版社，2004）的兒童，因此，小學教師應該有「教育的現象用教育的方法處理」，「偏差行為則應該要交由受過訓練的其他專業人員處理」的「轉介概念」。基於此一思考，輔導室的工作重點應該放在「預防」而非「心理治療或諮商」。上述有關結構式團體的相關問題，除了兒童本身的發展現象未必符合成人團體的帶領模式之外，另一方面也許是因為參加的成員往往都是比較有屬於偏差行為問題的兒童，所以本來就不容易帶領。然而，倘若輔導室將重點放在預防，則服務對象並不是已經出現偏差行為的族群，而是有可能出現偏差行為的「高危險群」，因此，他們本質上會比較願意聽「老師」的指導，所以可以根據相關的教學經驗或研究報告，從學校中先找出「社交計量法」，再針對他們以結構式團體的方式進行預防的工作。筆者的看法，這些可能的「高危險群」至少包括單親家庭的子女、轉學生、即將進入國中的六年級、經由「社交計量法」篩選，人際關係屬於「被拒絕」和「忽略」的兒童（據筆者所知，許多老師都知道「社交計量法」的實施過程），以及現在愈來愈多的「新移民女性」（即目前所謂的「外籍新娘」）的子女；這些族群在許多的研究和實際案例討論中，都被認為是比較容易出現偏差行為的「社交計量法」。換言之，如果輔導室能夠為這些族群設計相關的結構式團體，就消極面而言，可以降低他們出現偏差行為的可能性，減少未來出現偏差行為之後的社會成本，從積極的角度來看，也是在幫助他們生活得更好更有品質！

五、開放式或封閉式

封閉式團體意指團體成員一起開始，經歷過相同的團體次數之後再一起結束，所以封閉式團體常常也會是結構式團體。開放式團體則是團體成員會不斷地更迭，團體一直存在，但是新成員可以中途加入，自認為已經在團體中學習到想學的東西的成員可以先行離開團體，一般來說，開放式團體也經常是屬於非結構式團體。在筆者剛開始帶領團體時，直接就採取開放式團體的形式，主要的理由其實是「務實面」，因為如果一個需要收取費用的封閉式團體，則每次團體結束之後，都要再重新「招生」一次，在業務上相當繁瑣，而且萬一招不滿符合成本的人數而開不成團體，對於想參加團體的人的後續安撫工作也挺累人的。開放式團體可以避開這些令人覺得有點「厭煩」的「做生意」感覺！

然而，幾年的經驗下來，反倒是發現一些開放式團體極好的優點，值得和大家分享。首先，成員的變動一定會造成團體動力的改變，而團體動力的改變一定會創造出更多的人際互動經驗，自然也會帶來更多的學習機會。例如《案例六》中的張三，從高高在上的團體地位跌落到技不如人的境界，讓他深深感受到能力不好者的心情，也因此學習到更好的人際關係。相反地，《案例七》中的李四是由極端的最後變成不是墊底的；這種角色的轉變也在團體中發揮很好的功能。

《案例六》

在一段穩定的團體成員互動之後，張三發現自己的運動能力是最優秀的，因此逐漸瞧不起其他成員，而造成團體的波瀾。當團體新加入一個比張三的運動能力還要棒的人之後，張三逐漸失去本來在團體中運動方面的優勢。治療師適當的運用這種變化，協助張三調整自己在團體中的人際互動。

《案例七》

李四本來在團體中很容易緊張，很自然的也會被其他成員捉弄。當團體來了一個比她還容易緊張的新成員之後，團體成員把捉弄的對象轉移到新成員身上。因為看到有人比自己還要緊張，李四反而變得比較不緊張了。李四感受到不被捉弄的輕鬆，甚至偶爾也會跟著大家一起捉弄新成員；然而，自己以前的負面經驗，也讓李四在團體中逐漸站出來為新成員說話，並且有效地改善團體中捉弄的現象。

其次，在現在的生活中，兒童因為搬家而轉學的情形也經常可見；對於轉學生而言，如何和原來學校的朋友道別和處理自己的失落情緒，以及如何融入一個已經有其團體動力的新班級，都是很大的挑戰！對於仍然留在原來班級的同學而言，如果轉出去的同學是自己的好朋友，也得花一些時間去處理自己的情緒。這些愈來愈常見的現象，看起來並非是學校方面想要去處理的重點（趕教學進度都來不及了！），頂多辦個迎新送舊之類的儀式就算處理過。開放式團體的好處就是可以有很多機會幫助成員處理這些事情，例如《案例八》，當治療師預告會有新成員加入時，大家就可以針對新來者的心情做討論，並且設計出如何歡迎和協助的方法。

《案例八》

當治療師告訴大家下周會有新成員加入時，許多人開始分享自己第一次進來團體時的感覺，於是就會想出一些辦法協助新成員，希望他不要感受到自己以前不好的感覺。例如大家輪流多花一些時間和新成員在一起，有人應該負責告訴新成員團體的規則等等。

第三，對於學習比較慢、能力比較差的兒童來說，開放式團體比較容易讓他們獲得成就感，為什麼呢？如同本章一開始就提到的 Yalom 的治療因素，就非常強調在團體中有很多觀察、模仿的學習機會。當團體出現某些狀況時，例如有人發生衝突、有人堅持不跟某個成員分在一組等等，團體中總是會有成員提出解決問題的方法（若真的沒有成員提出，治療師也要提出自己的處理意見），即使自己想不出這些方法，但是長期觀察下來，也可以學到很多本來自己不會的方法。《案例九》中的李子虛，和他一起來的成員都「畢業」了，表示他的學習比較慢一點，但是他也因此看得多、學得多；等他變成「資深」成員時，一遇到跟過去類似的團體狀況，就可以將過去所學的應用出來，讓其他成員刮目相看，得到許多在平時不容易得到的成就感。

《案例九》

李子虛已經在團體中六個月了，當時和他一起參加的成員也都逐漸離開了團體，雖然加入了一些新成員，但是他已經是團體內最「資深」的成員。有兩個成員同時都想要玩相同的玩具，雙方各不相讓，氣氛很僵硬，李子虛適時地提出兩個人猜拳決定先後次序然後輪流玩的意見，頓時令所有成員驚為天人。以後團體中如果發生類似狀況，成員們幾乎都會相當期待李子虛發表意見。

六、團體規則

如同在個別治療一樣，團體遊戲治療也有規則存在，但是要如何呈現這些規則，恐怕也要花點心思。通常我都會讓團體成員一起來制定規則，並且在一定的時間內，例如每個月，將這些規則提出來重新修正，以符合團體中所發生的各種狀況。影響我採取這種作法的理由，是在帶領兒童夏令營的過程中所學到的經驗。

《案例十》

一般為了管理上的方便，營隊中都會有兒童必須遵守的「營規」存在，可是總是會有些兒童觸犯「營規」；在處理的過程中，經常會聽到兒童以「又不是我同意的營規」為理由，對管理者來個不睬不理。

有一次，我們決定讓參加的兒童一起參加「營規」的制定，希望能夠避免這個現象發生，結果非常出人意料，幾乎每個人都能夠遵守這些自己定出來的「營規」。在制定「營規」的過程中，當然也免不了會有人開玩笑，提出一些奇怪的規則，例如平常關門的時候，大人都會要求要輕聲，可是就會有人提出關門時要用力發出「碰」的響聲！在這種情況下，我們就會在兒童正在興高采烈的時候，輪流進出離他們最近的門，並且故意發出響聲干擾他們活動的進行，讓他們提出修正案改變這項「營規」。

有了大家制定出來的規則之後，一定要確實執行，否則團體會很難繼續進行下去。然而，即使大家已經共同決定了某些規則，在團體進行的過程中，往往還是會有成員不遵守規則。在個別治療的時候，規則的執行是治療師的主要工作之一；但是在團體治療的時候，治療師不一定要自己來執行規則，可以想辦法運用其他成員的力量，使該成員能夠有所改善。因為不遵守規則可能就是該成員人際關係出現問題的主要原因，所以治療師要利用這樣的機會，讓該成員體會到不遵守規則的後果，進而增加該成員合作的行為表現。

《案例十一》

中年級組成的團體，大家共同決定的規則之一，只要是經由團體投票所決定的活動，不管是不是自己喜歡的活動，大家都要一起玩。可是其中有一名成員，當他所提出來的遊戲沒有被表決通過時，他就會在旁邊游離甚至搗亂。有一次，在大家要決定下次玩什麼遊戲之前，我就慫恿其他成員贊成他的提議，可是等到玩遊戲的時候，大家都學他的不合作，讓他體驗一下別人不和他合作的後果。

七、提供扮演各種不同角色的機會

在目前的教育體制之下，功課的好壞幾乎就決定了兒童在生活中所扮演的角色，功課好的人通常都有機會當班上的幹部——往往就一直連任，或者大家輪流調動幹部的職務；功課不好的則只能一直是班上的「平民」。前者在執行幹部的職務時，因為習慣於「管理階層」的角色，比較沒有辦法體會「平民」的心態，所以在執行方式上，容易和後者產生衝突。後者則一直都是「被管理階層」，也無法體諒前者在管理過程中的壓力，再加上長期的「平民」身分，容易變成缺乏成就感，妒忌前者，所以也往往會故意和前者搗蛋。

《案例十二》

一個二年級的孩子常跟我抱怨班上的風紀股長不公平，每次都只記她的名字，別的同學講話都不記！後來她自己當上了風紀股長，跟我說她的煩惱：「我現在當風紀股長，我的好朋友上課的時候和旁邊的人講話，我記下旁邊的人的名字，但是我不知道要不要記下我的好朋友的名字？」幾個月過後，她已經不再擔任風紀股長，但是也不再聽到她抱怨風紀股長不公平，她說：「算了！原諒他，他自己也很難過的！」

兒童在人際關係方面所出現的問題，往往和他在生活中所扮演的角色已經「被」固定下來有關；如果有機會讓兒童體驗各種不同角色的感受，就比較能夠在人際相處上，從各種不同的角度衡量彼此的互動，而減少人際關係上的困擾。因此，在團體進行的過程當中，我會把一般學校中的幹部職務引入，但是角色則不要固定下來，盡量讓每個成員有扮演不同角色的機會。具體來說，就是團體中有多元化的角色，例如負責集合的角色，負責帶領大家討論的角色，負責計時的角色，當然也必須要有「老百姓」的角色。治療師在安排角色時，也要限定擔任角色的時間長短，例如兩個月或八次團體，時間到了以後就重新改選，這樣每個成員擔任的角色數量會比較多。

《案例十三》

低年級組成的團體，團體中有負責「集合」、負責「控制時間」、負責「借東西」和「平民」等各種不同的角色，每個成員都屬於其中的某一個角色，並且每個月輪流調換。經過一段時間之後，可以明顯的感受到成員變得比較有彈性，遇到衝突時能夠從不同的角度思考。

讓兒童在團體扮演不同的角色，除了角色經驗的豐富所產生的自我反思功能之外，治療師也可以在其中協助每個個案做好其角色的工作。在《案例十四》中，治療師從個案的「衡鑑—猜測（假設）—介入」過程，認為讓個案擔任「裁判」，並且透過治療師適時的協助，可以具體的幫助他提升自信心。

《案例十四》

張烏有是自信心很差的孩子，治療師刻意在安排角色時，讓他擔任「裁判」的角色。當他必須當裁判時，治療師就會在他的身旁，適時地提醒他裁判的工作要如何進行比較順暢，並且隨著個案能力的增加而逐漸退居第二線。

參考文獻

中文部分

V. M. Axline 著（1947），程小危等譯（1980）。兒童遊戲治療。台北：張老師。

V. M. Axline 著（1963），詹益宏等譯（1987）。如何幫助情緒障礙的孩子。台北：遠流。

T. Kottman & C. Schaefer 著（1993），王美澤等譯（2001）。遊戲治療實務指南。台北：心理。

梁培勇、張如穎、薛惠琪、李筱蓉、陳韻如、吳文娟、鄭欣宜、許美雲、劉美蓉（2004）。兒童偏差行為。台北：心理。

英文部分

Bow, J. N. (1993). Overcoming resistance. In C. E. Schaefer (Ed.), *The therapeutic power of play*. London: Jason Aronson.

Cohen, D. (1987). *The development of play*. London: Croom Helm.

Erikson, E. H. (1963). *Childhood and society*. N. Y.: W. W. Norton.

Evans, R. I. (1975). *Carl Rogers: The man and his ideas*. N. Y.: E. P.

Dutton & Co.

Ferster, C. B., & Perrott, M. C. (1968). *Behavior principles*. N. Y.: Meredith.

Freud, A. (1968). *Indications for child analysis and other papers. 1945-1956*. N. Y.: International University Press.

Freud, A. (1974). *Introduction to psychoanalysis: Lectures for child analysis and teachers. 1922-1935*. N. Y.: International University Press.

Gabel, S., Oster, G., & Pfeffer, C. R. (1988). *Difficult moments in child psychotherapy*. N. Y.: Plenum.

Gardner, H. (1978). *Development psychology*. Boston: Little & Brown.

Gardner, R. A. (1972). Once upon a time there was a doornob and everybody used to make him all dirty with their fingerprints... *Psychology Today, 5*, 67-92.

Gardner, R. A. (1983). Treating oedipal problems with the mutual storytelling technique. In C. E. Schaefer & K. J. O'Connor (Eds.) (1983), *Handbook of play therapy*. N. Y.: John Wiley & Sons.

Gelfand, D. M., & Hartmann, D. P. (1984). *Child behavior analysis and therapy*. N. Y.: Pergamon Press.

Glasser, W. (1965). *Reality therapy*. N. Y.: Harper & Row.

Glasser, W., & Zunin, L. M. (1973). Reality therapy. In R. Corsini

(Ed.), *Current psychotherapies*. Illinois: F. E. Peacock.

Greenberg, J. R., & Mitchell, S. A. (1983). D. W. Winnicott. In J. R. Greenberg & S. A. Mitchell (Eds.), *Object relations in psychoanalytic theory*. Cambridge, Massachusetts: Harvard University Press.

Hambidge, G. Jr. (1955). Structured play therapy. *American Journal of Orthopsychiatry, 25,* 601-617. Also in G. L. Landreth (Ed.) (1982), *Play therapy*. Springfield, Illinois: Chareles C. Thomas.

Haworth, M. R. (Ed.) (1964). *Child psychotherapy*. N.Y.: Basic Books.

Kirschenbaum, H. (1979). *On becoming Carl Rogers*. N. Y.: Dell.

Kirschenbaum, H., & Henderson, V. L. (Eds.) (1989). *Carl Rogers: Dialogues*. Boston: Houghton Mifflin.

Klein, M. (1932). *The psychoanalysis of children*. London: The Hogarth Press.

Klein, M. (1955). The psychoanalytic play technique. *American Journal of Orthpsychiatry, 25*, 223-237. Also in G. L. Landreth (Ed.) (1982), *Play therapy*. Springfield, Illinois: Chareles C. Thomas.

Koppitz, E. M. (1968). *Psychological evaluation of children's human figure drawing*. N. Y.: Grune & Stratton.

Lebo, D. (1955). The development of play as a form of therapy. *American Journal of Psychiatry, 112*, 418-422. Also in G. L.

Landreth (Ed.) (1982), *Play therapy*. Springfield, Illinois: Charles C. Thomas.

Peoples, C. (1983). Fair play therapy. In C. E. Schaefer & K. J. O'Connor(Eds.) (1983), *Handbook of play therapy*. N. Y.: John Wiley & Sons.

Rogers, C. R. (1939). *The clinical treatment of the problem child*. London: George Allen & Unwin.

Rogers, C. R. (1942). *Counseling and psychotherapy*. Boston: Houghton Mifflin.

Rogers, C. R. (1951). *Client-centered therapy*. Boston: Houghton Mifflin.

Rogers, C. R. (1957). The necessary and sufficient conditions of therapeutic personality change. *Journal of Consulting Psychology, 21*, 95-103.

Rogers, C. R. (1961). *On becoming a person*. Boston: Houghton Mifflin.

Rogers, C. R. (1977). *Carl Rogers on personal power*. N. Y.: Dell.

Rubin, K. H., Fein, G. G., & Vandberg, B. (1983). Play. In P. H. Mussen (Ed.), *Handbook of child psychology*. N. Y.: John Wiley & Sons.

Sandler, J., Kennedy, H., & Tyson, R. L. (1980). *The technique of child psychoanalysis: Discussions with Anna Freud*. Cambridge, Massachusetts: Harvard University Press.

Schaefer, C. E. (Ed.) (1993). *The therapeutic power of play*. NJ: Jason & Aronson.

Schaefer, C. E., & O'Conner, K. J. (1983). *Handbook of play therapy*. N. Y.: John Wiley & Sons.

Schaefer, C. E., & Reid, S. E. (2001). *Game play: Therapeutic use of childhood games*. N. Y.: John Wiley & Sons.

Skinner, B. F. (1953). *Science and human behavior*. N. Y.: Macmillan.

Terr, L. C. (1983). Play therapy and psychic trauma: A preliminary report. In C. Schaefer & K. J. O'Connor (Eds.) (1983), *Handbook of play therapy*. New York: John Wiley & Sons.

Weiner, M. F. (1989). Theories of personality and psychopathology: Other psychodynamic schools. In H. I. Kaplan & B. J. Sadock (Eds.), *Comprehensive textbook of psychiatry*. Volume 1. Baltimore: Williams & Wilkins.

Wolhberg, L. R. (1988). *The technique of psychotherapy*. N. Y.: Grune and Stratton.

Yalom, I. D. (1985). *The theory and practice of group psychotherapy*. N. Y.: Basic Books.

國家圖書館出版品預行編目（CIP）資料

遊戲治療：理論與實務／梁培勇著.--第二版.--
臺北市：心理, 2006（民 95）
面； 公分. --（心理治療系列；22069）
ISBN 978-957-702-867-9（平裝）

1.遊戲治療

178.8 95000738

心理治療系列 22069

遊戲治療：理論與實務（第二版）

作　　者：梁培勇
執行編輯：林怡倩
總 編 輯：林敬堯
發 行 人：洪有義
出 版 者：心理出版社股份有限公司
地　　址：231026 新北市新店區光明街 288 號 7 樓
電　　話：(02) 29150566
傳　　真：(02) 29152928
郵撥帳號：19293172　心理出版社股份有限公司
網　　址：https://www.psy.com.tw
電子信箱：psychoco@ms15.hinet.net
排 版 者：鄭珮瑩
印 刷 者：翔盛印刷有限公司
初版一刷：1995 年 2 月
二版一刷：2006 年 3 月
二版七刷：2023 年 1 月
I S B N：978-957-702-867-9
定　　價：新台幣 350 元

■有著作權 · 侵害必究■